新装版

脱・日本語なまり
―― 英語（+α）実践音声学 ――

神山孝夫 著

大阪大学出版会

Get Rid of your Japanese Accent:
An Introduction to Practical Phonetics for Japanese

© Takao KAMIYAMA 2019

はじめに

「国際化」なることばが世に氾濫してからどれほどの年月が過ぎたことであろうか．この流れに呼応して，中学・高校では英語のネイティヴスピーカーを教師陣の一員に迎え，大学ではコミュニカティヴとかオーラルとかの名を冠した英語の授業が続々と設定された．では，これらの試みにより，英語，およびその教育の成果を受けた形で行われる，その他の外国語教育の質は飛躍的に向上したのであろうか．とても残念なことだが，この問に対しては否と答えるより他にない．ゆとり教育と文法軽視の悪しき風潮のためか，大学に入学する段階において，学生の英語の語彙と文法に関する知識，ならびに読解力は一昔二昔前にはるかに及ばない．次に学ぶ他の外国語においても，平均的な学生の到達するレベルはかつてよりも明らかに劣っている．

では，中学校以来，授業で英語のネイティヴスピーカーに接しているのだから，せめて発音は向上しているかと言えば，この点に関してもやはり否の返答しか発することはできない．中高で6年間も学んでいながら，さらに，人によってはそれ以前から英会話等の予備的教育を受けていながら，大多数の学生が英語の発音をきちんと身に着けることに失敗している，あるいは正しい発音を身に着ける必要性さえ認識していないかのように見える．

ことばは道具である．これは当然の指摘ではあるものの，「道具に過ぎないから真摯に学ぶ対象にはならない」という免罪符ではない．このような状態では中高から学んでいる英語も，大概の場合大学から学びはじめるその他の外国語も，まったく道具として使えないではないか．

ことばに携わる者の端くれとして，小生に何か現状打開のためにできることはないだろうか．そんな疑問が膨らんでいた折も折，大阪外国語大学と再編統合された大阪大学において全学共通教育科目「ことばの世界」の担当を要請された．小生の主たる専門である印欧語比較言語学の初歩を講じ，英独仏露等の語彙・文法が潜在的に持つ密な関係を平易に解説することも検討したが，英語

以外の外国語をまったく知らない段階でこれを行うことは無理に近い．そこで小生の第2の専門である音声学の基礎を，身近な日本語と英語を取っ掛かりにして，学生諸君に極めて実用的な見地から講じることを思い立った．効率的かつ効果的にこれを行うには懇切な教科書の存在は不可欠であろう．本書の執筆に着手したのはこのような経緯からである．

　学生諸君が日頃使っている日本語と，最低でも6年間学んだ英語の音声学的特徴を極めて平易に解説して，改めて英語の音をしっかりと習得していただき，また彼らの英語の中に知らず知らずのうちに紛れ込んだ（あるいは誤って教え込まれた）**日本語なまり**を指摘し，これを一掃するお手伝いをする．これに続いて，新たに大学から学ぶことになる他の主な外国語に生じる新たな音について解説することになるが，日本語と英語の音が正確に把握・習得された後であれば，次のことばで新たに学ばねばならない音の数は激減する．したがって，それら新たな音の習得の効率は飛躍的に向上すると期待される．これが小生の描いた構図である．これが首尾よく達成されれば，学生の英語力，あるいは外国語力一般の向上に多少とも寄与できるのではないかと夢想している．

　時に，世には特に英語の発音上達の指南書が溢れている．これは，学生・一般を問わず多くの方々が発音上達の方法を希求している現状を写す鏡であろう．試みにそれら指南書のいくつかを手に取ってみると，確かにこれらは書店に山と積まれて入手が容易，かつ比較的安価であり，また記述は口語的でとっつきやすいが，必ずしも有益な情報に満ち溢れているとは言い難い．

　他方では，英語を中心に，真摯かつ有益な音声学書も世に出ている．だが，これらは値も張る上に，店頭に在庫を持つ書店も少なく，もはや入手困難である場合もまれではない．さらに，ややもすると記述は専門用語に溢れて堅苦しく，充分な前提知識を持たない読者には理解が及ばない可能性もあろう．

　やや乱暴に両者の対比を試みると，非専門的な指南書は内容に必ずしも全幅の信頼は置けないもののとっつきやすい，逆に良質な専門書はとっつきにくいが内容は安心，とでも総括できようか．

　大方の利用に供する以上，内容は信頼できるものでなければならないし，た

とえ軽薄に見えようとも，とっつきやすいほうがいいに決まっている．そこで本書の執筆にあたっては敢えて二兎を追う危険を冒し，信頼できる知識を，とっつきやすい形で提示することを目差した．

その際，分野はやや異なるものの，模範としたのは小生が10代から愛読した関口存男氏（つぎお）（1894-1958）と千野栄一先生（1932-2002）の筆になる一連の著作である．今日の小生があるのは，無論多くの優れた先生方からいただいたご指導の賜であるが，Lが正しく発音できない教師に腹を立て，早々にドイツ語の履修をやめてしまった小生が，何とかこの言語を一応の道具として使えるまでに至ったのは，またスラブ語学を中心に言語学の面白さに目覚め，ことばを生業（なりわい）とすることを目差すようになったのは，他ならぬお2人の名調子のお陰である．

無論，関口氏と千野先生の天才的な手腕に比肩しようなどという大それた望みは抱いていないが，あるいは本書によって，可能な範囲で楽しみながら，日本語の音のしくみや癖を知り，あるいは英語の発音を上達させ，さらには，学びはじめたその他の外国語の発音を習得するための一助としてご利用いただけるならば，これに過ぎる喜びはない．

諸兄のご叱正を歓迎する．

2008年2月29日

神 山 孝 夫

改訂にあたり若干の不備を補正する機会を得た．ご教示を賜った斎藤弘子，森靖弘，島田賢治，小川博仁（敬称略）の各氏に深甚なる謝意を表する．

付属の音声・映像データが大阪大学出版会のウェブサイトにリンクされている．是非積極的にご利用いただきたい．

2019年8月1日

神 山 孝 夫

関口存男
(1894-1958)

佐藤清昭氏提供

凡　例

読者の能動的参画

　本書はただ単に読み流していただくことを想定していない．**鏡**と**静かな環境**をご用意いただき，きちんと**声を出して**，指示のとおりに繰り返し発音し，発される音を自分の耳で聞き，またその発音をしている際の自分の口の動きを自分の目で確認するよう切にお願いする．あるいは日本語の習慣を，あるいは英語において自己流の誤った発音をしていたことを，それぞれ**自分で**発見し，驚いていただけるはずである．これにより，続いて記される事情の詳細やアドヴァイスを極めて切実な問題として受け取っていただけることになる．一見時間の無駄に見えるかもしれないが，自分で発見し，自分で自分の抱える問題を認識するという過程を経ずして，**日本語なまり**の自己矯正は不可能である．重ねて能動的な参画をお願いする．

楽しい雰囲気の現出

　読者の能動的な参画を容易にするためにも，楽しい雰囲気を醸し出すべく，記述には努めて口語的な表現を多用し，随所に身近な題材やジョークを散りばめた．

　同じ趣旨から，1つの項目をページの途中で区切らず，なるたけ見開きのレイアウトに配置できるように心がけるとともに，一部に二色刷りを採用した．

　さらに，日本語あるいは英語の例には様々な流行歌を利用した．やや古いものばかりで恐縮だが，今日でも知られているものを選んだつもりである．特に第Ⅱ章においては The Beatles と The Carpenters を引用した場合が多い．

専門用語と音声記号について

　本書によって実践的な知識を得た後に，なめらかに理論的な勉強に進むことができるよう，音声学等の専門用語を提示する際には，つとめて平易に，かつ根本から説明するよう心がけた．音声学を概略ご存知の読者にも，その本来の

意味を確認することによってあるいは益があることと信じる．

　本書で用いる音声記号は §7 に紹介する国際音声記号（IPA：the International Phonetic Alphabet）である．IPA は概略的な表記にも，様々な付加記号を付け加えた精密な表記にも利用できるが，本書ではこの記号に親しんでいない読者の便を考え，原則として概略的な表記を用いることにした．精密表記を用いるのは，特に微細な差異を明示し，読者の注意を喚起する場合に限られる．

音声・映像データについて

　本書に付属する音声 CD は用意していないが，それに代わる音声・映像データが大阪大学出版会のホームページにリンクされている．同所には，本書の内容に呼応する日本語音声，英語音声（英音と米音），日本語話者に典型的な誤りと矯正後の正しい発音の見本などが収められている．略儀ながら，同データ作成にご協力いただいた友人・学生諸子にこの場を借りてお礼を申し上げたい．

　IPA に含まれる個々の記号が表す音は，例えば下記で聞くことができる．
・Peter Ladefoged, A Course in Phonetics（カリフォルニア大学ロスアンジェルス校）：
http://hctv.humnet.ucla.edu/departments/linguistics/VowelsandConsonants/course/chapter1/chapter1.html
・中川裕，益子幸江，斎藤純男監修「IPA モジュール」(21 世紀 COE プログラム「言語運用を基盤とする言語情報学拠点」（代表川口裕司（東京外国語大学））：
http://www.coelang.tufs.ac.jp/ipa/index.html

略記と略語

　文献名を略記する際には著者（編者）の姓に発行年（頁の情報を加える際にはコロンに続けて）を添える方式を採用している．適宜，巻末の目録にて書誌情報を確認されたい．

　また，スペースの節約のため，以下のように略記した場合がある：

E：English, F：French, G：German, Gk.：Greek, It.：Italian, Lat.：Latin, ME：Middle English, OE：Old English, OF：Old French, pl.：plural, R：Russian, sg.：singular, VL：Vulgar Latin

脱・日本語なまり
― 英語（＋α）実践音声学 ―

目　次

　　はじめに　　　　　　　　　　　　　(iii)
　　凡　例　　　　　　　　　　　　　　(vii)

序章　気づかない日本語なまり

§1-2	My Fair Lady と母語なまり	(1)
§3	日本語なまりの蔓延	(3)
§4-5	チェック「日本語なまり」	(4)

第Ⅰ章　日本語の音と音声学の基礎

§6-7	序論	(11)
§8	声の介在	(12)
§9-11	鼻のはたらき	(14)
§12-23	閉鎖音	(16)
§24-30	摩擦音	(24)
§31-33	破擦音	(28)
§34-39	有声摩擦音と有声破擦音	(30)
§40-42	ラ行の子音	(34)
§43-47	半母音	(36)
§48-50	拗音	(38)
§51-60	撥音ン	(40)
§61-71	子音の分類	(46)
§72-74	母音分類の基礎	(52)
§75-77	母音の限界	(54)
§78-82	母音の分類	(56)
§83-84	日本語の母音	(60)
§85-86	母音の脱落とアクセント	(62)
§87-89	長母音	(64)

第Ⅱ章　英語の音と日本語なまり

§90-91	序論	(67)
§92-97	母音の有無を知る	
	―脱・日本語なまりの基礎―	(68)
§98-104	LとR	(72)
§105-107	[f] と [v]	(76)
§108-110	[θ ð] と [s z]	(78)
§111-113	[ʃ] と [ʒ]	(80)
§114-118	[h] [w] [ʍ] [j]	(82)
§119-122	[m] [n] [ŋ]	(84)
§123-126	[p b] [t d] [k g]	(86)
§127-128	イに類する母音	(90)
§129-130	エに類する母音	(91)
§131-141	アに類する母音	(92)
§142-145	オに類する母音	(100)
§146-147	ウに類する母音	(102)
§148-152	二重母音など	(103)
§153-156	音連続	(105)
§157	[pm bm tn dn]	(108)
§158	[tl dl]	(109)
§159-160	[p t k]+[h] と [bv vb]	(110)
§161	[tθ dð] など	(111)
§162	[tɹ dɹ]	(112)
§163	[sθ θs zð ðz]	(113)
§164	英語閉鎖音の特殊性	(114)
§165-166	英語歯茎音の変容	(115)
§167-168	音の脱落（抄）	(117)
§169-171	音の挿入（抄）	(119)
§172-174	休憩室	
	Yesterday と Please Mr. Postman	(122)

第Ⅲ章　その他の外国語の音と日本語なまり

§175	序論	(131)
§176-184	他の外国語で用いられる音	(132)
§185-188	日本語なまりと英語なまり	(136)
§189-191	非肺気流子音	(141)
§192	アラビア語	(145)

§193	イタリア語	(146)
§194	インドネシア語	(147)
§195	ウルドゥー語	(148)
§196	オランダ語	(149)
§197	ギリシア語（古典ギリシア語）	(150)
§198	ギリシア語（現代ギリシア語）	(151)
§199	クロアチア語とセルビア語	(152)
§200	スペイン語	(153)
§201	スワヒリ語	(154)
§202	チェコ語	(155)
§203	中国語	(156)
§204	朝鮮語（韓国語）	(158)
§205	ドイツ語	(159)
§206	トルコ語	(160)
§207	ハンガリー語	(161)
§208	ヒンディー語とサンスクリット	(162)
§209	フランス語	(164)
§210	ブルガリア語	(166)
§211	ベトナム語	(167)
§212	ヘブライ語（現代ヘブライ語）	(168)
§213	ペルシア語	(169)
§214	ポーランド語	(170)
§215	ポルトガル語	(172)
§216	ラテン語	(174)
§217	ルーマニア語	(175)
§218	ロシア語	(176)

おわりに	(179)
参考文献（抄）	(181)
発音辞典・参考書（抄）	(185)
事項索引	(187)
人名（群）索引	(203)

図版・写真一覧

関口存男	(vi)
千野栄一	(xiv)
George Bernard Shaw	(1)
Audrey Kathleen Hepburn-Ruston	(2)
野口英世	(3)
The Beatles	(10)
James Curtis Hepburn	(18)
国際音声記号（IPA）主要子音表*	(46)
国際音声記号（IPA）母音一覧表*	(56)
Daniel Jones	(56)
ジャイアント馬場	(96)
The Carpenters	(130)
日本語のローマ字表記	(205)
国際音声記号（IPA）一覧表*	(206)
声道の正中断面図	(207)

*国際音声学会（IPA）編，竹林 滋，神山孝夫訳
『国際音声記号ガイドブック：国際音声学会案内』
（大修館書店，2003）所収（大修館書店提供）

脱・日本語なまり

英語（＋α）実践音声学

千野栄一先生
（1932-2002）

（私蔵品）

序章
気づかない日本語なまり

§1 唐突ですが，バーナード・ショー(George Bernard Shaw 1856-1950；https://commons.wikimedia.org/wiki/File:George_Bernard_Shaw_1936.jpg より)作の戯曲『ピグマリオン』(Pygmalion, 1912)をご存知でしょうか？

突然の豪雨．雨宿りの場に集った多くの人の中，ロンドン下町の花売り娘イライザ（Eliza Doolittle）と音声学者ヒギンズ（Henry Higgins）教授が出会います．彼女は h を発音できないし，二重母音の「エイ」もまともに言えない．そんな教養のない英語の話し手です．果たしてそんなイライザの英語を矯正して立派なレディーに変身させることができるか．そんな賭けに乗ったヒギンズ教授は彼女を自宅に引き取り，なまりを徹底的に矯正する猛特訓を開始します．

ピグマリオンとはローマ字読みです．本当はピュグマリオン（英語読みではピグメイリアン）でして，**オウィディウス**（Publius Ovidius Naso 43BC-AD17?）作の『変身物語』（Metamorphoses）に出てくるキュプロス王の名です．彼は女嫌いのへそ曲がりのオタクで，今で言うフィギュア作りばっかりやっている．ついに理想の女性のフィギュアが完成すると，そのフィギュアに惚れ込んでしまう．きれいなオベベを着せて色々プレゼントし，寝るときもいっしょ．これじゃ病気だと自分でも気づいたのでしょうね．何とかそのフィギュアに似た生身の女性と知り合えるよう愛と美の女神ウェヌス（英語読みでヴィーナス）に神頼みして帰宅したら，何とフィギュアが人間になっていたという嘘のようなお話．

結局，ヒギンズ教授の試みは成功しますが，その間に，ピュグマリオンと同じく自分が苦労して作り上げた作品であるイライザに惚れてしまうんですね．

ショーのピグマリオンは知らなくとも，オードリー・ヘップバーン（本名 Audrey Kathleen Hepburn-Ruston 1929-1993 ; https://commons.wikimedia.org/wiki/File:Harry_Stradling-Audrey_Hepburn_in_My_Fair_Lady.jpg より）主演のミュージカル **"My Fair Lady"**（1964）ならおなじみでしょうか？映画化にあたり，ロンドンの高級住宅地 Mayfair をもじってそういう題に変更したんでしょう．イライザは May を my と同じように発音したはずですから機知に富んだ命名ですね．

いずれにせよ，彼女の扮するイライザはとっても綺麗ですよ！まだ見たことのない方は是非この機会にご覧ください．

§2 さて，ようやく本題に入りましょう．なぜ，こんな話を引っ張り出したのかと言いますと，生まれ育った環境から得られた発音上の癖を一掃するのはそれほど難しいことなんだと知っていただきたかったからです．この種の癖は「母語なまり」とも表現できますね．本書が対象にしているのは日本語を母語とする方々ですから，この際これを「**日本語なまり**」と呼んでしまいましょう．

ところでヒギンズ教授のもとでイライザはどんな特訓を受けたんでしょうか．

"The rain in Spain stays mainly in the plain."

"In Hartford, Hereford and Hampshire hurricanes hardly ever happen."

あまり意味のないフレーズですが，彼女は連日連夜これらを正しく発音するよう要求されます．上にも触れたように彼女は「エイ」や h を正しく発音できませんからね．「エイ」は「アイ」と発音し，h は大概無視するのに，ever のはじめには余計な h の音を付け加える始末．これじゃ例えば Spain（スペイン）か spine（背骨）か，harm（害）か arm（腕）かまったくわかりませんから，慣れないと意思の疎通に大きな支障を生じそうです．

「何でそんな簡単なことができないんだろう？」

そう思いますか？でも**長年の癖を脱するのは容易なことじゃないんですね**．

§3　これと同様に，日本語話者の話す外国語に潜在する**日本語なまり**も実に執拗です．ちょっとやそっとで抜け出すことはなかなか叶いません．自己流に「いっぱい聞いていっぱいしゃべる」だけじゃダメなことは当然ですが，

「ちょっと留学すりゃあ発音なんて完璧さ！」

なんて軽く考えていませんか？　では反例を紹介しましょう．ご存知の**野口英世博士**（1876-1928；写真は https://www.ndl.go.jp/portrait/datas/312.html?cat=53（奈良島知堂『少年野口英世博士』大同館，1933年，国立国会図書館所蔵）より）は知る人ぞ知る英語の（読み書きの）達人だったそうですが，24歳から滞米20余年，奥さんも現地の人なのに，彼の話す英語は cow's English だと揶揄されたという話ですよ．
発音がだめだったんですね．結局，特に才能のある人以外，大人になってから1年やそこら留学したところで**日本語なまり**を一掃するのは困難なんですよ．へたすると，留学先でも日本人の友達と日本語ばっかり話してた，なんて話も聞きますしね．

「私は小さい頃からネイティヴの先生に習ってるから大丈夫よ！」

そう主張する人もいるでしょう．でも，ご自慢の○×語も**日本語なまり**の宝庫かもしれません．実際，幼児英語教育の現場では日本語なまりを矯正するなんて，まったくやっていないそうです．そもそも日本語なまりをちゃんと把握している先生は稀有でして，そんな偉い方でもこんな趣旨のことを言ってますよ．どうやら諦めの境地みたいですね．

「染み付いた癖は直らないから特に指導してないよ」

普通に学校で学んだだけの方の○×語はまず間違いなく**日本語なまり**に満ち溢れていることでしょう．懇切な発音指導を想定していないカリキュラムも問題ですが，何といっても一番重要なのは教室で直接学生の指導にあたっている先生自身の○×語の発音です．まずは，ちゃんと発音指導のできる先生を増やさないといけません．

現状でも優れた先生はもちろんたくさんいます．しかしながら，ご本人はまったく意識しないままに，深刻な**日本語なまり**をお持ちの〇×語の先生もかなりの頻度で存在します．皆さんも薄々お気づきでしょうか．学生の頃，小生もそんな先生にあたっちゃった経験があります．このままじゃ耳が腐る，僕までLとRを混乱するようになってしまう（1例です）と思って履修を断念し，独学せざるを得なかったことばが多少あります．

　立場が替わって，教職に就いてからは，同僚の先生方の〇×語に潜む**日本語なまり**に気づくことも多々ありました．しかし，なかなか指摘して差し上げるのは難しいものですよ．かつて，ちょっと教えて差し上げたら激昂されてしまった苦い経験もありますしね．

　まあ，そんなふうに**日本語なまり**は見逃され，**拡大再生産**されています．悲しいかな，これがわが国の外国語教育の現状なんです．

§4　さて，ずいぶん言いたいことを言いました．事実無根だとお叱りを受けるといけませんので，ご自分の外国語発音の中に**日本語なまり**が潜んでいないかどうか，実際にご確認いただこうと思います．例にはどなたでもおなじみの英語を用い，英語で学ぶ新たな音を含まない，つまり日本語にちゃんと存在している音から成り立っている，平易な単語を選んでみました．だったら日本語話者にとっては発音が簡単なはずですよね．ところが結構そうでもないんです．ほぼ易から難への順に提示しようと思います．

　さあ，**鏡**を用意いただき，自分の**口**をよく見ながら，そして**手が喉に触れた状態**で下記の英単語を大きな声で発音してください．解答と採点基準は次ページ以降にありますので，発音が終わったら自己採点をお願いします．

① top　　　　⑥ one
② missing　　⑦ he
③ award　　　⑧ knee
④ Chicago　　⑨ who
⑤ king　　　　⑩ baby

解答と採点基準

① top

　喉に手を触れた状態で日本語の「トップ」と英語の top を交互に言ってみましょう．英語の top の最後で声が出ちゃいましたか？ えっ，声が出たかどうかわからない？ そのために手を喉に触れていただいたんですよ．手がブルブルっと振動を感じれば声が出ています．

　いずれにせよ，top の最後で声が出ちゃったという方は残念ながら **0 点**です．あなたは極めて古典的な**日本語なまり**をお持ちです．§8 で声を認識していただき，§93-94 でこの声の有無とこの日本語なまりの関係，並びにその対処法を学んでいただくことが必要です．

　他方，top の最後をいくらがんばって伸ばしても声が出てこない，喉に触れた手は振動を感じない，そして口から出てくるのは息だけだ，という方は **10 点**です．あなたはここでチェックした日本語なまりをお持ちではありません．幸先よいスタートでよかったですね！

② missing

　カナ書きすれば「ミッシング」ですね．①と同じ要領で，ミッシングと missing を交互に言ってご自分の発音を確かめましょう．

　「ミッ<u>シ</u>ング」と mi<u>ss</u>ing の下線部が同じように発音されていたら，そんなあなたは **0 点**でして，やはりかなり古典的な**日本語なまり**をお持ちです．§29-30 で日本語のサ行のしくみをじっくり学んでいただき，§113 で英語（等）の発音を学んでいただかねばなりません．かつてはこの種の誤りが多かったのですが，今日では少ないと期待します．

　「ミッ<u>シ</u>ング」と mi<u>ss</u>ing の下線部が全然違う発音だったという方，すなわち mi<u>ss</u>ing ではシとは違い，サ，ス，セ，ソと同じ子音を使っていたという方は **10 点**です．

③ award

最近では日本語でも「ア<u>ワ</u>ード」と言うようですが，英語の <u>award</u> もこれと同じように発音しますか？ もちろん日本語の末尾には母音オが加わっていますが，これは今のところ無視しておきましょう．

Yes と答えた方は **0 点**，No，むしろ「アウォード」だと答えた方はもちろん **10 点**です．当然ですよね．これは音ではなく，いわば**文字による日本語なまり**です．スペリングと発音のちょっとずれた関係（§144）が誤解の元なんでしょうけど，辞書の発音表記ぐらいちゃんと見なくちゃいけません．そんな誤りが頻発しており，例えば warm を「ワーム」なんて言われちゃうと虫唾が走ります．

④ Chicago

上の①と同様に，喉に手を触れたままで「シカゴ」と英語の Chicago を交互に言ってご確認ください．

「<u>シ</u>カゴ」と <u>Chi</u>cago の両方で喉の震えを感じなかった方は，またもや別の**日本語なまり**をお持ちです．そんなあなたには **0 点**を差し上げねばなりません．§85 で日本語の癖を知っていただいた上で，§95-96 をご覧いただき，これによって生じる日本語なまりを克服してください．

他方，「<u>シ</u>カゴ」では喉の震えを感じなかったけれども，<u>Chi</u>cago では明らかに喉の震えを感じるという方，あなたはこの**日本語なまり**をちゃんと克服なさっていますね．特に発音の指導を受けたことがないのにわかっているという方も時においででしょう．そんなあなたはかなり才能のある方かもしれません．賞賛をもって **10 点**を差し上げます．

⑤ king

ここでチェックしていただきたいのは king の下線部をどう発音なさっているかです．日本語の「キ<u>ン</u>グ」と英語の ki<u>ng</u> を対比すれば，ご自分で診断が可能でしょう．もちろん日本語では末尾に母音ウが加わりますが，ここでは暫定的に無視してください．

鼻濁音を用いずに発音した「キングウ」([kiŋg]＋ウ)と king が同じように発音されているという方は **0 点**，king の末尾が鼻濁音（母音は続きません）で発音されているという方は **10 点**です．

　鼻濁音って何だっけ？　そんな反応をした方はまずダメでしょうね．§21, 38, 120-122 で鼻濁音の発音を習得していただかねばなりません．

⑥ one

　カナ書きした「ワン」と英語の one が同じ発音だったという方，申し訳ありませんが，あなたは **0 点**です．え〜っ？　そんなの納得いかないと思った方はたくさんいらっしゃることでしょう．現に英語等を教えている先生方の中にもここに現れる**日本語なまり**に気づいていない方がたくさんいましてね．ですからこれまで誤った指導を受けた可能性もあります．そんなあなたは，§51-60 で日本語の「ン」がどんなふうに発音されているかを注意深く学び，その上で §122 をご覧になり，母音が後続しない位置の [n] を体得する必要があります．

　他方，one の最後で舌が上の前歯の裏にペッタリくっついていた方がいますかね．いたとしたら，そんなあなたには賞賛をもって **10 点**を差し上げます．でも，小生の教室での経験からすると，そんな方はほとんどいないことでしょう．

⑦ he

　カナ書きした「ヒー」と英語の he, 発音は同じでしたか？　でしたら，厳しいですが **0 点**です．これも実に執拗，かつあまり気づかれない**日本語なまり**の 1 つでして，⑥と同様に，これまで誤った指導を受けた可能性もあります．§24-28 で日本語のハ行子音の特殊性をちゃんと把握していただき，その上で §114 をご覧いただいて [i] の前で [h] を言えるよう，猛練習が必要です．

　ヒのはじめの鋭い音とは違って，he のはじめは単に息の音だったという，そんなすばらしい方もいらっしゃるでしょうか．そんな稀有(けう)な才能をお持ちの方にはもちろん **10 点**を差し上げます．

⑧ knee

　カナ書きした「ニー」と knee（もちろん最初の k は発音しません），やはり同じですか？　でしたら（予想どおりかもしれませんが）**0 点**なんです．これも実に根の深い**日本語なまり**でして，⑥や⑦と同様に，これまで誤った指導を受けた可能性もあります．しかし，今後はこの誤りを看過してはいけません．ナ行の子音がイ列だけ他と異なること（§17 参照）を知り，その上で§119 をご覧になり，英語で [n]＋[i] 等が言えるように執拗な練習が必要です．

　英語の knee の最初では舌先が上の前歯の後ろにぴったりくっついていたという方，そのとおりですよ．当然 **10 点**です．

⑨ who

　カナ書きした「フー」と who が同じ発音だったという方（母音の差は無視しておきましょう），たくさんいますよね？　そんな方はやはり **0 点**です．**鏡**で口を見てください．上下の唇が接近したでしょう？　これは日本語にしかない音でして，これを外国語で用いるのはひどい**日本語なまり**なんです．⑦と同じくハ行の詳細を知った上で，[u] の前で [h] を発音する練習が必要です（§115）．

　鏡で口を見ると who のはじめで上下の唇が接近せず丸くなっていた，そして単に息の音だけが出ていたという方がいらっしゃいますか？　あなたの発音は **10 点満点**です．そんなあなたは例外的に才能をお持ちの方かもしれません．

⑩ baby

　カナ書きした「ベイビー」と baby の発音を比べてもいいのですが，ご用意いただいた**鏡**を利用して自己採点をお願いしましょう．ba<u>b</u>y の下線部でちゃんと上下の**唇が完全に閉じましたか？**　§37 に記すような**日本語なまり**をお持ちの場合には，唇は接近するだけで完全には閉じません．これは [b] とは異なる音でして，そのような発音をしていた方はやむを得ず **0 点**，他方，ちゃんと上下の唇が一瞬完全に閉じたという方は **10 点**です．しかし，小生の経験からしますと，10 点の方はほとんどいないでしょうね．

§5　さて，いかがでしたか？　結構知らないことばかりでびっくりしたでしょう？　この際ですから厳しく自己採点していただいて，得点の合計（100点満点）を出してください．小生が子供の頃ならともかく，今時0点だったという方はあまりいないと期待します．でも，よほど天才的な才能をお持ちの人以外，ちょっとやそっと英語の発音に自分なりの自信があったとしても，恐らく50点が限界じゃないかと思います．特に⑥～⑩などは音声学をちゃんと学んだ人以外には，気づくことができないかもしれません．

　上のテストでは惨憺（さんたん）たる成績でしたか？　本書はそんなあなたの外国語の発音に潜在する，これらの**日本語なまり**に気づいていただき，それを一掃することをお手伝いするために書かれました．上に記したことがらは，もちろんその氷山の一角に過ぎません．さらに，英語を中心としてその他の主な外国語に出てくる，日本語話者にとっての新たな音についても，努めて可能な限り平易に解説しました．

　まず第Ⅰ章で日本語の音声学的特徴と音声学の基礎を学んだ上で，第Ⅱ章で**日本語なまり**を排除しつつ，英語の発音をしっかりと固めていただきます．これらがきちんと習得されたら，次の外国語の発音を学ぶのも飛躍的に楽になりますよ．第Ⅲ章でフランス語，ドイツ語をはじめとするその他の主要な外国語で出会う，ほんのわずかな新たな音と，関連する日本語なまり等について学んでください．

　「はじめに」に記したような経緯から執筆を開始しましたので，主として中高で普通に英語を学び，大学でそれ以外の外国語を学びはじめたばかりの方々を想定していますが，例えば**留学を控えて**ご自分の〇×語の発音を総チェックするためにも，あるいは**現役の**〇×**語の先生**やこれから先生になろうという方がご自分の**発音を自己矯正**するためにも，是非ご利用いただきたいと思います．

　皆様の「**脱・日本語なまり**」の試みが成就し，近い将来にわが国の外国語教育の現場から**日本語なまり**が一掃されることを願ってやみません．

The Beatles

https://commons.wikimedia.org/wiki/File:The_Beatles_in_America.JPG より

第 I 章

日本語の音と音声学の基礎

§6 本章では日本語の発音を確認しつつ，発音のしくみを無理なく学びます．そのための準備として，まず「**調音（あるいは構音）**」(articulation) という用語を紹介しましょう．一般に，言語の音を発するために行われる呼吸器の動きをこのように称します．調音という観点から言語の音声を分析する学問分野は「調音音声学」(articulatory phonetics) です．つまり，本章の課題は，調音音声学の見地から日本語の音声を平易に解説することです．

§7 本書で音声を記すのに用いるのは「**国際音声記号**」(the International Phonetic Alphabet 略して IPA) です．巻末にその一覧表（1993 年改訂，1996 年更新版）を掲載しましたので適宜ご参照ください．個々の記号が表す音は，例えば凡例 (p. viii) に記したウェブサイトで聞くことができます．

この記号は，ロンドン大学ユニヴァーシティーコレッジに本部を置く「国際音声学会」(the International Phonetic Association 略してやはり IPA) が提唱するもので，世界の言語を表記するのに便利なように改良が行われています．最近では 2005 年に新たな記号が付け加えられました（§66）．英独仏など多くの言語の辞書・教科書などで発音の表記に用いられている「発音記号」も国際音声記号を簡略にしたものです．

音声を文字の形で表記する試みが開始されたのは 19 世紀中葉であり，各国で様々な音声記号が考案されました．それらの中で，もっとも普及し，もっとも整備され，そして恐らくもっとも優れているのが，この国際音声記号 IPA です．これまで発音記号に注意していなかった方も，これを機会に IPA に親しんでいただけることと思います．

声の介在

§8 まず，喉に手を触れて，ゆっくりと，区切らないようにして50音を発音してみましょう．どうぞ静かな環境で，恥ずかしがらずにやってください．もしや，そんなこと馬鹿らしくってやってられないよと思いましたか？ そんな甘っちょろいお考えでは発音の上達なんてできるはずがありません．根性を決めて大音量でやってください．

アーイーウーエーオー

ほら，喉の震えを感じるでしょう？ 感じにくければ手のポジション，音量，音程を色々変えてみてください．ちょっと上を向くといいですよ．どうです？ ちゃんと感じますね．震えているのは喉の奥，喉頭の中にある**声帯**です．声帯が振動すると「声」(voice) が出ます．「アイウエオ」はみんな声を出して発される音ですから，これらはそのものずばり「**有声音**」(voiced sound) です．

さて，喉をさわりながら50音の発音を続けましょう．

カーキークーケーコー

あれ？ 喉の震えは感じますが，なんだかちょっと様子が違いますね．「カ」「キ」「ク」「ケ」「コ」のはじめのところで一瞬だけ喉が震えなくなるんですがわかりますか？ よくわからなければ，すごくゆっくり，区切らないようにして次を言ってみましょうか．

サーシースーセーソー

念のために子音部分を長くしましょう．簡単ですよ．前に小さい「ッ」があると思えばいいんです．「ッ」は次の子音を長くするという表記なんですね．

第Ⅰ章　日本語の音と音声学の基礎

カーッキーックーッケーッコー
サーッシーッスーッセーッソー

　さあ，今度はわかったでしょう？　カ行音やサ行音のはじめには，喉が震えない，つまり声が出ていない瞬間がありますよね．

　えっ？　まだよくわからないって？　仕方がありませんね．じゃあ，そんな人のために，奥の手を出しましょうか（秘奥義です）．

　おっと，まわりがざわついてきましたね．静かにしてもらいましょう．

シー！

　どうですか？　これでご納得いただけるでしょう．え？　その秘奥義とやらを早く教えろって？　何言ってんですか．今のがその秘奥義ですよ．

　しょうがないなあ．喉に手を触れてもう一回どうぞ．

シー！

　どうですか？　ほら，どんなに強く言っても喉は全然震えませんね．静寂を促す「シー！」は「シ」の子音部分だけを引き伸ばした音でして，このような声を伴わない音は「**無声音**」（voiceless sound）です．

　こんな調子でやってるとスペースが足りなくなりそうなので，ちょっと端折っちゃいますが，残りの50音も同じ要領で喉に手を触れながら，ゆっくり発音して，声との関係を確かめてくださいね．濁点（゛）とか半濁点（゜）が付いたものもどうぞお忘れなく．

　さあ，ご確認いただけましたか？　日本語の50音の中でカ行，サ行，タ行，ハ行，パ行の子音部分だけが無声音でして，それ以外のすべて，つまり「ン」まで含めてその他の子音も母音もみんな有声音なんですね．

鼻のはたらき

§9 次に，鼻の付け根あたりに手を触れて，もう一度はじめからゆっくりと50音を発音してみましょう．

アーイーウーエーオー
カーキークーケーコー
サーシースーセーソー
ターチーツーテートー

何も感じませんね？ でも，次でいきなり変わりますよ．

ナーニーヌーネーノー

それからもうひとつ．

マーミームーメーモー

さらに

ンー

ほら，鼻の付け根あたりに触れた手がブルブルっと振動を感じたでしょう？ 喉と鼻の間には一種のふたがありましてね．解剖学ではこれを「口蓋帆（こうがいはん）」（velum）というんですが，このふたが開いて声が鼻の中に響いたからです．

§10 えっ？「口蓋」ってのは口の蓋（ふた）ってことだから，要するに口の天井（てんじょう）．こっちはわからないでもないけど，何でやぶから棒に帆かけ舟の「帆（ほ）」が出てくるのかって？ まあ，あまり主旨とは関係ないかもしれませんが，これも至極当然の疑問でしょう．念のために少しだけ解説しておきますね．

じゃあ，まず**鏡**をご用意ください．今からご自分の口の中を見ていただきます．ええっ？ 恥ずかしいからいやだって？ そんなお心がけはだめだって言いましたね？ 大丈夫です．誰も見ていません（多分）から必ずやりましょう！

さて，鏡の前で大きな口を開けて，口の天井（口蓋）が見えるようにちょっ

と上を向きましょう．よく見えなければ懐中電灯なりで中を照らしてくださいね．さあ，そのまま息を鼻からはいて，口から吸ってみましょうか．これを繰り返しつつ口の中の動きをよく観察してください．何が見えます？ 口蓋の奥の部分が激しく上下動するのがわかりますね？ おもしろいでしょう？

　この動きがはためく舟の帆に似てるって思ったんですね．そんな発想からかこの部分をラテン語で velum palātīnum と表現しました．velum は「帆」，palātīnum は形容詞「口蓋の」でして，その直訳から日本語の解剖学の用語ができています（こういうふうに直訳でできた単語を「翻訳借用語」(calque) といいます）．ほとんどのヨーロッパ諸語でも，同様にこのラテン名の直訳を使っています．イタリア語の velo palatino やフランス語の voile du palais はほとんどそのまんまですし，ドイツ語では Gaumen「口蓋」と Segel「帆」をくっつけて Gaumensegel という単語を作っています．ロシア語の нёбная занавéска も同様ですが（露和辞典の訳語は間違っています！），これは直訳すると「口蓋のカーテン」ってことです．「帆」じゃあ大きすぎるとでも思ったんでしょうかね（？）．

　他方，英語はラテン語名の一部 velum だけを借りてきてお茶を濁してるわけですが，英語しか知らなかったらこういう事情は全然わかりませんね．ちなみに英語の語彙を増やしたかったらラテン語とその末裔，例えばフランス語を学ぶといいですよ．英語の語彙の大多数はこれらからの外来語なんです．

§11　まあその名前の由来はどうであれ，その「鼻のふた」はあなたの意志で自由に上下できまして，このふたを下げれば呼気が鼻腔（「びこう」，なぜか医学では「びくう」）を通るようになります．この状態で作られた音が「**鼻音**」(nasal) です．上記のように日本語ではナ行とマ行の子音，それから「ン」が鼻音ですね．その他にも，例えば「大学（ダイ<u>ガ</u>ク）」の下線部のように，主に東日本において語中のガ行の子音が鼻音になることがあります．国語学で特に鼻濁音と呼ばれるこの現象については §21 で詳しく扱うことにします．

　さて，逆に鼻のふたを上げれば呼気は口腔（「こうこう」，医学では「こうくう」）だけを通るようになります．この状態で作られた音は「**口音**」(oral) です．日本語の場合，上記以外はもちろん全部口音です．よろしいですね？

15

閉鎖音（1）

§12 ご自分の日本語の発音を確認しながら，様々な子音をどのように発音し分けているのか知りましょう．

まず，**鏡**で口を見ながら，喉に手を置いて言ってみましょう．

パーピープーペーポー

子音部分に注意しますよ．すると3つのことに気づくはずです．まず，子音部分で喉の震えが中断しますから，この子音は無声音です．そしてその子音部分では唇が閉じますね．このように上下の唇が使われる子音を**両唇音**（bilabial）といいます．唇で何が行われたかというと，呼気が一瞬せき止められ，溜まった呼気が半ば爆発的に放出されたんです．このタイプの子音は**閉鎖音**（stop）あるいは**破裂音**（plosive）といいます．そんなわけでパ行の子音は

無声音＋両唇音＋閉鎖音 ＝ 無声・両唇・閉鎖音

であって，これをご存知の [p] で表すんです．

§13 次はちょっとだけ違いますよ．例によってゆっくり，はっきりどうぞ．

バービーブーベーボー

さあ，何が違いました？ ずっと喉が震えてましたね．ってことは子音部分が有声音だってことです．鏡で口を見ても，それ以外の点でパ行とバ行の違いはみつかりません．ってことは，はっきり発音したバ行の子音は

有声音＋両唇音＋閉鎖音 ＝ 有声・両唇・閉鎖音

でして，ご存知のとおりこれを [b] で表します．[p] に声を加えた音，あるいは [p] の有声音って言ってもいいですね．

§14　では，さらに次はこれと何が違いますか？

マーミームーメーモー

　喉の振動も唇の閉鎖もバ行の場合と同じだったでしょう？　でも何かが違うはずですよ．ちゃんと前の項目をこなした方ならもうおわかりですね．そう，子音部分で鼻のふた（口蓋帆）が開いて鼻腔に声が響いているんです．鼻の付け根に手を触れて，バ行とマ行をもう一度発音して確認してくださいね．
　つまり，マ行の子音 [m] は [b] に鼻音を足した音，すなわち

有声音＋両唇音＋閉鎖音＋鼻音

ってことです．これを難しく言うと

有声・両唇・**鼻音化閉鎖音**（nasalized stop）

なんですが，面倒くさいんで「両唇・鼻音」と略称しても通用します．

§15　以上を整理しましょう（その性質があることを＋で示します）．

声	鼻音	両唇音	閉鎖音		
－	－	＋	＋	[p]	パ行
＋	－	＋	＋	[b]	バ行
－	＋	＋	＋		
＋	＋	＋	＋	[m]	マ行

　どうです？　なかなか面白いものでしょう？　無声・両唇・閉鎖音であるパの子音 [p] に声を加えるとバの子音 [b] になり，それにさらに鼻音を加えるとマの子音 [m] になるんですね．えっ？　下から2段目の空欄が気になりますか？　ここに入るのは [m] の無声音，つまり普通に口を閉じて鼻から息をはくときの音です．音声記号では [m̥] と書けますが，これを言語音として用いる言語は少ないと思います．以降，無声の鼻音の記載は省略させていただきますね．

17

閉鎖音（2）

§16 閉鎖音の続きです．前項で解説した [p, b, m] は無声閉鎖音，有声閉鎖音，有声鼻音化閉鎖音がちゃんとそろっていて，その上次に来る母音に制限はありませんでしたが，実は日本語の他の閉鎖音はちょっといびつなんですよ．

まあ，その事情はこれからゆっくり説明することにして，さあ，例によって喉に手を置いて鏡を見ながらどうぞ．

ターテートー

えっ？　何でチとツが抜けてるのかって？　だって，確かに同じタ行ですけど，ほら，ご存知のヘボン式ローマ字だと

タ ta　チ chi　ツ tsu　テ te　ト to

って書くでしょう？　チとツでは子音が変わっちゃうからです．ヘボン式ローマ字を考案したのは，最初の本格的な英和・和英辞典『和英語林集成』(1867) を作った**ヘボン**（James Curtis Hepburn（美國平文）1815-1911 ; 写真は https://commons.wikimedia.org/wiki/File:James_Curtis_Hepburn.jpg より）でした．彼は米国人ですから，日本語のローマ字表記に際して英語っぽいスペリングを与えたんですね．

さて，タテトの子音部分はどう発音されていましたか？　声帯は振動していませんから無声音ですね．そして，パ行の場合と同じく呼気が一瞬遮断された閉鎖音です．では呼気が遮断されたのはどこでしょう？　ちょっと見にくいですが鏡で口を見れば，舌先が上の前歯の裏あたりにくっついたことがわかると思います．舌先がくっついたのが歯なら**歯音**（dental），そのちょっと後ろなら**歯茎音**（alveolar）っていいますが，日本語のタテトだとその中間ぐらいですね．以下では歯茎音を代表にしておきましょう．結局，タテトの子音は

無声音 ＋ 歯茎音 ＋ 閉鎖音 ＝ 無声・歯茎・閉鎖音

ですね？ これを [t] って表記するわけです．

　簡単すぎましたか？ じゃあ，少し端折りましょう．ダデドの子音はこれに声が加わっただけですから有声・歯茎・閉鎖音 [d] ですよね．チとツの場合と同じく，ヂとヅは違う音になっちゃいますから§34以下で扱います．ちなみにヘボン式ローマ字だとヂはジと同じく ji，ヅはズと同じく zu と表記するようですが，これは必ずしも100点満点の表記ではないかもしれません．ちょっと意味深ですね．実はここにかなり深刻な**日本語なまり**が隠れているんです．

§17　さて，有声・歯茎・閉鎖音を鼻のふた（口蓋帆）を開いたまま言ったらどうなります？ つまり [d] に鼻音性を加えるんです．えっ？ 人をバカにするなって？ あはは，簡単すぎましたか？ そりゃあ [n] に決まってますよね．

　それじゃあ，ナニヌネノはヘボン式ローマ字で書くとどうなります？ 訓令式ローマ字と同じく na ni nu ne no ですよね．でも，実は子音部分は均一じゃないって言ったらびっくりしますか？ じゃあ，びっくりしてください．

　ナヌネノの子音は有声・歯茎・鼻音化閉鎖音 [n] なんですが，実はニの子音は同じ有声・鼻音化閉鎖音であっても，閉鎖が作られる箇所がちょっと違うんですよ．鏡で口を見てもよくわからないとおもいますが，ニの子音部分に母音のアをくっつけたらどうなります？ ナじゃなくてニャになっちゃうんですね．ほら，舌先が歯茎にくっつくナヌネノの子音と違って，ニの子音では舌先ではなく舌の背中（舌背）が口の天井にベチャっとくっつくでしょう？ ここは解剖学で硬口蓋（hard palate）っていいましてね．ニの子音は [n] じゃなくて**硬口蓋音**（palatal）の [ɲ] なんです．これも**日本語なまり**の種ですよ．次項も参照のこと．

声	鼻音	歯茎音	硬口蓋音	閉鎖音		
−	−	+	−	+	[t]	タテト
+	−	+	−	+	[d]	ダデド
+	+	+	−	+	[n]	ナヌネノ
+	+	−	+	+	[ɲ]	ニ

閉鎖音（3）

§18 閉鎖音はまだありますよ．ゆっくり，はっきり，さあどうぞ．

カーキークーケーコー
ガーギーグーゲーゴー

　鏡で口を見ても，子音部分で呼気を遮断したのが唇でも舌先でもないことがわかるだけですね．そう，口の中のもっと奥なんです．それもニの時に舌背が密着した箇所よりさらに奥です．ニの子音 [ɲ] では舌背の手前のほうが使われていますから舌先もいっしょに動いちゃいますが，カ行とガ行の子音では舌先がまったく動かないでしょう？　舌背のもっと奥の部分が使われたんですね．これが触れた口の天井の部位も当然 [ɲ] の場合よりも奥ですよ．

　では，唐突ですがまず手を洗っていただきましょう．今から口の中に指を突っ込んでいただきます．さあ，鏡で口の中を見ながら，人差し指で前歯のすぐ後ろから奥に向って口の天井（口蓋）をなぞってみてもらえます？　ちゃんとやるんですよ！　口蓋の手前のほうは骨があって硬いんですが，後ろ半分は骨がなくてやわらかいでしょう？　そんなわけでそれぞれ硬口蓋，軟口蓋（soft palate）っていいましてね．カ行とガ行の子音はその軟口蓋と舌背後部が密着して作られた**軟口蓋音**（velar）なんです．ちゃんと言えば無声・軟口蓋・閉鎖音 **[k]** と有声・軟口蓋・閉鎖音 **[g]** ですね．[ɡ] と書いても結構です．

§19　えっ？　軟口蓋と口蓋帆って何が違うのかって？　いやあ，実にするどい質問ですね．そうなんですよ．§10 で紹介した鼻のふた（口蓋帆）と軟口蓋って結局のところ同じ部位を指すんです．正確に言うと，口蓋帆の口腔側の面だけを軟口蓋って呼ぶんですが，やっぱり紛らわしいことこの上ないですね．この場をお借りして，解剖学に善処をお願いしておきましょう．

§20　ところで，硬口蓋（hard palate）の音が "palatal" で，軟口蓋（soft palate）の音が "velar" となるのは不思議ですよね？　実は hard と soft は由緒正しい英語

ですが（同じ西ゲルマン語のドイツ語では hart と sanft），palate はラテン語の palātum を借りてきてお茶を濁しているわけでして，hard palate とか soft palate のような由来が異なる単語の組み合わせからは派生語が作りにくいんです．そこで機転を利かせて velum つまり「口蓋帆」の派生語 velar を「軟口蓋音」の意味で用いたんですね．上記のように，軟口蓋も口蓋帆も同じようなもんでしょう？ それで残った palate「口蓋」の派生語 palatal を「硬口蓋音」の意味に限定して使うようにした，というわけなんですよ．ですから，ちょっと脈絡から外れますが，このような経緯を無視して palatal を「口蓋音」って，例えばその派生語 palatalization を「口蓋化」って訳すのは本当は大間違いなんです．困ったことにそんな訳語がしばしば用いられていますからご注意の程．

§21 さて，ガ行の子音は場合によって鼻音で発音されることもあります．ちょっとご自分の発音を確かめましょうね．鼻の付け根に手を触れて「ダイ<u>ガ</u>ク」って言ってもらえますか？ 下線のところで鼻の振動を感じませんか？ 今では感じない人が多いことでしょう．振動を感じたあなたは恐らく東日本の方ですね？ 小生もあなたと同じタイプの日本語の話し手ですよ．あなたが下線部で発したのは有声・軟口蓋・鼻音化閉鎖音【ŋ】です．国語学では略式に**鼻濁音**って言ってますね．あなたのガ行子音は語頭で [g]，語中で [ŋ] のはずです．

鼻濁音を使わない人も「そんなの関係ねー」と思ってはダメです．あなたのようなタイプの日本語の話し手は英語とかドイツ語のように [ŋ] のある言語を学ぶときに大変苦労するでしょうし，放送業界へ就職したらしぼられますよ．その上，信じられないかもしれませんが，あなたは語中で [g] が言えない人かもしれません．これに関連する**日本語なまり**については §120 以下を参照のこと．

日本語に出てくる軟口蓋・閉鎖音をまとめておきましょう．

声	鼻音	軟口蓋音	閉鎖音		
−	−	+	+	[k]	カ行
+	−	+	+	[g]	ガ行
+	+	+	+	[ŋ]	（ガ行）

閉鎖音（4）

§22 実は日本語で頻繁に使われる閉鎖音がもうひとつあります．例によってご自分の発音を確認していただきますが，ちょっと話の都合上，その前に日本語の小さく書く「ッ」のはたらきについて考えてみましょう．

さて，§8でちょっとだけ紹介したように，国語学で「促音」とか「つまる音」とか言われる「ッ」は次の子音を長く，つまり一拍分発音するという表記なんですが，この点ご納得いただけますか？　念のために，小学校で習ったローマ字を思い出していただきますよ．日本語をローマ字で書くとき，happa（はっぱ），yattokosattoko（やっとこさっとこ），gakkari（がっかり），massao（まっさお）のように「ッ」の部分は次の子音を重ねて書くでしょう？　これは恣意的な，つまり特に何の根拠もないルールじゃなくて，日本語の音声現実にぴったり呼応した表記法なんですね．鏡で口を見ながらご自分の発音で確認しておきますか？　例に含むのはやっぱり両唇音がいいでしょうね．鏡で見れば一目瞭然ですから．ではどうぞ．

　　　は<u>っ</u>ぱ　　　だ<u>っ</u>ぴ　　　き<u>っ</u>ぷ　　　し<u>っ</u>ぺ　　　い<u>っ</u>ぽ
　　　（葉っぱ）　（脱皮）　　（切符）　　　　　　　　（一歩）

下線の部分では唇がしっかり閉じていたでしょう？　次にあるパピプペポの子音 [p] を長く言ってるんですね．他の子音でも同様です．

「ッ」が次の子音を長くするという点にご納得いただいたら，さらに「ッ」が使われるのは原則として無声子音の前だけだってことも指摘しておきましょうね．確かに今では外来語に

　　　ヘッダ　ドッチボール　ベッド　バッグ　キッズ　グッズ

のように「ッ」に有声子音が続く場合もありますが，ドッチボール，ベット，バックのような言い間違えも耳にするでしょう？　やはり本来のルールに従って「ッ」の次を無声子音にしたいんですよ．多分お年寄りに顕著ですね．

§23　いずれにせよ「ッ」の次には必ず子音があります．でも，とても例外的ですが，次に子音がないときにも「ッ」が書かれることがあります．さあ，鏡を見ながら，喉に手をあてて，ゆっくり，はっきり発音してください．

アッ！

「ッ」の部分で何が起こっていましたか？　多分，全然見当がつきませんよね．じゃあ，これならどうでしょう．同様に発音してください．

アッイッウッエッオッ

「ッ」のところで，どんな音を言ってますか？　何も言っていないつもりですよね．では，比較のために，これも発音してもらいましょう．

「ア」「イ」「ウ」「エ」「オ」

上と同じでしょう？　結局，「ッ」って，次に子音がないと，**区切って言う**ときと同じ発音をするんです．この「区切り」の音，すなわち次に子音がない場合の「ッ」は**声門閉鎖音**（glottal stop）**[ʔ]** という立派な子音です．

声門と声帯とは喉頭の中にある同じ部位でして，唇状の 2 枚のひだです．ひだを接近させて呼気を送ると，ひだが振動して音（＝声）が出ます．この状態での呼び名が**声帯**です，それ以外，つまり開いているときと，閉じているときには**声門**という名に替わります．同時に声は出せませんから声門閉鎖音に有声音はありません．

このように，はっきり区切って言おうとしたときなど，日本語話者は母音の前後に頻繁に [ʔ] を発します．実はこれも**日本語なまり**の種です（§154）．

さあ，以上で日本語にある閉鎖音がだいたいそろいました．

子音のタイプ	声	両唇音	歯茎音	硬口蓋音	軟口蓋音	声門音
閉鎖音	−	[p]	[t]		[k]	[ʔ]
閉鎖音	＋	[b]	[d]		[g]	
鼻音化閉鎖音	＋	[m]	[n]	[ɲ]	[ŋ]	

摩擦音（1）

　§24　さて，閉鎖音のほかにどんなタイプの子音があるでしょうか．例によって鏡で口を見ながら，次の文字連続をゆっくり，はっきりと発音してください．子音部で呼気にどんな作用が加えられていますか？

　　　　　　　ウッフッフッフッ...

　上下の唇の間のわずかな隙間を呼気が勢いよく通り抜けますね？　このように，呼気の通り道（**声道** vocal tract）のどこかに狭いところ（**せばめ**あるいは**狭窄**）があると，気流が乱れてノイズが生じるんですね．スプレーとかの音も同様です．このようにして生じる子音を**摩擦音**（fricative）といいます．
　フの子音の場合だと，せばめは上下の唇で作られましたし，喉に触れた手は振動を感じませんから，結局フの子音は無声・両唇・摩擦音です．これは世界でもかなりまれな子音で【ɸ】と表記されます．ちょっと見たことがないかもしれませんが，日本語にある音ですからこの記号もちゃんと記憶しましょう．

　§25　次行きますよ．

　　　　　　　イッヒッヒッヒッ...

　これもやっぱり無声の摩擦音ですが，せばめがどこで形成されたかは，なかなかわかりにくいかもしれません．実はそのせばめはニの子音 [ɲ] と同じく硬口蓋と舌背とで作っているんです．結局ヒの子音は無声・硬口蓋・摩擦音でして，これは【ç】と表記されます．これもやっぱり記憶しましょうね．

　§26　さらに次です．

　　　　　　　アッハッハッハッ...
　　　　　　　エッヘッヘッヘッ...
　　　　　　　オッホッホッホッ...

何だか笑い声みたいですね（確信犯です）．さて，ハヘホの子音はどのように発音されていましたか？ 鏡で口を見ても子音部と母音部でほとんど差がないですね．じゃあ，喉の震えはどうでした？ 確かに子音部に喉の震えはありません．じゃあ，ハヘホの子音は無声音って以外，何だかわけがわかりません．

実はハヘホの子音部は母音アエオを無声にしただけの音なんですよ．精密には [ḁ] のように母音の記号の下に丸（無声化のしるし）を加えて表記できますが，普通はこのように様々な母音を無声にした音を [h] で表記します．息をはくときの音だと言ってもいい，弱い摩擦音ですね．声道内で1番狭くなるのは声門部分なので [h] は無声・声門・摩擦音として分類されます．

§27 さて，ちょっと例外的なハ行の子音についても一言添えておきましょう．

　　　　　こく<u>ほ</u>う（国宝）　　エ<u>フ</u>ワン（F1）

「こくほう」ではしばしば [h] とは異なる子音が用いられます．「エフワン」では [ɸ] をお使いの方もたくさんいるでしょう．でも上下の唇が接近しなかったという人もいるんじゃありません？ これらの場合に用いられたのは [k] と同じく軟口蓋で作られた無声の摩擦音 [x] です．悔しいことを思い出して「クー！」って言ってもらえます？ ほら，[k] の後にこの音が聞こえるでしょう？このように，時折ハ行の子音として [x] の一種が使われることがあります．

§28 結局，日本語のハ行子音はぜんぜん均一じゃないんです．もともと日本語のハ行の子音は [p] でしてね．唇の閉鎖が徐々にゆるくなって今日のような不均衡な状態になったんです．昔「母」が [papa] だったなんて不気味ですね．

声	鼻音	両唇音	硬口蓋	軟口蓋	声門	摩擦音		
−	−	−	−	−	+	+	[h]	（ハヘホ）
−	−	−	+	−	−	+	[ç]	（ヒ）
−	−	+	−	−	−	+	[ɸ]	（フ）
−	−	−	−	+	−	+	[x]	（散発的）

摩擦音 (2)

§29 日本語にはもちろん他にも摩擦音があります．またご自分の発音をご確認いただきましょう．鏡を見ながら，さあどうぞ．

サーッスーッセーッソ

その子音はもちろんご存知ですね？ そう，**[s]** です．鏡で何に気づきます？ 唇は何もしていませんね．次は前歯を見ましょうか．[s] を発しているとき上下の前歯の間の間隔はゼロ，つまり歯を食いしばっています．実は，口の中で作られた気流が前歯の後ろにぶちあたって [s] の特徴的な鋭い音が出ているんです．加えて，喉は振動しませんから [s] は当然ながら無声音です．

さて，問題は舌です．[s] を発しているとき舌は何をやってますか？ 鏡を使っても前歯が邪魔でぜんぜん見えません．しかたがないので口の中の感覚に頼りましょう．恐縮ですが，次項で説明するツの子音 **[ts]** を使わせてください．

[ts:ts:ts:ts:]...

さあ，何度も繰り返して言ってください．すると [t] を発しているときと [s] を発しているときの舌の位置の違いがわかりますよ．日本語のタテトの子音 [t] は一般に歯音でも歯茎音でもいいはずですが，[ts] の [t] は歯茎音でして，舌が歯茎にぴったりとくっついて呼気を遮断しています．ここから [s] に移ると舌先だけ下がりますが，舌のそれ以外の部分は歯茎にぴったりとくっついたままです．ほら [ts:ts:ts:]... 舌先だけが上下するのがわかりますよね？

手を使って説明しましょうか．手の甲を上にして指を揃えていただけます？ 全部の指がぴんと伸びているときが [t] の舌だとすると，中指の先だけがちょっと曲がった（つまり下がった）状態が [s] なんですよ．そして中指の先（つまり舌先）のちょっと後ろと歯茎の間にできた幅の狭いすきまを，呼気が加速して通過し，その気流が前歯の裏にぶちあたる．そうして [s] が発されるんですね．そんなわけで [s] は無声・歯茎・摩擦音ということになります．

§30 次はシの番です．ヘボン式ローマ字の表記 sa shi su se so にも現れているように，サ行のうちシだけが他と子音部分が異なりますね？ 最近ではシの子音にも [s] を用いる人がいるようですが，さすがにうるさいときに言う

シー！

は絶対 [s] じゃないでしょう？ 記号を先に紹介しちゃいましょうか．見慣れない記号でしょうが，この子音は [ɕ] と記されるんです．ご記憶ください．

えっ？ 英語の sh [ʃ] と同じじゃないのかって？ よくご存知ですね．でも両者は少し違った音ですよ．詳しくは §111 に譲ることにしましょう．

さて，[ɕ] はどのように発音されていますか？ 摩擦音だってことはすぐにわかりますし，喉に手を触れれば無声音であることも明らかです．[s] の場合と同じく唇も歯も直接的には関わっていませんから，問題は舌ですね．でも，やはり前歯が邪魔で鏡で見ても何だかよくわかりません．やっぱり口の感覚に頼るしかないですね．次の対比が参考になりますよ．何度も言ってください．

[sːɕːsːɕːsːɕː]...（スの子音とシの子音）

[ɕːçːɕːçːɕːçː]...（シの子音とヒの子音）

[s] より [ɕ] のほうが後ろ，でも [ɕ] より [ç] のほうが前だってわかりますね？ [ɕ] のせばめは歯茎と硬口蓋の間にあるんです．そんな理由で，このような音を**歯茎硬口蓋音**（alveolo-palatal）と呼んでいます．つまりシの子音 [ɕ] は無声・歯茎硬口蓋・摩擦音です．結局，サ行の子音に以下の2つがあります．

声	鼻音	歯茎音	歯茎硬口蓋音	摩擦音		
−	−	＋	−	＋	[s]	（サスセソ）
−	−	−	＋	＋	[ɕ]	（シ）

サ行子音はかつて [ɕ] でした．セをシェと発音する方言があるのはその名残です．さらに以前は次項で紹介する [tɕ] だったようです．この点については私見がありますが，ここで披露するのは控えておきましょう．

破擦音

§31 上では日本語に存在する閉鎖音と摩擦音（今のところわけあって無声のみ）を概観しました．これらを同時に，あるいは間髪を入れずに発音したらどんな音になるでしょうか．閉鎖音を作る閉鎖と摩擦音を作るせばめの位置が同一，あるいは極めて近い場合，両者は一体化してしまいます．例えば英語では，このような一体化した音を表すのに affricate という，ラテン語からの借用語を使っています．他のヨーロッパ語も同様です．日本語でもかつては定まった用語がなかったらしく，恐らくイタリア語あるいはそれを借用したドイツ語をもとに「アフリカータ」なんていう言い方が使われたものです．でも今では**破擦音**という極めて適切な用語が定着しています．残念ながらどなたの発案によるものか知りませんが，「破」裂音にはじまり摩「擦」音に終わる音をこのように称するとはなかなか機知に富んでますね！

閉鎖音，摩擦音，破擦音を併せて**噪音**（阻害音 obstruent）と称します．

§32 ちょっと手順を変えて，用語についての情報を先に提供しちゃいましたが，もしかして少し面食らいました？ たまには変化もいいじゃないかと思いましてね．はいはい，お待たせしました．それではご期待にこたえてご自分の発音を確認していただきます．

チ

今回はシンプルでしたね．さて，チの子音部分はどんなふうに発音されていましたか？ 今回も鏡が役立ちませんのでやっぱり感覚だよりです．舌が口の天井に一旦ぴったりくっついて，そのあと離れますね．チの子音部分だけを引き伸ばして言えばシの子音が聞こえますから，その後者の部分は無声・歯茎硬口蓋・摩擦音 [ɕ] です．じゃあ，その前ではどんな音を言っていました？ 舌が口の天井にくっついて呼気をせき止めたんですから，そのとき発されたのは閉鎖音でして，舌がいわば猫背になって，歯茎の後部で閉鎖を形成した [t] の一種です．難しいことを言うと，これを**硬口蓋化**した（palatalized）[t] と表現して

いましてね．今の IPA では [tɕ] と記しますが，ここでは細かいことは放っておいて，単に [t] と記しておきましょう．§49 参照．

つまり，チの子音は [t] の一種と [ɕ] とが一体化した無声・歯茎硬口蓋・破擦音の **[tɕ]** です．英語の ch [tʃ] などとかなり似ていますが，**日本語なまりを一掃したいなら [tɕ] と [tʃ] は別な音だと認識したほうがいいですよ**（§111）．

§33 日本語には無声の破擦音があとひとつしかありません．それは前の項目でも引き合いに出した

ツ

の子音部です．これについては前項で扱っちゃったのでもう繰り返さなくていいでしょう．無声・歯茎・閉鎖音 [t] と無声・歯茎・摩擦音 [s] が一体化した音ですから，ツの子音部は無声・歯茎・破擦音の **[ts]** ですね．

結局，今の日本語のタ行子音は，ヘボン式ローマ字による表記

ta　chi　tsu　te　to

からも示唆されるとおり均一ではありません．でも，昔ハングルで書かれた日本語の概説などを参考にすると，タ行子音は少なくとも 15 世紀まではすべての列で [t] だったようです．その後，イ列とウ列で子音部の変化が起きたんです．

声	鼻音	歯茎音	歯茎硬口蓋音	閉鎖音	摩擦音		
−	−	+	−	+	−	[t]	（タテト）
−	−	−	+	+	+	[tɕ]	（チ）
−	−	+	−	+	+	[ts]	（ツ）

[tɕ] と [ts] の混乱から生じる日本語なまりについては §186 を参照のこと．

有声摩擦音と有声破擦音（1）

§34 これまでに紹介した摩擦音と破擦音はわけあってすべて無声音でした．そのわけを説明するために，まず下記の単語をお読みいただこうと思います．

膳所

「ゼンドコロ」ですって？ いえいえ，「ゼゼ」って読むんです．まあ，滋賀の方か，鉄道オタクぐらいしか知らないかもしれませんね．地名は難しいですから．「一口」(いもあらい)（東京，京都）とか「放出」(はなてん)（大阪）なんてわけがわかりません．
　さて，この「膳所(ぜぜ)」の最初の「ゼ」と2番目の「ゼ」とが違う音だと言ったらびっくりしますか？ じゃあ，思いっきりびっくりしてください．普通この単語は [ʣeze] と発音します．ゆっくり念入りに言えば [ʣeʣe] になります．
　ザズゼゾの子音は [s] の有声音だから当然 **[z]**，ヅの子音は [ts] の有声音だから **[ʣ]** だろうってお思いですか？ はい，本来はそのとおりです．でも，今じゃそれが完全に混乱しちゃってるんですね．
　どうでしょう．日本語でものを書くときに「ず」なのか「づ」なのか，時に迷うことはありませんか？ 例えば kutuzure, hanazumari, mizurai をカナで書くとき下線部の表記をちょっと考えちゃうでしょう？ 靴で「すれる」んだから「靴ずれ」，鼻が「つまる」だから「鼻づまり」，見るのが「つらい」んだから「見づらい」のように語の成り立ちを考慮に入れないと正しく綴れませんよね．その上，例えば本来の「いなづま」（稲妻）や「かたづ」（固唾）が今の仮名遣いでは「いなずま」，「かたず」とも書かれるようになってしまいました．
　これは，もはや今の日本語ではザズゼゾの子音とヅの子音を発音上まったく区別していないという明確な証拠です．ヘボンさんがヅをズと同じく zu と書く方式を提唱したのも，もともとの「づ」の多くを新仮名遣いで「ず」に変えちゃったのも，良し悪しは別にして，今では両者の区別がまったくないからです．
　まとめると，日本語ではザズゼゾとヅの子音はまったく区別されず，場合によって下記のどちらかが発されます．

声	鼻音	歯茎音	閉鎖音	摩擦音	
＋	－	＋	－	＋	[z]
＋	－	＋	＋	＋	[ʥ]

§35 ジとヂについても事情はまったく同じです．発音を確認しましょう．

じじい（爺）！

最初のジは破擦音 [ʥ]，次のジは摩擦音 [ʑ] で発音するのが普通ですが，とてもゆっくり言えばどちらも [ʥ] になります．本来的にジの子音は [ɕ] の有声音 [ʑ]，ヂの子音は [tɕ] の有声音 [ʥ] のはずです．しかし，ヘボン式ローマ字が両者を ji と表記することに現れているように，今の日本語では発音の上でジとヂはまったく区別されません．「づ」が「ず」に置き換えられたのと同じ理由により，現在の仮名遣いでは極めて多くの「ぢ」が「じ」に置き換えられています．ただし「馬鹿ぢから」（←ちから），「鼻ぢ」（←ち（血））など，「ち」が本来であることが明らかな場合には「ぢ」が残ってます．

結局，ジとヂは区別されず，その子音部では下記のどちらかが発されます．

声	鼻音	歯茎硬口蓋音	閉鎖音	摩擦音	
＋	－	＋	－	＋	[ʑ]
＋	－	＋	＋	＋	[ʥ]

§36 [z]/[ʥ] の場合でも [ʑ]/[ʥ] の場合でも，フレーズのはじめや，ゆっくりはっきり言ったときには破擦音が，それ以外の場合には摩擦音が発されます．キッズとかバッジのように「ッ」の後に来るとき（外来語ばっかりです）にも必ず破擦音が発されますね．

このように日本語話者は**有声の摩擦音と破擦音を徹底的に混同している**んです．このような日本語の癖から生じる**日本語なまり**は極めて深刻ですよ．詳しくは §110, 112 を参照ください．

有声摩擦音と有声破擦音（2）

§37　日本語にはこれ以上破擦音はありませんが，有声の摩擦音ならまだあります．オレはこんな変な音を使ってたのか！とびっくりするかもしれませんよ．

さて，前項では年配の男性を表すことばを例として用いました．このことばはやや下品なニュアンスを帯びていますが，別に他意はございません．やはり男女雇用機会均等法はきちんと遵守しないといけませんね．対応の女性を表すことばも用いないとお叱りを受けそうです．鏡を手に，さあどうぞ．

ばばあ（婆）！

はじめのバと 2 番目のバも違う音で発音するのが普通なんですが，気づきましたか？　ゆっくり念入りに発音すればどちらの子音部も [b] になることでしょうが，やや早口で言うと 2 番目のバの子音部分では上下の唇が**ぴったり閉じなかったんじゃありません？**　ってことはこれはもう [b] じゃありませんよ．有声・両唇・摩擦音の **[β]** です．フの子音 [ɸ] の有声音ですね．

[β] は [ɸ] とともに世界的にとてもめずらしい子音でして，これもまた強烈な**日本語なまり**の種なんです．§125 を参照．

§38　続いて，§21 で扱った例をもう一回．お鼻の付け根に触って，どうぞ．

だい<u>が</u>く（大学）

下線部で鼻の振動を感じたあなたは，語中のガ行子音にいわゆる**鼻濁音** [ŋ] を用いる古き良き日本語の話し手ですね．でも，そんな人はもはや少数派に属すようです．京都の某大学の図書館で鼻濁音を用いて「学<u>外</u>の者です」って言ったら「学<u>内</u>」って誤解されてしまいました．鼻濁音が通じないなんて！　まあそんなわけで，大多数の方々は下線部で鼻の振動を感じないことと思います．

さて，それら多数派の方々はどんな発音をしているでしょうか．ゆっくりはっきり言えば語頭の場合と同じく [g] が発されますが，普通にやや早口で言えば有声・軟口蓋・摩擦音の **[ɣ]**（つまり [x] の有声音）が発されます．これも強烈な**日本語なまり**の種なんです．

舌背後部が軟口蓋と密着すれば [g]，さもなければ [ɣ] の発音が行われているんですが，ご自分ではわかりませんよね．この際，水を張った洗面器に顔を突っ込んで「ダイ<u>ガ</u>ク」って言ってみます？ 下線部のところで呼気の流出が一瞬止まれば [g]，さもなければ [ɣ] が発されています．煙草の煙を吐きながら言ってもかなりわかりますが，あまりお勧めするわけにもいきませんね．

§39 日本語にはもうひとつ摩擦音がありますが，これはちょっと微妙ですよ．

ほほ（頬）

最初のホの子音 [h] は声門が全開の状態で発されますが，次のホの子音では声門の幅が狭くなっています．これによってわずかに異なる h が発されますが，慣れないと違いを聞き取るのは難しいかもしれません．同時に声帯全体も振動しますのでこれを有声・声門・摩擦音（あるいは有声の H）と称し，**[ɦ]** と記します．息もれ声（§183）で発した母音として扱うこともできます．日本語では「ご<u>は</u>ん」，「は<u>は</u>」（母），「か<u>へ</u>い」（貨幣），「か<u>ほ</u>う」（家宝）のように，語中のハヘホの子音としてこの [ɦ] が頻繁に使われます．

以上で通常の日本語で用いられる破擦音と摩擦音がすべてそろいました．

		両唇音	歯茎音	歯茎硬口蓋音	硬口蓋音	軟口蓋音	声門音
摩擦音	無声音	[ɸ]	[s]	[ɕ]	[ç]	[x]	[h]
	有声音	[β]	[z]	[ʑ]		[ɣ]	[ɦ]
破擦音	無声音		[ts]	[tɕ]			
	有声音		[dz]	[dʑ]			

ラ行の子音

§40 さて，次にラ行の子音を扱いましょう．まずは，例によって例語を大きな声ではっきりと言いながら，ご自分の発音を確かめてください．

<u>か</u>らあげ　か<u>り</u>んとう　カ<u>ル</u>シウム　カ<u>レ</u>ー　カ<u>ロ</u>リー

下線部の子音はどう発音されていましたか？　舌先が歯茎のちょっと後ろあたりをポロっと一瞬たたいてますよね．これを後部歯茎・**たたき音**（tap）あるいは**はじき音**（flap）と言いまして [ɾ] で表記します．これは立派な **R 音**です．

§41 上はラ行子音が母音にはさまれている（つまり大部分の）場合でした．それ以外の場合にはどうやってますかね？　ご自分の発音をご確認ください．

<u>ラ</u>ーメン　　　り<u>ん</u>ご　　　<u>ル</u>イベ　　　<u>レ</u>タス　　　<u>ロ</u>ーストビーフ
かん<u>ら</u>んしゃ　しん<u>り</u>　　　かん<u>る</u>い　　かん<u>れ</u>い　　かん<u>ろ</u>
（観覧車）　　　（心理）　　　（感涙）　　　（慣例）　　　（甘露）

どうですか．上の [ɾ] とは少し違うでしょう？　舌先は歯茎のあたりに接触しますが，[ɾ] のようにこれをたたくことはありません．つまり，この場合のラ行子音は閉鎖音なんです．喉に触れればわかるとおり，これは有声音ですから，有声歯茎閉鎖音 [d] と紛らわしいですね．ちょっと言い比べてみましょう．

かん<u>ろ</u>（甘露）　　かん<u>ど</u>（感度）

[d] の場合は舌先が歯茎にべったりとくっつきますが，ラ行子音ではその接触がほんの一瞬ですね．でも，ここでは思い切って捨象(しゃしょう)しちゃいましょう．

舌先が触れる位置も違います．ラ行子音のほうが [d] の場合よりやや後ろに接触していることがわかるでしょう？　荒川静香さんのイナバウアーほどでは

ありませんが，舌先はややそり返っているんですね．そのため，このラ行子音をそり舌音（retroflex）の [ɖ] として扱うことにしたいと思います．母音間のラ行子音もそり舌・たたき（はじき）音の [ɽ] として扱うこともできます．

§42 さて，このように日本語のラ行子音は大概の場合に [ɾ]（母音間）か [ɖ]（それ以外）なんですが，時にこれ以外の音を用いる場合もあります．

時代劇などでは巻き舌のラ行子音がしばしば使われますね？ 正確に言うと，これは（後部）歯茎・ふるえ音（trill）の [r] です．ただし，「ン」の後のラ行にこれを用いることはありません（§58）．このシンプルな発音記号にも現れているように，実はこれこそが [ɾ] とともにもっとも**一般的な R 音**でして，極めて多くの言語に用いられます．普通これらと異なる R 音が用いられる英語やフランス語などでも [ɾ] や [r] は R 音として通用します．極論しちゃうと，例えば英語の R（正確には [ɹ] と記します）なんてできなくとも大丈夫なんです．

日本人は L と R（併せて**流音** liquid）が苦手だと言いますが，要注意はむしろ L なんですよ．§98 以下で練習していただきますが，[l] は舌先を歯茎に密着させ，舌の両脇から呼気を通過させて作られる有声音でして，その方法からこの種の音は**側音**（lateral）あるいは側面接近音（lateral approximant）と呼ばれます．

特に「ン」に続く場合のラ行子音として [l] を用いる方もかなり頻繁にいます（§58 参照）．ただし，常にラ行子音を [l] で発音する人は稀ですね．

概して日本語話者は [l] の発音がへたですが，なぜか歌手の人は歌の中で [l] を多用するようです．例えば桑田佳祐さんにはそんな癖があります．

たたき音	そり舌音	ふるえ音	側音	ラ行の子音
＋	−	−	−	[ɾ]（母音間）
−	＋	−	−	[ɖ]（その他）
−	−	＋	−	[r]（散発的）
−	−	−	＋	[l]（散発的）

半母音

§43 半母音（semivowel）ということばはおなじみですね．これは要するに子音として使った母音ということですが，このような使い方ができるのは開口度（§72）の狭い母音だけです．日本語でこれに該当するのはイとウです．

イを子音として使えば**ヤ行**の子音です．これは極めて一般的な子音であり，発音記号では [j] で記します．えっ？ 何でこれを [j] って書くのかずっと不思議だったって？ では積年の疑問を解いてあげましょう．

§44 もともとローマ字の I は母音の [i iː] と半母音の [j] を表しました．同じ文字が場合によって異なる音を表すという状態はちょっと不便です．そこで中世に工夫が行われて，母音のときは I, 半母音のときはちょっとデザインを変えて J という字体を用いる習慣になったんです．ですから J という文字が半母音の [j] を表すのは至極当然ですね．J が [j] 以外の発音を示すようになっちゃったのは英語 [dʒ], フランス語 [ʒ], スペイン語 [χ] ぐらいですよ．

I は [aɪ] じゃないのかって？ 英語しか知らないと，そう誤解するんですね．英語でも本来 I は [i iː] を表しましてね，15世紀からはじまった「大母音推移」（the Great Vowel Shift, §152）という劇的な発音の変化によって最終的に [ɪ aɪ] という発音に変わったんです．I を [aɪ] と読むのは英語だけなんですよ．

では，ヤ行のローマ字表記で Y が使われるのはなぜでしょうか．本来 Y（υ）はギリシア文字で [i] に対応する円唇母音を表しました．フランス語（u）やドイツ語（ü）を知ってる人ならおわかりでしょうが，カナ書きすると「ユ」みたいな母音です．そんなわけで IPA の [y] はこの母音を表します（§80参照）．英語でも本来 Y は [y] と読んだんですよ．でもこの母音は後に [i] に合一しちゃってY という文字が要らなくなったんです．一方, 英語ではもともと [g] と [j] が G で表されていましてね．この紛らわしい状態を避けるために，余った Y を [j] の表記に流用したんです．ヘボンさんは彼の母語である英語の表記法を基礎として日本語のローマ字表記を考案したわけですが，Y で [j] を表すなんていう**変な習慣**を日本語のローマ字表記に持ち込んじゃったのは失敗でしたね．

§45 ウを子音として使えばワ行の子音です．しかしながら，意外でしょうがこれを IPA でどう表記するかはとても難しい問題です．

後述するように，ウを [ɯ] という記号で記す方式がかなり広く採用されておりまして（§84），これに従うならば，ワの子音はその対応の半母音 [ɥ]（§69）で表記されることになります．とはいえ，[ɥ] は歯をむき出しにして発音される音であり，その際上下の唇は大きく離れたままですので，これによってワの子音を表記するのは不適当です．ワの子音では唇はあまり丸くならないものの，上下の唇がとても接近し，開口部の幅が狭くなります．これを弱い円唇性とみなすなら，日本語のワ行の子音は [w] の一種と考えられることになります．

とはいえ，ワ行の子音は例えば英仏語の [w] とは円唇性の強さの点で大きく異なりますね．この際，煩瑣(はんさ)を覚悟しつつ，ワの子音は円唇性が弱いことを示す符号を添えた [w̜] で精密に表記することにしたいと思います．

§46 U と V はギリシア文字 Y に由来する同じ文字です．かつてはどちらも [u] と [w] を表しました．後に U を母音，V を子音に固定しましたが，その頃には V の音は [v] に変わっていました．[v] と [w] は紛らわしい子音でして，大概の言語にはその片方しかありません．両方を持つ英語は困って，この文字を 2 つ並べて [w] を表すことにしました．だから double U って言うんです．

§47 半母音は子音の調音という観点から見れば「**接近音**」（approximant）あるいは「無摩擦継続音」（frictionless continuant）と表現されます．ヤの子音を発しているとき口の中でもっとも狭くなるのは硬口蓋と舌に挟まれた部分です．そのため [j] は硬口蓋音として分類されます．ワの子音の場合には，英仏語の [w] と同様に上下の唇の間と，軟口蓋と舌に挟まれた部分で同時に狭めが形成されます．そのため [w] と同様に，ワの子音 [w̜] は両唇音かつ軟口蓋音であり，しばしば両者をまとめて**唇軟口蓋音**（labiovelar）とも呼ばれます．

声	接近音	両唇音	硬口蓋音	軟口蓋音		
＋	＋	－	＋	－	[j]	（ヤ行）
＋	＋	＋	－	＋	[w̜]	（ワ行）

拗音

§48 半母音に付随して，国語学で言う「**拗音**」について解説しておきましょう．「拗」は「ねじれている」っていう意味です．「執拗」だったら「ねじれてしつこい」ってことですね．拗音は漢字音によって日本語に入った音節でして，小さな字を加えて表記されます．でも小さな「ッ」は拗音の表記じゃありませんね．拗音以外の，日本語本来の音節は国語学で「**直音**」って言っています．

§49 典型的な拗音は小さな「ャ，ュ，ョ」を加えて表記される「**開拗音**」です．下記の 2 つがどのように区別されているのか考えてみてください．

パ　ピャ

ローマ字で書けばそれぞれ pa と pya ですし，簡易的には [pa] および [pja] と表記されますから，「ピャ」では [p] と [a] の間にヤ行の子音 [j] が発されているように感じるんじゃないですか？ しかしながら，その印象は誤りですよ．何しろ「パ」と「ピャ」は同じ長さですし，母音部もやはり同じ長さです．となると，「パ」と「ピャ」は子音部分で区別されていることになりますね．

結局のところ，ピャの子音部では [p] と [j] が**同時に**発されているんです．[p] で上下の唇を閉じているとき，それと同時に，[j] や [i] が発されているときと同じように舌が硬口蓋に接近します．このように，何らかの子音を発音しているときに，副次的に硬口蓋に舌を近づけることを「**硬口蓋化**」（palatalization）と言いまして，問題の子音の直後に上付きの [^{j}] を加えることで表記されます．

つまり開拗音「ピャ」とは硬口蓋化した [p^j] を含んだ [p^{j}a] なんです．同様に「ピュ」と「ピョ」は当然のこととして，それ以外の開拗音である

ビャ ビュ ビョ　キャ キュ キョ　ギャ ギュ ギョ
ミャ ミュ ミョ　リャ リュ リョ

の子音部も硬口蓋化した [b^j]，[k^j]，[g^j]，[m^j]，[r^j]（あるいは [d^j] など）です．

対応の直音のイ列「ピ，ビ，キ，ギ，ミ，リ」の子音も，同じく [pʲ]，[bʲ]，[kʲ]，[gʲ]，[mʲ]，[rʲ] (あるいは [ɖʲ] など) ですが，これらは拗音には数えられません．

でも，下記は少し事情が違います．

チャ チュ チョ　シャ シュ ショ　ジャ ジュ ジョ
ニャ ニュ ニョ　ヒャ ヒュ ヒョ

すでに述べたように，これらの直音はイ列と他の列とで子音部分が異なります．タ [t]：チ [tɕ]，サ [s]：シ [ɕ]，ザ [(d)z]：ジ [(d)ʑ]，ナ [n]：ニ [ɲ]，ハ [h]：ヒ [ç] でした．上の開拗音はこれらイ列の子音を使ってるんですね．

これらのうち [tɕ] と [ɲ] は硬口蓋化した [tʲ] と [nʲ] から得られた音と考えられ，また [ç] も [ɸʲ] から唇のせばめが失われて生じた音です．歴史・比較言語学では，副次的な硬口蓋化の結果として，このように主要な調音位置が硬口蓋の近くに移動してしまうことも「硬口蓋化」と呼ばれます．

でも，サ行とザ行については事情は逆のようでして，イ列において本来に近い音が保たれ，その他の列で子音の調音位置が前方に移動してしまったと考えられます．この現象は国語学でサ行子音の「直音化」と呼ばれますが，ややめずらしい現象でして，これを的確に表現する国際的な用語はないと思います．

§50 さらに拗音には「**合拗音**」があります．かつて「会議」や「外国」は

くゎいぎ　ぐゎいこく

と書かれました．合拗音とは，このように [w] を発するときと同じく唇を丸めて発された子音を含む音節でして，これに該当する音節は「クヮ」と「グヮ」しかありません．音声学では子音にこのような味付けをすることを「**円唇化**」 (labialization) と言いまして子音字の右肩に [ʷ] を加えて表記します (例 [kʷ]，[gʷ])．合拗音はもう日本語から失われているはずなんですが，お年寄りの中にはいまだにこれを用いる人がいるそうですよ．

撥音ン（1）

§51 日本語の音に関して，もっとも厄介なのは何だか知ってますか？ その答えは国語学でやや不適当に「はねる音」とか「**撥音**」と呼ばれている

ン

なんです．ちょっと意外でしょう？ 「ン」はローマ字で n って書くんだから

[n]

に決まってるじゃん．別に厄介じゃないよ．そうお思いになりました？ 確かに小学校でローマ字を学ぶとき「ン」は n と書くんだって習ったはずですもんね．

　実はこのローマ字表記がある種の諸悪の根源でしてね．そのため，あなたのように**誤解**している人が大多数なんです．実際，下記のような事情を基に単純計算すると「ン」が [n] となる確率は2割以下です．つまり，8割以上は [n] じゃないんですから，これを典型だとするのは無理も甚だしいでしょう？

§52 さあ，ご自分の発音でご確認いただきましょうね．鏡を片手にどうぞ．

①ちゃ<u>ん</u>ぽん　せ<u>ん</u>べい　あ<u>ん</u>まん

下線部はどう発音されてます？ 上下の唇がぴったり閉じてますよね．念のため，お鼻に触ってもう一回言ってみましょうか．お鼻が震えますから明らかに鼻音ですね．ってことはあなたは両唇の鼻音，すなわち **[m]** を発音してるんですよ．えーっ？ じゃあ「ン」って [m] だったの？ なんて短絡的に考えちゃだめですよ．何しろ，

②タ<u>ン</u>ドーリチキン　ウィ<u>ン</u>ナー　メ<u>ン</u>チカツ

の「ン」では口が閉じないでしょう？ 鏡で確認すると，今度は舌先が歯茎にぴったりくっついて発音した鼻音，つまり歯茎・鼻音の [n] ですね.「メンチカツ」のように [tɕ, dʑ] の前では [n] はやや後ろ寄りです.

わけがわかりませんか？ じゃあ次は参考になりますでしょうか.

　　　　　③あんにんどうふ（杏仁豆腐）　こんにゃく

今度は舌背が硬口蓋にべったりでしたね．そんな鼻音はニの子音，硬口蓋鼻音の [ɲ] です．ちなみに「あんにんどうふ」の下線部は [n] ですよ．

さらに，次の「ン」もまた違った発音になっています.

　　　　　④とんかつ　みたらしだんご

発されているのは軟口蓋・鼻音 [ŋ]，つまり鼻濁音 です．「だいがく」で鼻濁音を用いない人でも，④では必ず鼻濁音を用いていますよ．

§53　「ン」にはまだまだ他の音もありまして，しばらく説明を続けねばなりませんが，もう規則性に気づきましたか？ 勘のいい方ならおわかりでしょうね．「ン」は，それに続く閉鎖音と同じ場所（調音位置）で作られた鼻音，ちょっと難しく言うと**同器官的**（homorganic）な鼻音として発されているんです．

ひとまず以上までの分布を表にまとめておきましょう．

	「ン」の発音	後続の閉鎖音		後続の文字
①	[m]	両唇音	[p, b, m]	パ行　バ行　マ行
②	[n]	歯茎音	[t, d, n]	タ行　ダ行　ナ行
③	[ɲ]	硬口蓋音	[ɲ]	ニ
④	[ŋ]	軟口蓋音	[k, g, ŋ]	カ行　ガ行

撥音ン（2）

§54 前項では，閉鎖音（鼻音化閉鎖音を含む）が後続するとき「ン」は同器官的な鼻音化閉鎖音になることを確認しました．では後続するのが閉鎖音以外だったら「ン」はどのように発音されるのでしょうか．

鏡を手に，まずは「ン」に母音が続く場合を確認していただきましょう．

<u>か</u>んあん　　さ<u>ん</u>いん　　あ<u>ん</u>うん　　き<u>ん</u>えん　　け<u>ん</u>お
（勘案）　　（山陰）　　（暗雲）　　（禁煙）　　（嫌悪）

下線部で上下の唇はもちろんくっつきませんし，舌もどこにも触れませんが，鼻に手を触れれば下線部は明らかな鼻音です．ってことはですね．実は下線部はフランス語で有名な**鼻母音**（nasalized vowel）なんですよ！

日本語に鼻母音があるなんて，びっくりしましたか？ それも次に来る音によって下線部の口の形は少しずつ異なりますから，細かく見れば上の場合だけでその鼻母音の数は5個になっちゃいます．でも，あまり細かすぎるのも考えものですね．鼻母音は通常の母音の記号に [˜] を加えて表記されるので，本書では概略的に日本語の鼻母音を全部 [ɔ̃] と表記することにさせてください．

日本語の鼻母音のことなんて気にしなくていいじゃん．そんな反応をするあなたの英語は絶対になまってますよ．何しろ "Can I?" とか "Come on, everybody!" もまともに言えないでしょうからね（§122）．もしこの**日本語なまり**の状態を脱したいなら，あなたのことば（日本語）の癖を徹底的に知って，外国語を話すときにその癖を出さないための訓練を行わねばなりません．敵（外国語）に勝つには，まず己（日本語）からですね．

外国人にとっても日本語の鼻母音は難敵です．例えば「せんえん」（千円）の [ɔ̃] を [n] で言ったら「せねん」（意味不明），[nː] で言ったら「せんねん」（千年）になっちゃいます．例えばコンビニでこう言ったらどうなるでしょう．

「これセ（ン）ネンで足りますか？」

まず通じませんね．まあ，そんなわけで，ちゃんと通じる日本語を話すためにはどうしても母音（等）の前の「ン」を鼻母音で発音しないといけないんです．

§55 さて，母音に準じる半母音の前に「ン」があったらどう言ってますかね．

　　　ラーメン屋　　まんゆう（漫遊）　　まんようしゅう（万葉集）
　　　やんわり　　タウンワーク　　ワンワン　　かんわきゅうだい（閑話休題）

同じようにチェックしていただければ簡単にわかりますが，やっぱり下線部は鼻母音として発音されます．例えば鼻母音の代わりに [n] を使ったら「ラーメン屋」が「ラーメヌィヤ」，[nː] を使ったら「ラーメンヌィヤ」になっちゃいますから，やはり鼻母音を使わないと通じませんね．[m, ɲ, ŋ] も無理です．

§56 同様に下記ではいかがでしょう．またご自分の発音を確認してください．

　　　さんさい　　たんしん　　たんす　　しんせき　　たんそ
　　　（山菜）　　（単身）　　（箪笥）　（親戚）　　（炭素）

　　　きけんはい　きけんひん　ピンフ　　さんへや　　マンホール
　　　（危険牌）　（危険品）　（平和）　（三部屋）

下線部の「ン」はやはり鼻母音だったでしょう？　無声の摩擦音にはじまるサ行とハ行の音が後続するときにも「ン」は鼻母音として発音されるんですね．
　外国人の方も絶対に鼻母音を言わないといけません．代わりに [n] を使うと，サ行子音の前では後述（§169-171）のように挿入音 [t] が不可避的に入っちゃいますから「サンサイ」は「サンツァイ」，「タンシン」は「タンチン」になっちゃいます．これじゃまず通じないでしょう．ハ行子音の前なら [n] を言っても辛うじて誤解は生じないかもしれません．でもやっぱり変ですよ．

撥音ン（3）

§57 上記以外の場合，「ン」の発音は一定していません．
　まず，ザ行子音が後続する場合の「ン」の発音を確認してみましょう．

か<u>ん</u>ざい	か<u>ん</u>じん	さ<u>ん</u>ず	だ<u>ん</u>ぜつ	か<u>ん</u>ぞう
（管財）	（肝心）	（三途）	（断絶）	（肝臓）

か<u>ん</u>じゃ		し<u>ん</u>じゅく		さ<u>ん</u>じょ
（患者）		（新宿）		（賛助）

　2種類の発音が可能なんですが，わかりますかね．ゆっくり念入りに言えばザ行の子音が有声破擦音の [ʥ, ʤ] になって，その前の「ン」は後続閉鎖音と同じ場所（歯茎）で作られた [n] となります．ところが，早口で言うとザ行子音は摩擦音の [z, ʑ] になり，その前の「ン」は鼻母音になっちゃいます．

§58 ラ行の子音の前でも「ン」は一定しません．

か<u>ん</u>らん	か<u>ん</u>り	か<u>ん</u>るい	か<u>ん</u>れい	か<u>ん</u>ろ
（観覧）	（管理）	（感涙）	（慣例）	（甘露）

　既述のように，「ン」の後ろにあるときラ行子音は大概そり舌音 [ɖ] です．その前に位置した「ン」の発音はやはりそり舌音の [ɳ] となります．
　また，「ン」の後のラ行子音は [l] で発音されることもかなり頻繁にあります．その場合，それに先行する「ン」は明らかに普通の [n] です．
　外国人の方は日本語の「ン＋ラ行」を [nr, nɾ] で発音しがちですが，日本語でこれらが使われることはなく，通じない可能性さえあります．日本語を学んでいる方には [nl] をお勧めするのがいいでしょう．

§59 さあて，これで全部かと思いきや，「ン」が語末にある場合，すなわち後続音がない場合がまだ残っています．鏡でご自分の発音を確認してください．

パン　　プリン　　トムヤムクン　　ラーメン　　うどん

後続音がない場合，色々な発音が可能です．例えば [m] や [n] を発しても意思の疎通には何等問題を生じません．でも，一番普通なのは唇も舌先もどこにもくっつかない音ですね．これは口蓋垂（のどちんこ）と舌の奥がちょっとだけくっついて発音された鼻音 [N] です．[ŋ] のもっと奥の音ですね．

§60　以上をまとめると，ようやく撥音「ン」の全貌が明らかになります．

「ン」の発音	後続音	後続の文字
[m]	両唇音 [p b m]	パ行　バ行　マ行
[n]	歯茎音 [t d n (l)]	（ザ行）タ行　ダ行　ナ行　（ラ行）
[ɳ]	そり舌音 [ɖ]	ラ行
[ɲ]	硬口蓋音 [ɲ]	ニ
[ŋ]	軟口蓋音 [k g ŋ]	カ行　ガ行
鼻母音	上記以外	ア行　サ行　（ザ行） ハ行　ヤ行　ワ行
[N]	なし	なし

このような事情を無視して，歌謡界とか芸能界では「ン」に関して時に変な発音指導が行われているようです．例えば，皆さんがよくご存知の歌の一節

てんてんてんかのいなかっぺ
せん（千）の風に，せん（千）の風になって

の下線部では [m] が発されています．本来なら「てん [n] てん [n] てん [ŋ] かの...」，「せん [n] の風に...」のはずですよ．映像データをお持ちなら天童よしみさんと秋川雅史さんの口を観察してください．ンを [m] と発音するようにという**根拠のない指導**がしばしば行われていると聞いています．

子音の分類

§61 ここで国際音声記号 IPA の主な子音を紹介しましょう．下記の主要子音表では各々の子音が**調音位置**（列）と**調音方法**（行）できれいに分類されています．下表（IPA 2003 より）の「破裂音」を，考えるところあって，本書では原則的に「閉鎖音」と称しています．一覧表（IPA Chart）は巻末に掲載しました．凡例に記した URL 等を利用して，適宜個々の音をご自分の耳でご確認ください．

子音（肺気流）

	両唇音	唇歯音	歯音	歯茎音	後部歯茎音	そり舌音	硬口蓋音	軟口蓋音	口蓋垂音	咽頭音	声門音
破裂音	p b			t d		ʈ ɖ	c ɟ	k g	q ɢ		ʔ
鼻音	m	ɱ		n		ɳ	ɲ	ŋ	N		
ふるえ音	ʙ			r					R		
たたき音 あるいははじき音		ⱱ		ɾ		ɽ					
摩擦音	ɸ β	f v	θ ð	s z	ʃ ʒ	ʂ ʐ	ç ʝ	x ɣ	χ ʁ	ħ ʕ	h ɦ
側面摩擦音				ɬ ɮ							
接近音		ʋ		ɹ		ɻ	j	ɰ			
側面接近音				l		ɭ	ʎ	L			

記号が対になっている場合，右側の記号は有声子音である．網かけの部分は調音不能と考えられる．

§62 上表に記された**肺気流**（pulmonic air stream）ということばについて説明しておきましょう．音を発するには何らかの空気の流れ，すなわち気流が必要です．上表に記されるのは，肺から出てくる呼気を使って発される子音でして，厳密にはこれらの子音を「肺気流子音」（pulmonic consonants）と表現します．子音といえば大概この肺気流子音を指すと思っていただいて結構です．

その他の気流（**非肺気流** non-pulmonic air stream）を使うめずらしい子音もあります．呼気の代わりに吸気を使えば「有声入破音」（voiced implosive）が，声門と口腔内の閉鎖部位との間に閉じ込めた空気の気圧を高めて作った気流を使えば「放出音」（ejective）が，軟口蓋とそれより手前の部位で同時に作った閉鎖部の間に閉じ込めた空気の気圧を低くして作った気流を使えば「吸着音」（click）がそれぞれ発されます．§189-191 にやや詳しく記しましたので，まずは日本語と英語の音をしっかり学んだ後で，必要に応じて練習してください．

§63 前頁に載せた主要子音表の中身を簡単に紹介しておきましょう．英語，あるいは本書の扱うその他の外国語に用いられる個々の重要な子音については，それぞれ第Ⅱ章と第Ⅲ章において改めて詳しく解説することになります．

まずは，主要子音表から**閉鎖音**（破裂音）だけを取り出してみましょう．

[p b], [t d], [k g] と声門閉鎖音 [ʔ] はもうおなじみですね．下記の閉鎖音の練習方法については§181 を参照してください．

そり舌閉鎖音 [ʈ ɖ] はインド系の言語に用いられる少し舌をそり返した [t d] です．また，[ɖ] の一種が語頭などでラ行の子音として用いられます．

硬口蓋閉鎖音 [c ɟ] は舌背を硬口蓋に接触させて作るやや発音しにくい子音です．チェコ語，ハンガリー語，トルコ語，まま朝鮮語に用いられます．

口蓋垂閉鎖音 [q ɢ] は要するに [k g] のもっと奥の音です．[q] はアラビア語に，[ɢ] はペルシア語に，モンゴル語では両者が用いられます．

	両唇音	唇歯音	歯音	歯茎音	後部歯茎音	そり舌音	硬口蓋音	軟口蓋音	口蓋垂音	咽頭音	声門音
閉鎖音	p b			t d		ʈ ɖ	c ɟ	k g	q ɢ		ʔ

§64 次の行は**鼻音**，すなわち鼻音化閉鎖音です．§51-60 でほとんど紹介しましたから，残ったのは**唇歯鼻音 [ɱ]** だけです．これは [f v] と同様に下唇と上の前歯を接触させて作った鼻音です．日本語でもマ行の子音として用いられることがあり，例えばマラソンの高橋尚子選手はこれを多用します．

	両唇音	唇歯音	歯音	歯茎音	後部歯茎音	そり舌音	硬口蓋音	軟口蓋音	口蓋垂音	咽頭音	声門音
鼻音	m	ɱ		n		ɳ	ɲ	ŋ	ɴ		

§65 **歯茎ふるえ音**（顫動音(せんどう)）の **[r]** は極めて多くの言語に用いられる R 音であり，呼気によってふるえた舌先が連続して歯茎周辺にぶつかります．日本語でも時に（時代劇など）ラ行子音として用いられます（§42, 178）．

上記が [r] の正式な呼称ですが，「巻き舌」の R という別称もご存知のことでしょう．この「巻き」っていうのを舌をそっくり返すこと，つまりそり舌のことだと**誤解**している人もいるらしく，「英語の R は巻き舌音だ」って説明する

最悪の英語の先生（某ラジオの英語の番組）も存在するようです．信じていた人は今すぐ知識を修正してください．

「巻き舌」の「巻き」とは英語 roll の直訳です．太鼓等をすばやく打ち鳴らすことを roll と言うので，口の中での同様の運動も roll と表現するわけです．

これと同様の運動によって生じる音に下記があります．

両唇ふるえ音 [ʙ] は多くの言語で馬のまねや寒い時に用いられます．でもこれを言語音として用いる言語は本書の記載範囲にはありません．

口蓋垂ふるえ音 [ʀ] は口蓋垂を舌の奥の部分に連続してぶつけて作る音です．これを用いる言語の代表はドイツ語ですが，時にフランス語やオランダ語等でも用いられます．§179に練習方法を載せましたので参照してください．

	両唇音	唇歯音	歯音	歯茎音	後部歯茎音	そり舌音	硬口蓋音	軟口蓋音	口蓋垂音	咽頭音	声門音
ふるえ音	ʙ			r					ʀ		

§66 たたき音（はじき音）とは1回だけのふるえ音です．歯茎たたき音 [ɾ] は母音間のラ行子音に用いられます（§40）．本書の記載範囲で [ɾ] と [r] を区別する言語はスペイン語とポルトガル語だけです．

ヒンディー語やウルドゥー語等には，そり舌たたき音 [ɽ] もあります．

2005年採用の**唇歯たたき音 [ⱱ]** を46頁と206頁の表にも貼りこみました．

	両唇音	唇歯音	歯音	歯茎音	後部歯茎音	そり舌音	硬口蓋音	軟口蓋音	口蓋垂音	咽頭音	声門音
たたき音 はじき音		ⱱ		ɾ		ɽ					

§67 呼気の通り道を狭くすると**摩擦音**が生じます．日本語を通してすでに [ɸ β s z ç ɣ h ɦ] については紹介しましたから，残りをざっと紹介しましょう．

下唇と上の前歯の間でせばめを作ると，多くの言語に用いられる**唇歯摩擦音 [f v]** が生じます．§105-107でじっくり練習していただく予定です．

舌先と上の前歯の間でせばめを作ると英語の th でおなじみの**歯摩擦音 [θ ð]** が得られます．§108-109で練習していただきます．

シの子音は珍しい子音であり，主要子音表の中には収められていません（§30, 71）．これと似て非なるのが**後部歯茎摩擦音 [ʃ]** でして，極めて多くの言語に用いられますが，日本語話者は別途練習を要します．加えて，その有声音 [ʒ] と [ʤ] の区別も大問題ですね．§111-113 できちんと習得していただきます．

[ʃ ʒ] を発しながらやや舌先をそり返すと，その一種である**そり舌摩擦音 [ʂ ʐ]** が発されます．中国語の箇所（§203）に練習方法を載せました．

ヒの子音 [ç] に声を加えると**有声硬口蓋摩擦音 [ʝ]** が得られます．[ʝ] をはっきり発音しようとする場合に，英語を含めて極めて多くの言語に用いられますが，日本語話者はやや不得手のようです（§118）．

時に「こく<u>ほ</u>う」（国宝）や大概の場合「ダイ<u>ガ</u>ク」（大学）の下線部に用いられる **[x ɣ]** は**軟口蓋摩擦音**です．これらは英語では用いられませんが，中国語，アラビア語，インドネシア語，ベトナム語，ペルシア語，ロシア語等，かなり多くの言語に用いられる子音です．

[x ɣ] よりもさらに奥でせばめを作ると**口蓋垂摩擦音 [χ ʁ]** が発されます．[χ] はドイツ語やスペイン語に用いられますが，普通の辞書や参考書などでは簡略化して（不正確に）[x] と記されることもあります．[ʁ] はその有声音ですが，何よりもフランス語の R 音として有名でしょう．ポルトガル語（rr）やドイツ語，デンマーク語等でも R 音として用いられます．

舌根を喉（正確に言うと咽頭，風邪をひいたときにヒリヒリ痛いところです）に近づけると**咽頭摩擦音 [ħ ʕ]** が発されます．これらはアラビア語に生じます．

これらの練習方法については§182を参照してください．

	両唇音	唇歯音	歯音	歯茎音	後部歯茎音	そり舌音	硬口蓋音	軟口蓋音	口蓋垂音	咽頭音	声門音
摩擦音	ɸ β	f v	θ ð	s z	ʃ ʒ	ʂ ʐ	ç ʝ	x ɣ	χ ʁ	ħ ʕ	h ɦ

§68 [l] はちゃんと言えますか？ これがちゃんと言えるなら，同時に [i] を言ってみましょう．舌背が硬口蓋に近づきますね．唇を横に引いて，歯を食いしばって，さらに近づけてみましょう．すると**歯茎側面摩擦音 [ɮ]** という変わった音が出るはずです．対応の無声音 [ɬ] はモンゴル語に出てきます．

	両唇音	唇歯音	歯音	歯茎音	後部歯茎音	そり舌音	硬口蓋音	軟口蓋音	口蓋垂音	咽頭音	声門音
側面摩擦音				ɬ ɮ							

§69 摩擦音を作るためには声道内にせばめが必要でした．このせばめを緩くすると**接近音**が生じます．したがって実に様々な接近音が調音可能ですが，現実の言語に利用されていて，そのため IPA の主要子音表に取り入れられ，記号を与えられているのは下記のみです．両唇接近音の記号を設定してもらえると日本語のワ行子音の表記にちょうどいいかもしれません．

	両唇音	唇歯音	歯音	歯茎音	後部歯茎音	そり舌音	硬口蓋音	軟口蓋音	口蓋垂音	咽頭音	声門音
接近音		ʋ		ɹ		ɻ	j	ɰ			

唇歯接近音 [ʋ] とは上の前歯と下唇を接近させて出る有声音，要するに緩んだ [v] です．[ʋ] は多くの言語で [v] の変種として用いられますが，唯一オランダ語では [ʋ]（綴り w）と [v]（~[f]；綴り v）が区別されます．日本語でも時にワ行子音として使われることがあります．

歯茎接近音 [ɹ] とは舌先を歯茎に接近させて作られた有声音であり，特に英語の R 音として有名です．舌先を上げて言った [z] の一種に対応しますが，実質的には [r] に対応する接近音だと言っていいかもしれません．

[ɹ] を発しながら舌先をやや後方に移動すると**そり舌接近音 [ɻ]** が得られます．これはそり舌摩擦音 [ʐ] の緩んだ音です．

[ɹ] と [ɻ] の発音は §103 でじっくり練習していただきます．英語の他にも中国語に生じるので一般的な音なのかな？と誤解されやすいようですが，実際は世にも稀な，とても珍しい音ですから，この音を他の言語の R 音として用いることは**厳におやめください**．せっかく習得した [ɹ] や [ɻ] をお使いになりたいというお気持ちは理解しますが，みっともないですよ．

ヤの子音である**硬口蓋接近音 [j]** についてはすでにおわかりですね．

次に，[ɣ] のせばめを緩めると，朝鮮語やトルコ語に用いられる**軟口蓋接近音 [ɰ]** が得られます．ワの子音に似ているとも言われますが，すでに述べた

ように（§45），実際は似ても似つきません．

§70　主要子音表の一番下の行には**側音**，あるいは最近では**側面接近音**と称される一連の音が配置されています．

舌先を上の前歯の後ろに押しあてたままで，舌の両脇から呼気を流出させ，声を出せば**歯茎側音 [l]** が得られます．これは極めて多くの言語に用いられていますが，概して日本語話者は苦手ですから§98-102 でよく練習してください．

[l] の調音位置を少し後ろにずらして，やや舌がそり返るようにすると**そり舌側音 [ɭ]** が得られます．朝鮮語では語末で時に [ɭ] が生じます．

イタリア語（gli），スペイン語（ll），ポルトガル語（lh），セルビア語とクロアチア語等では**硬口蓋側音の [ʎ]** が用いられます．§180 を参照のこと．

軟口蓋側音 [ʟ] を用いる言語は本書の記載範囲にありません．

	両唇音	唇歯音	歯音	歯茎音	後部歯茎音	そり舌音	硬口蓋音	軟口蓋音	口蓋垂音	咽頭音	声門音
側面接近音				l		ɭ	ʎ	ʟ			

§71　日本語話者が外国語を学ぶ際に必要と思われる記号があと数個あります．IPA 一覧表（巻末参照）では「その他の記号」の表に収められています．

シの子音 **[ɕ]** と有声音 **[ʑ]** は日本語の他，中国語やポーランド語等に用いられます．舌をそり返さずに歯茎と硬口蓋の間で調音されるので**歯茎硬口蓋摩擦音**と呼ばれる珍しい音です（§30）．

英語でおなじみの **[w]** は唇と軟口蓋で同時にせばめを作った音して，**有声唇軟口蓋接近音**と呼ばれます．英語の他，フランス語，ポーランド語，中国語，朝鮮語，アラビア語，インドネシア語等に用いられます．

無声の [w] を作り，呼気の量を増やすと無声**唇軟口蓋摩擦音 [ʍ]** が生じます．英語の wh に相当する極めて珍しい音（普通の辞書等では [hw] と略記）ですが，今日ではあまり用いられません．詳しい事情は§117 を参照のこと．

唇と硬口蓋で同時にせばめを作れば有声**唇硬口蓋接近音 [ɥ]** ができますが，これを用いるのは恐らくフランス語と中国語だけです．

母音分類の基礎

§72 さて，今度は様々な**母音**が発されるメカニズムを知りましょう．自分の口を鏡で見ながらはっきり，ゆっくり，大きな声で．さあどうぞ．

アーイーウーエーオー

口の形が次々と変わっていくことがわかりますね？ でも，どう変わっていくのか，なかなか把握は難しいでしょうね．ひとまず下記だけにしましょう．

イーエーアー

徐々に口が開いていくのがすぐわかりますね？ 「イ」はほとんど歯を食いしばって発しますが，上下の前歯の間隔が「エ」，さらに「ア」と，どんどん大きくなるのが確認できたでしょう．ついでに次も言ってください．

ウーオーアー

「ウ」よりも「オ」，「オ」よりも「ア」のほうが口の開きが大きくなるでしょう？ このように，我々は様々な母音を区別するために口の開き（**開口度**）の違いを利用しているんです．この観点から「イ」や「ウ」は「狭い母音」あるいは「狭母音」（close vowel）と，「ア」は「広い母音」あるいは「開母音」（open vowel）と表現されます．「エ」や「オ」の開口度はそれらの中間ですね．

開口度は「顎の上下位置」，あるいは舌と口蓋との距離，すなわち「**舌の上下位置**」と言い換えてもいいでしょう？ こんな観点から，狭母音を「高母音」（high vowel），「開母音」を「低母音」（low vowel）のように言うこともあります．

§73 次は唇に注目しましょう．例によって鏡を見ながら，さあどうぞ．

アーオーアーオー

ほら,「オ」のところで**唇が丸くなる**でしょう？ 丸くなるっていう表現がわかりにくければ,**唇の両端が口の真ん中に寄る**って言い換えてもいいですよ.このように唇が丸い（円唇 rounded）か,丸くない（非円唇 unrounded）かで,聞こえる音が相当変わるんですね.

日本語の母音の中で「オ」は明らかな円唇母音でして,「ア,イ,エ」は非円唇母音です.「ウ」は微妙でして,概して西日本では弱い円唇母音として発音されますが,東日本ではあまり唇が丸まりません.

§74 さて,次の点は少しわかりにくいかもしれません.

エーオーエーオー

開口度は同程度ですね.唇の形は無視してください.それ以外に「エ」と「オ」の間に大きな相違点があるんですが,お気づきでしょうか.鏡で上下の歯の間にわずかに見える舌の位置をよく観察してください.あるいは口の中の感覚でもわかると思うんですが,「エ」では舌が口腔の前部（つまり手前）に,「オ」では逆に後部（つまり奥）に寄っています.おわかりいただけますね？

このように「**舌の前後位置**」が母音の区別に用いられているんです.「イ」や「エ」は舌が口腔前部に寄っているから「前舌母音」(front vowel),「オ」は後部に寄っているから「後舌母音」(back vowel)です.「ア」はそれらの中間なので「中舌母音」(central vowel) と呼ばれます.「ウ」は後舌母音と中舌母音の中間ぐらいに位置します.

以上を総合すると,日本語の母音はほぼ以下のように分類できます.○で囲んだのは円唇母音の表示です（仮にウも円唇母音として扱っておきます).

	前舌	中舌	後舌
狭（高）	イ		㋒
	エ		㋔
開（低）		ア	

母音の限界

§75 アイウエオという順番は音声学的になんら根拠のないものなんですね．実は 50 音図はインドの古い文語であるサンスクリット（梵語）の文字順どおりなんですよ（§208）．いろは歌が成立したちょっと後，明覚（みょうがく，めいかく 1056-?）という平安後期の偉いお坊さんが 50 音の順序を決めたようです．

サンスクリットには母音と同じように働く r と l があるんですが，これらを除外するとその母音の伝統的な順番は下記のようになります．

　　　　　ア　アー　イ　イー　ウ　ウー　エ　アーイ　オ　アーウ

ほら，これらから長音と音の組み合わせを排除すれば，ご存知の

　　　　　　　　　　ア　イ　ウ　エ　オ

になりますね．ついでながら，行の順序もサンスクリットどおりなんですよ．

§76 さて，日本語の母音は諸外国語の母音とどのように異なるのでしょうか．そして，IPA でどう書いたらいいのでしょう．この疑問に答えるには，母音の全体像を知らねばなりません．まずは**母音の限界**についてお話しましょう．

まず，歯を食いしばり，唇を思い切り横に広げて「イー」と言ってみてください．簡単ですね．これが [i] すなわち**非円唇・前舌・狭母音の限界**です．舌面を口蓋にもっと接近させると，もはや母音の限界を超えて有声硬口蓋摩擦音の [ʝ] になってしまいます．おわかりのようにヒの子音 [ç] の有声音ですね．

では，「イ」を言いながら，ゆっくりと口を開けていただきましょう．「イ」の前舌性を保つようにしてくださいよ．唇を思い切り横に広げた状態を維持しながら口を開けるといいでしょう．そうして口が全開になった状態が**非円唇・前舌・開母音の限界**でして，このときに発される母音が [a] です．英語の b<u>a</u>t や c<u>a</u>t，あるいは「<u>しゃ</u>しん（写真）」がこれにとても近いですよ．

次に,「オ」を発音しながらもっともっと唇を丸めてみましょう.鏡で口を見て,開口部が極めて小さくなるようがんばってください.「唇を丸める」とは唇の両端を中央部に接近させることですが,付随的に唇はやや尖り,多少前に突き出されます.このようにとても激しく唇を丸めてやると,つられて舌の位置も高くなりやすく,**円唇・後舌・狭母音の限界 [u]** が割合と楽に発されるようです.さらに舌面を口蓋に接近させると,母音の限界を超えて,円唇化した有声軟口蓋摩擦音 [ɣʷ] になってしまいます.[u] は多くの言語に用いられる母音なんですが,特に東日本のウとはまったく似ていませんね.

この [u] を出発点として徐々に口を開いていただきましょう.[u] では唇が強く丸まっていますが,口が開くにつれて唇の丸めを弱めましょう.全開の状態では,もはや無理して唇を丸めなくて結構です.この**非円唇・後舌・開母音の限界**は [ɑ] と記されます.英語の father とか car(英音),あるいは「か<u>わ</u>（川）を」がこの母音にとても近いですよ.

[a] は口を縦にも横にも,[ɑ] は口を縦に,それぞれ大きく広げるつもりで言うとうまくいくようです.日本語でも隣接音の影響によってどちらかに近い母音がしばしば発されます.上に挙げた例を参考にしてください.[a] と [ɑ] に類する区別を持つ言語は英語,ペルシア語,ハンガリー語等,少数です.フランス語はもはやこれらを区別していません.

§77 こうして前・後,狭・開の限界が画定されることはおわかりいただけますね？ あらゆる母音はそれらの間にあると考えられることになります.

狭母音の場合には前舌母音と後舌母音の差が大きいのですが,開母音では前後の区別の幅が小さくなってしまいます.そのため,この母音領域は以下のように上底が下底よりも長い台形をモデルにして説明することが一般的です.

	前舌	後舌
狭（高）	[i]	[u]
開（低）	[a]	[ɑ]

母音の分類

§78 続いて，IPA による母音の分類と記号について説明しましょう．

IPA では，前項で紹介した母音領域全体を以下のように 4 段 3 列に区切り，下記のように各母音の記号を割りあてています（下図は IPA 2003 より）．上述の URL などを利用して，個々の記号が表す音を適宜ご確認ください．

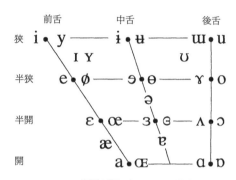

記号が対になっている場合，
右側の記号は円唇母音である．

このような母音の分類法の基礎を作ったのは英国の音声学者ジョウンズ（Daniel Jones 1881-1967；右の写真は https://commons.wikimedia.org/wiki/File:Daniel_Jones_(phonetician).jpg より）です．彼は序章に紹介したピグマリオン（My Fair Lady）のヒギンズ教授のモデルになった人物です．かつてそのモデルは別な人物（Henry Sweet 1845-1912）だとする誤った説が流布していました．この方も超有名な音声学者・英語学者です．

§79 ジョウンズは，世界の言語に頻出し，基本的と考えられる下記の 8 母音を **第 1 基本母音**（the primary cardinal vowels）と名付け，便宜のため各々の母音に反時計回りで番号を付しました．例えば［i］は基本母音 1 番と称します．

1[i]　2[e]　3[ɛ]　4[a]　5[ɑ]　6[ɔ]　7[o]　8[u]

これらのうち限界の母音 [i a ɑ u] についてはすでに前項で紹介しましたね.

さて，[i] から徐々に口を開けると [a] に至る途中で順に **[e ɛ]** が発されます．エよりもやや狭いのが半狭（half-close）母音の [e]，広いのが半開（half-open）母音の [ɛ] です．これらに類する区別がフランス語，ドイツ語，スウェーデン語，ポルトガル語，ヒンディー語，ウルドゥー語，朝鮮語，ベトナム語，ビルマ語，タイ語，ラオス語，カンボジア語等，多くの言語に行われます．

同様に [u] から口の開きを大きくしていくと [ɑ] に至る過程で順に **[o ɔ]** が発されます．オよりもやや狭いのが半狭母音 [o]，広いのが半開母音 [ɔ] です．ポルトガル語，スウェーデン語，ヒンディー語，ウルドゥー語，朝鮮語，ベトナム語，ビルマ語，タイ語，ラオス語，カンボジア語等，両者を区別する言語は多々ありますが，その数は [e ɛ] を区別する言語より若干減ります．ドイツ語では長い音節で [o] が，短い音節で [ɔ] が生じます．

デンマーク語は [e ɛ] および [o ɔ] の間にそれぞれさらにもう 1 つの母音を区別しますからデンマーク語を学ぶ際には例外的な注意を必要とします．他方，[e ɛ]，[o ɔ] の区別は標準的イタリア語の基礎となったトスカーナ方言にもありますが，その他の方言はこれらをまったく区別しないので，イタリア語を学ぶ際，実用的にはほとんど注意を要しません．

[i] と [a] の間に [e ɛ]，そして [u] と [ɑ] の間に [o ɔ] を，それぞれ設定するにあたり，ジョウンズは物理的あるいは生理的に特に明確な基準を用いていません．これらの間隔を**聴覚的**に等距離になるようにしたという話でして，これはいわば彼の感覚に基づいた設定です．このような経緯から，[e ɛ] や [o ɔ] がどんな音なのかを文字で説明することには限界があります．巻頭に記した URL などをご利用になって実際にご自分の耳で繰り返しお聞きいただき，いわばジョウンズの感覚を共有していただく必要があります．

しかしながら，[e ɛ] あるいは [o ɔ] に相当する区別が，上記のように現実の言語にかなり頻繁に確認される以上，ジョウンズの設定した [e ɛ] および [o ɔ] は妥当であると言えるでしょう．

§80 第1基本母音が言えるようになったら，唇の形を変えてみましょう．すると，ちょっと聞き慣れない響きを持った母音群が得られます．

9[y]　10[ø]　11[œ]　12[Œ]　13[ɒ]　14[ʌ]　15[ɤ]　16[ɯ]

まずは [i] を言いながら唇を丸めてみましょう．鏡で口の形を確認してください．口笛を吹くときのような唇の形になれば，それがフランス語（u）やドイツ語（ü），スウェーデン語，デンマーク語，トルコ語等に出てくる **[y]** です．

同様に [e ɛ] を発しながら唇を丸めれば（ただし，口の開きが大きくなるにつれて唇の丸めは徐々に弱くなります），フランス語（eu）やドイツ語（ö），スウェーデン語等に用いられる **[ø œ]** ができます．デンマーク語はさらにもう一段区別します．トルコ語ではこれらの中間的な母音のみが用いられ，日本語でも感心して「ヘー」と言うとき，これに似た母音がしばしば発されます．

次に [a] を発しながら唇の両脇をがんばってちょっと中央に寄せれば **[Œ]**（これを使う言語はないそうです）が，[ɑ] で同じことをすると **[ɒ]** ができます．これは英国英語の hot 等に生じる母音にとても似ています（普通の辞書などでは簡略的に [ɔ] と書いてあります）．[ɒ] に類する母音は他にもハンガリー語やペルシア語，デンマーク語等に生じます．

[ɔ], [o], [u] を言いながら唇を横に開けば **[ʌ], [ɤ], [ɯ]** が得られますが，これらは極めて稀な母音で，これら3つを持つ大きな言語は恐らくありません．[ɤ] は中国語（e）に，[ɯ] は朝鮮語（ㅡ）に用いられます．日本語の母音ウを [ɯ] で表記することがありますが，この点については後述します．

普通の辞書等において [ʌ] は英語の cut や mother 等の発音を表記するのにも用いられています．しかし，この慣用はもはや不適当です．英音と米音に大きな差異があるため正確な記号化はなかなか難しく，また慣用との妥協も必要ですが，今日では中舌母音 [ɐ]（後述）を用いるのが最善でしょう．神山（1995）において行ったこの提案は，ありがたいことに，後に IPA（1999 ; 2003: 7ff.）によっても裏打ちされるに至っています．

§81 さらに [i] と [ɯ] の中間の音として 17 番 [ɨ], 対応の円唇母音として 18 番 [ʉ] が定義され, 9〜16 にこれらを加えて**第2基本母音**と呼ばれます.

[ɨ] 周辺の母音は中国語 (i), ロシア語 (ы), ポーランド語 (y), トルコ語 (ı) に, [ʉ] に似た母音はスウェーデン語 (u), ノルウェー語 (u) に生じます.

§82 IPA の母音図に含まれた残りの母音記号を簡単に紹介しておきます. 付加的な記号については巻末の IPA 一覧表をご覧ください.

[ə]　上下, 前後, いずれの観点からも特徴のない, 曖昧な, かつ弱い母音を表記する記号です. [ə] はヘブライ語の弱い母音を表す記号 (ְ) の名を借りて**シュワー**（schwa）と呼ばれます. 意図される母音の質は言語ごとに, あるいは同じ言語内でも音声環境によって多少とも異なります.

英語の辞典等で用いられる簡易的な表記 [əːr] はまったく別な音を表すので混同しないよう最大限の注意を要します. 詳しくは §136-138 を参照.

[æ]　[a] よりやや狭い前舌の準開 (near-open) 母音を表します. この記号は対応するルーン文字の名前から**アッシュ**（ash）と呼ばれます. 以下の記号には特に由緒正しい名前はありません.

[ɪ] [ʊ]　それぞれ緩んだ [i] [u] とも呼べる, かなり広く用いられる母音です. 英語の場合を通して次章にやや詳しく触れますが, 日本語話者には注意を要する母音のうちに数えられます.

[ʏ]　[ɪ] に対応する円唇母音を表します. 緩んだ [y] とも表現できます.

[ɐ]　中舌の準開母音, すなわち [a] と [ɑ] の中間で, やや緩んだ母音を表します. 以下と同様, いわば [ə] の亜種を表す, 比較的重要度の低い新たな母音記号です. 特に下記 4 つが使われることはとても稀です.

[ɘ]　半狭・非円唇・中舌母音. 前舌母音 [e] を左右反対にしたものです.

[ɵ]　上に対応する円唇母音. 開いた箇所をつなげて円唇性を暗示しています.

[ɜ]　半開・非円唇・中舌母音. 前舌の [ɛ] を左右反対にして作られました.

[ɞ]　上に対応する円唇母音. 開いた箇所をつなげて円唇性を暗示しています.

日本語の母音

§83 さて，以上の前提を受けて，日本語の母音の特徴と，それらの IPA での表記について整理しましょう．各母音の記載順序は基本母音の配列に準じます．

イ　はっきり発音した場合，基本母音の [i] に等しいと言っていいでしょう．

エ　[e] と [ɛ] の中間に位置しますから，精密には下寄りの符号を付して [ẹ] あるいは上寄りの符号を付して [ɛ̝] などと表記できます．簡易的な表記では [e ɛ] のいずれを用いることも可能ですが，どちらとも決めかねる以上通常のローマ字に等しい前者を記すのが素直でしょうね．

ア　前後にある音の影響で，例えば「しゃしん（写真）」では [a] に，「かわ（川）を」では [ɑ] にそれぞれ近い母音が発されますが，中立的な音声環境においてはそれらの中間の母音が常用されます．精密表記では，後ろ寄りあるいは前寄りの符号を付して [a̠] あるいは [ɑ̟] のようになりますが，上と同じ根拠により簡易的には [a] と記すことにします．ぞんざいな発音では開口度が狭くなり，[ɐ ə] と記すべき母音も用いられることがあります．

オ　[o] と [ɔ] の中間に位置しますから，精密には下寄りの符号を付して [ọ] あるいは上寄りの符号を付して [ɔ̝] などと表記できます．上と同じ根拠により，簡易的表記の際には [o] と記すことにします．

日本語にある 5 つの母音のうち，**イエアオ**の 4 つは世界の極めて多くの言語に用いられている母音にとても近い，いわば**素直な母音**です．したがって，多くの言語についてこれらの母音をそのまま用いることができます．

しかし，これらの母音をそのまま用いることができない言語もかなりあります．広く学ばれている言語のうち，この点で恐らくもっとも注意を要するのが英語です．アに相当する音が 5 つもあること（f<u>a</u>t [æ]，f<u>a</u>ther [ɑː]，f<u>u</u>n [ʌ]（正確には [ɐ]），f<u>ir</u> [米 ɝː 英 ɜː]（一般書では [əːr]），t<u>o</u>day [ə]；§131-141）や，エーやオーと二重母音が混同されやすいこと（§87-89）が混乱の種です．

また，前述のように [e] と [ɛ]（①と略称します），[a] と [ɑ]（同②），[o] と [ɔ]（同③）を区別する言語もかなりあり，該当言語での必要に応じて習熟を要します．例えば朝鮮語，ヒンディー語，ウルドゥー語，ポルトガル語を学ぶ場合には，①と③の区別をしっかり習得しなければなりません．もう一段を区別するデンマーク語の場合にはもちろんさらに注意が必要です．

ただし，これらの差異にさほど神経質にならなくていい言語もあります．例えばドイツ語（高地ドイツ語（標準語））は①，イタリア語（トスカーナ方言）は①と③の区別をすることになっています．しかしながら，ドイツ語やイタリア語には，これらを区別しない方言がたくさんあるので．結局のところ，これらの言語のみを学ぶならば，そして最低限通じりゃいいとお考えなら，日本語のイエアオをお使いいただいても大丈夫だと言えそうです．フランス語だと②の区別は失われつつありますが，少なくとも①は習得する必要があります．

§84 上からすると，あたかも日本語の母音ってとっても素直？と妙な期待を抱きそうになりますね．でも，残念ながらそんなことはありません．残った「**ウ**」が恐らく世界的にとてもめずらしい**中途半端な母音**なんです．

ウ は円唇性がほとんどない東日本の発音を基に，[u] に対応する非円唇母音 [ɯ] で簡易的に表記されることがあります．しかし，実際にはウは中舌母音にかなり近く，また西日本では円唇母音であり，東日本でも唇の開口部の幅が狭まるため**弱い円唇母音**として扱うほうがいいかもしれません．そのため，東西のウをまとめて，中舌寄りと円唇性を弱める符合を付した [ü̠]（あるいは中舌母音 [ʉ]）で表記するのが適当であると思います．

他方，母音 [u] は，仏，独，スペイン語，イタリア語，ロシア語，ポーランド語，チェコ語，朝鮮語，中国語，フィリピノ等々，用いられている言語の名前をあげることが不可能なほど多くの言語に用いられる，極めて一般的な母音です．**[u] は日本語話者が特に注意して学ぶべき母音**です．

母音の脱落とアクセント

§85 以上で，日本語を通して調音音声学の基礎を概観するという課題をほぼやっつけることができたのではないかと思います．でも，日本語にはまだ補足したほうがいいかな？　と思われるちょっと**変な癖**がありますので，章末に付け加えさせていただきます．

変な癖その1は**日本語における母音の脱落**です．ピンときませんか？　小生がこれまでお教えした方々の反応から類推すれば，多分そうでしょう．ちょっとテレビを見ながら身近な例を拾ってみましたから下記をご参照ください（訓令式ローマ字を併記します）．下線部の母音は発音されていませんでしたよ．このような現象は国語学・日本語学では普通「**母音の無声化**」と表現されています．

学生	gak<u>u</u>sē	受付	uket<u>u</u>ke	好きです	s<u>u</u>kides<u>u</u>
気象台	k<u>i</u>syōdai	警視庁	kēs<u>i</u>tyō	琴光喜	kotomit<u>u</u>ki
大介	dais<u>u</u>ke	明日	as<u>i</u>ta	資金洗浄	s<u>i</u>kinsenzyō
靴下	k<u>u</u>tus<u>i</u>ta	非核化	h<u>i</u>kak<u>u</u>ka	北の湖	k<u>i</u>tanoumi
視覚障害	s<u>i</u>kak<u>u</u>syōgai			得ました	tok<u>u</u>simas<u>i</u>ta

論より証拠．喉に手を触れて上の例語を発音してみてください．下線部で喉（声帯）が震えていないでしょう？　原則として無声子音にはさまれた i と u，それから末尾の「ス」の母音部 u が脱落しやすいんです．でも，2音節連続して母音を脱落させることは避けているようです．ですから「靴下」k<u>u</u>tusita や「菊地君」kik<u>u</u>tikun の太字の母音はちゃんと発音されます．同じ日本語の母語話者の中でも，ご出身の場所によっては「靴下」を kut<u>u</u>sita と発音するような僅かな違いはあるかもしれません．でも，これらの例の母音を全部ちゃんと発音しているなんていう人はいないと思います．試みに言ってみますか？　kutusita ってすっごい不気味ですよ！

§86 他の言語にも母音の脱落という現象はまま起こります．しかし，日本語のように i と u が無声子音にはさまれた場合に脱落するというふうに，脱落の条件が音声環境に依存している言語は珍しいと思います．これにやや似ているのはフランス語の「無音の e」が脱落する位置ぐらいでしょうか（§209）．

多くの言語の場合，このような母音の脱落と相関するのが**アクセント**です．アクセント音節の**前**の［'］で示されます（áのように上に書くのは亜流）．誤解されているかもしれませんが，アクセントとは正式には**単語の頂点**を示し，これによって音声的に**単語のまとまり**が表示されます．英語やドイツ語，ロシア語のような**強さアクセント**（stress）が利用される言語の場合，単語の中でもっとも強く，また明瞭に発音される音節（アクセント音節）が決まっていて，この音節が頂点となり，他の音節が弱くなって頂点の音節に寄り添うことにより，単語のまとまりが音声的に表示されます．ドイツ語とロシア語では単語の中のアクセントの山は原則的に 1 つしかありませんが，英語はその山が 2 つになること（すなわち第 2 アクセント［ˌ］）がしばしばある点がやや特殊です．多少の異同はあっても，これらの言語では単語の中で最も弱い位置にある音節は弱くなり，最弱の位置となると，しばしばその音節核（つまり母音）が脱落します．

単語の頂点が音程的に高いことで表示される，**高さアクセント**（pitch）が利用される言語の場合，このような母音の脱落という現象は生じないと思います．

さて，「**日本語には高さアクセントがある**」に類する**風説**を目にする機会は多いと思いますが，この風説が**誤り**であることはおわかりでしょうか？ 日本語では高さで単語の頂点を示すことなんてありませんから，厳密には**日本語にアクセントなんかない**んです．「そば」，「ラーメン」では第 1 音節が高いですが，「うどん」だったら第 2 と第 3 音節が両方高い．「てんぷら」，「からあげ」，「とんかつ」，「やきとり」だったらはじめの音節以外全部高いじゃないですか．このように日本語では個々の音節に固有の高さがあって，それによって個々の単語にはある種の固有のメロディーがあります．このメロディーのことを慣用的（かつ不正確）に「アクセント」と呼んでいるに過ぎません．

母音の脱落を引き起こす条件を含めて，日本語のいわゆる「アクセント」の概念が外国語に通じると思ったら大間違いなんです．

長母音

§87 日本語の変な癖のその2は長母音に絡んだことがらです．

日本語では長い母音と短い母音が区別されます．当然ですね．その変な癖とは日本語における長母音の表記法が一定していないことです．ひらがなとカタカナで長音表記の方法が異なる点が変に思いませんか？

へ？ 何のこと？ なんて思った方のために整理しておきましょう．例えば，同じイの長音でも，ひらがなだと「い列＋い」で，カタカナだと音引（ー）を使って書くでしょう？ 例えば「新潟」をひらがなで書けば「にいがた」ですよね．冷たくて清涼感のある，乾杯にうってつけのアルコール飲料は「ビール」です．発音は同じになるはずですが，「にーがた」とか「ビイル」なんて書いたら笑われちゃいますよ．ほら，ひらがなとカタカナでシステムが全然違うじゃないですか！

	ひらがな	カタカナ
長いイ	い列＋い： きい（奇異），ちい（地位），にいがた（新潟），しいたけ，いい（飯）	イ列＋音引： ビール，チーム，ピーマン，スパゲティー，ベルギー，ビー球
長いア	あ列＋あ： おかあさん，おばあさん，ああ，さあ，まあ，はあ，やあ，なあ	ア列＋音引： カード，サーフィン，ハンバーガー，ラーメン，チャーハン
長いウ	う列＋う： すう（吸う），くう（食う），しょうちゅう（焼酎），きゅうり	ウ列＋音引： ウール，シチュー，スープ，プール，ヌードル，ルール，ムール貝

§88 それでもイ，ア，ウの長音の表記法は一応首尾一貫していますから，まだいいほうでして，困るのはエとオの長音です．次表のように，カタカナでもひらがなでもエとオの長音の書き方が2種類ずつあるんですね．

	ひらがな	カタカナ
長いエ	え列＋い： えいご（英語），けいえい（経営），せんべい（煎餅），ていねい（丁寧）	エ列＋音引： ケーキ，カレー，テーブル，ベース，バレーボール，スウェーデン
	え列＋え： おねえちゃん，ええ，へえ，ねえ	エ列＋エ：バレエ
長いオ	お列＋う： ぞうに（雑煮），しょうらい（将来），おとうと（弟），そうめん（素麺）	オ列＋音引： ゴーヤ，ソース，ドーナツ，コーヒー，トースト，オーストリア
	お列＋お： おお（大）きい，とお（遠）い，とお（通）る，こおり（氷），おおやけ（公），ほのお（炎），とお（十）	オ列＋ウ： ボウル（＝ボール），ボウリング（＝ボーリング）

ご賢察のとおり，おのおの下段は極めて例外的です．

§89 だからどうしたって？ ここに**日本語なまり**の種が２つ隠れています．その１つは外国語において**長い [eː oː]** 等と**二重母音 [ei ou]** 等の混乱が誘発されることです．たまに英語を「エイゴ」って言ったりする人がいますよね．思いあたる方はご注意ください．例えば英語の bought [bɔːt] と boat [boʊt]，caught [kɔːt] と coat [koʊt] 等を混乱していませんか？ ちょっと注意すれば大丈夫だと思いますが，念のために後ほど §130, 143-145 で練習してください．

もう１つの**日本語なまり**の種は**長短に敏感すぎる**ことです．ピンときませんか？ 永遠 eeen，経営 keeee，精鋭 seeee，鳳凰 hoooo，暴風雨 boofuuu のように日本語では２倍の長さどころか，３倍，４倍ぐらい屁のカッパです．「東欧を覆う」toooooooou なんてオが何と７倍の長さです．これは日本語が**拍**（モーラ mora）を基礎とする言語だからでして，日本語話者は会話のスピードから１拍に相当する時間を瞬時に導き，何拍言ったかを瞬時に，それも極めて正確に割り出すという恐ろしい早業を苦もなく使っているんです．

65

このように，恐らく音の長さに世界で 1 番敏感なのが日本語話者なんです．例えば英語も同じように音の長さに敏感だと思ったら大間違いで，英語の長短は直ちに 2 拍と 1 拍に相当するわけではありません．概略のみ記すと，アクセントを持つ短母音が無声子音の前に置かれたときの長さを 1 とすれば，同じ位置の長母音（[ː] が加えられる母音）と，有声音あるいは休止が後続するときの短母音は 2 弱，有声音あるいは休止の前の長母音は約 3 の長さです．無アクセント母音は 0.5 ぐらいでしょうか．また，cat の母音 [æ] は歴史的事情から短母音に扱われますが，長さ的には充分に長母音の仲間です．

第Ⅱ章
英語の音と日本語なまり

§90 第Ⅰ章では日本語でどんな音が用いられているのかを知り、それを通して調音音声学の基礎を身に着けていただきました．日本語・外国語を問わず，皆さんはこれまで音というものに対し，あまり気を遣ってこなかったかもしれません．しかし，いかがでしょう．第Ⅰ章を読了した今では，音に対する姿勢に変化が生じたんじゃありませんか？ もし発音にとても注意するようになったのなら，小生の目論見はここまで成功したと言えるでしょう．

以上の成果を前提として，第Ⅱ章では日本語話者が特に英語を学ぶ際に注意して習得しなければならない様々な音あるいは音連続を学んでいただきます．

§91 さて，実のところ英語は必ずしも発音が容易な言語ではありません．その上，基本的に下記の2種の標準的な発音が存在しています．

　一般米発音（GA: the General American；以下では**米音**と略称）
　英国標準発音（RP: the Received Pronunciation；以下では**英音**と略称）

両者の基本的な違いは一部の母音の発音にあります（§136以下参照）．戦前は英音の教育が主流だったそうですが，今では米音が重んじられていますね．辞書でも大概米音が先で，英音はその次に記されています．でも，**米音ばかりでなく英音も**学ぶことをお勧めしたいと思います．英国の人は発音で人間を評価する傾向がありますから，嫌われちゃうといやでしょう？ 第一，英国を無視した英語って本末転倒ですよ．また，オーストラリアやニュージーランド，さらに米国の東北部，ニューヨークやボストンの英語は基本的に英音に準じているんです．米英両方の発音を学ぶのは大変そうですか？ 対応関係を把握すれば何てことありません．相手によって話し分けられたらかっこいいですよ！

母音の有無を知る
―― 脱・日本語なまりの基礎 ――

§92　外国語を学ぶにあたって，母語あるいは既知の言語になかった，これまでまったく聞いたり発したりしたことがなかった音を習得するのは当然の義務です．この種の音を「**新たな音**」と呼ぶことにしましょう．さて，ご自分の場合を反省してください．かつて英語（あるいはその後他の言語）を学びはじめたとき，そんな「新たな音」はちゃんと習得しましたか？

NO と答える方が多いことでしょう．では，なぜちゃんと習得しなかったんでしょう．先生が悪い？ たとえそうだとしても，教材はたくさん出回っているんですから，結局はご自身の怠惰が原因だと言うべきじゃないでしょうか？

まあ，そう言いたいところですが，もしかして，ちょっと言い過ぎましたかね．発音を独習して，ちゃんとできるようになっちゃう人は稀有な，とても才能豊かな方だけかもしれません．そこの自信を失って肩を落としているあなた，大丈夫ですよ．小生がお手伝いします．

§93　さて，外国語の音を学ぶには，上記の「新たな音」さえマスターすりゃ終わりだってお思いでしょうか．実はそうじゃないんですよね．ここまで熱心に学んでくださった勘のいい方はもうおわかりかもしれません．序章からところどころで触れていますが，実は**母語の干渉**が一番の障害なんです．本書では主に「**日本語なまり**」という表現を用いています．

序章§4 に記した英語の発音チェック①〜⑩を見返してください．このように母語の干渉＝日本語なまりの種は随所にあります．中でも，日本語話者が外国語発音を学ぶ際にもっとも必要なのは**母音の有無に敏感**になることです．日本語では「ン」以外，原則として音節末に子音が置かれることはありません．そのため，日本語話者は一般に母音が後続しない子音を発音することが苦手です．単独の子音の後に**余計な母音を付け加えない**ように細心の注意を要します．極めて基本的なことですが，必ずご確認ください．

§94 まずは語末の無声子音の後に余計な母音を言っていないか確認しましょう．喉に手をあてて下の単語を音読し，下線の部分で喉（声帯）が震えていない，つまり余計な母音が発されていないことを確認してください．

　　　　up_ 　[ʌp]　　　　ship_ 　[ʃɪp]　　　　cap_ 　[kæp]
　　　　cat_ 　[kæt]　　　　hat_ 　[hæt]　　　　coat_ 　[koʊt]
　　　　steak_ 　[steɪk]　　　cook_ 　[kʊk]　　　　back_ 　[bæk]
　　　　dice_ 　[daɪs]　　　　house_ 　[haʊs]　　　mouse_ 　[maʊs]
　　　　bush_ 　[bʊʃ]　　　　dash_ 　[dæʃ]　　　　push_ 　[pʊʃ]
　　　　catch_ 　[kætʃ]　　　much_ 　[mʌtʃ]　　　touch_ 　[tʌtʃ]

　もしかして，下線のところで一瞬喉の震えを感じますか？ それは末尾に余計な母音が発されている証拠です．これまで間違っていたようですね．うまくいかないようなら空白の下線部をやさしく**ささやく**ようにして，何度でもトライしてください．クリアできるまで次に進んじゃだめですよ．

　さあ，上のような無声子音の場合がクリアできたら末尾の有声子音に挑戦しましょう．もう喉の震えを頼りにすることはできません．語末の様々な有声子音の中で多分 1 番練習しやすいのが [m] です．口をしっかり閉じて [m] を発音した後，下線部でも**しばらく口をしっかり閉じたまま**にしてください．さもないと，やっぱり余計な母音が発されてしまいます．適宜鏡をご利用ください．

　[m] は声帯の振動を伴いますから，その振動が終わった後，ゆっくり口を開けてください．そのときまだ声帯の振動が完全に終了していないとほんの一瞬だけ母音が出ちゃうかもしれません．ちょっとだけなら大丈夫ですよ．

　　　　　time_ 　[taɪm]　　　come_ 　[kʌm]　　　steam_ 　[stiːm]

　ちょっと難しいのは有声閉鎖音 [b d g] に終わる単語です．この場合でも [b d g] は**やや長めに**言ってください．直前に「ッ」があると思えば簡単です．上の場合と同様に，語末でちょっと一瞬だけ声（つまり母音）が出ちゃってもかまいません．ただし最小限にしてくださいよ．

web	[wɛb]	snob	[snɔb]（英音）	cab	[kæb]
sad	[sæd]	mad	[mæd]	mud	[mʌd]
bag	[bæg]	bug	[bʌg]	hug	[hʌg]

音節末に生じるその他の子音については，別途練習が必要ですので，今の段階ではこれ以上の練習は控えることにいたします．新たな子音と子音連続を学ぶたびに同様のチェックが必要であることのみ付記します．

§95　さて，上では**余計な母音は言わないように**注意したわけですが，今度はその逆のことを言わねばなりません．§85 で触れたように，日本語では音声環境によって母音がしばしば脱落（無声化）してしまいます．必要ないところでは余計な母音を言うくせに，必要なところでは母音をぬかしちゃうんですね．本当に困った日本語の習慣です．

したがって，例えば「シカゴ」や「シティー」では第 1 音節の母音が普通脱落します．この日本語の習慣を外国語に持ち込むと，意志の疎通が困難になることが予想されます．第 1 音節の母音がなくとも，Chicago「シカゴ」なら然るべき脈絡の中では理解してもらえると思いますが，city を「シティー」と発音したら，もうコミュニケーションは絶望的ですね（語頭の子音も違ってますし）．何を言っているのかまったく想像もつかないことでしょう．日本人の場合なら，あたかも「ひでぶ」とか「あべし」（cf.「北斗の拳」）って聞いたときの反応を想像すればいいんじゃないでしょうか．もちろん，日本での経験が豊富で，日本語にも日本人の英語にも慣れた人（例えば日本にいる外国人教師）なら，あれこれ様々な可能性を瞬時に吟味して，辛うじて理解してくれるかもしれませんが，日本を出たらもうアウトです．通じるはずがありません．

このように，**必要な母音をちゃんと発音すること**は，円滑なコミュニケーションを達成する上において極めて重要です．

他方，例えば英語の comfo<u>r</u>table や p<u>o</u>lice 等では下線部がしばしば脱落します．これは無アクセント音節の弱化（§167）の結果であり，いずれにせよ日本語と同じノリで母音を脱落させることは厳に慎まなければなりません．

§96 では，喉に手を触れて Chicago [ʃɪˈkɑːgoʊ] と言ってください．赤い部分では喉（声帯）がちゃんと震えていましたか？ 喉の震えを感じないなら，**とてもゆっくり言ってみましょう．**ほら，ゆっくり言えばちゃんと赤い部分で喉の振動を感じることができるでしょう？ 赤の母音が発音された証拠です．

これを何度も繰り返し，少しずつスピードアップしましょう．個人差がありますが，しつこくやれば誰でも必ずできますから，あせらずじっくり，自信が持てるまで繰り返し練習してください．口と同時に耳も鍛えられますから，そのうち耳でも母音の有無がわかるようになります．

Chicago [ʃɪˈkɑːgoʊ] の赤い母音が問題なく言えるようになったら，以下のような単語で同じ練習をしましょう（簡略のため [oʊ] 以外 [ ] 内は英音です）．

Picaso [pɪˈkɑːsoʊ]   participate [pəˈtɪsɪpeɪt]   institute [ˈɪnstɪt(j)uːt]
chicane [ʃɪˈkeɪn]   hospital [ˈhɔspɪtl]*   beautiful [ˈbjuːtɪfl]*
architect [ˈɑːkɪtɛkt]   occupation [ɔkjʊˈpeɪʃn]*   reputation [ɹɛpjʊˈteɪʃn]*

* を付した語の末尾の [l n] は母音と同じように音節核（音節主音 syllabic）を形成しており，精密には [l̩ n̩] のように記されます．本書では簡略を旨として，特に必要な場合を除き，音節主音の符号（ ̩ ）の記載を略すことにします．

§97 さて，以下ではまず英米の差異にあまり関係ない**子音**について学ぶことにしましょう．概略的に言って，英語にある子音は下表のようにまとめられます（破擦音は省略しました）．日本語にない「新たな音」ばかりでなく，重大な**日本語なまり**の種を含んだ音を赤で示すと下記のようになります．

	両唇音	唇歯音	歯音	歯茎音	後部歯茎音	硬口蓋音	軟口蓋音	声門音
閉鎖音	p b			t d			k g	
鼻音	m			n			ŋ	
摩擦音	(ʍ)	f v	θ ð	s z	ʃ ʒ		(ʍ)	h
接近音	(w)			ɹ		j	(w)	
側音				l				

L と R

§98 さて，英語の発音と言うと，どなたでもすぐに L と R に言及します．つまり皆さんがとても気にしているんでしょう．ご期待にこたえて，具体的にはこの問題からはじめましょう．

まず，お伺いしますが，L と R でどちらが難しいと思いますか？

「R だ！」

多くの方がそんな反応をしますが，あなたもそう思いますか？ ってことは L が簡単だってお思いなんですよね．でも，果たしてそうなんでしょうか．小生は L が発音できない人にこれまで山ほど接してきましたよ．英語だろうが，フランス語だろうが，ドイツ，イタリア，ロシア，アラビア，中国語等々，何語でも L の発音は根本的に同じなんですが，小生の経験では，大学の新入生のうち，ほぼ 9 割の方が L を正しく発音できないようですよ．その上，英語等の先生の中にも L を正しく発音できない方がかなりいらっしゃいます．ショックですか？ ごもっともですが，ここで文句を言ってもはじまらないので，この際，以下を参照してさっさと L をマスター（あるいは確認）しちゃってください．

§99 もしや，過去にこんな指導を受けたことはありませんか？

「舌先が上あごに触ったら L だ」

やはりありますよね．多分この指導が曲者なんですよ．L を発している時に舌先が上あご（歯茎のことですね）にベタッと触るのは間違いないんですが，その触っている時間は結構長いんです．もし舌先が歯茎に触れているのが一瞬だったら，あなたが L のつもりで発していた音は，§40 と 66 で紹介した**たたき音**（はじき音）の [ɾ] かもしれません．これは日本語のラ行の子音でもありますし，既述のように，英語を含めたほとんどの言語で立派な R 音として通用します．

つまり，あなたが L のつもりで言っていた音は，実は R の一種だったのかもしれないんです！ 小生の経験からすると，該当者はいっぱいいますよ．

§100 では観念して根本からLの発音練習をしましょう．まずは例によって鏡で口を見ていただきまして，上下の前歯をむき出しにしてください．その状態を維持しながら下あごを少し下げ，上下の前歯の間に若干の隙間を開けてください．さあ，この状態のままで**舌先を上の前歯の後ろに**ベタッとくっつけましょう．そのままの状態で**声**が出せますか？ 肺からの息が途絶えるまで，いくらでも声を出していられるというなら，今あなたが発している音がL，すなわち極めて普通の [l] です．舌先が歯茎にべったりくっついて呼気の流出を阻害しているのに，ちゃんと声が出るということは，あなたの舌の両脇に理想的な隙間が形成されていて，その隙間から呼気が口の外に出ているんですよ．両脇から出てくる音だから**側音**（側面接近音）って言うんでしたね．

過去に小生が教室で指導した方のほとんどは上のような練習ですぐにLが発音できるようになりました．あなたもそうだといいんですが，もしうまく行かないんならこうしてみてください．

歯をむき出しにして，少し上下の歯の間を開けて，上の前歯の後ろに舌先をベタッとくっつける．ここまでは上と同じですが，この状態でしばらく**口で呼吸**してください．ほら，ほっぺたの内側が涼しいでしょう？ 側音の調音ができている証拠です．慣れてきたら，そのままの状態を維持したまま，息を吐いている時に徐々に声を出してください．恐らくこれで大丈夫でしょう．

§101 単独のL [l] ができるようになったら，これに母音を続けてみましょう．例は何でもいいでしょうね．ちょっと言ってみてください．

lie [laɪ]

Lの発音をしているときには，舌先が歯茎に密着していますが，次に母音 [a] を発するためには当然舌先を歯茎から離さねばなりません．この舌先の移動はとても**ゆっくりやってください**ね．急ぐと上に記したような [ɾ] になっちゃうかもしれません．そうなったら，**日本語なまり**を知らないネイティヴの人は

rye

と聞きますから,「ライ麦がどうかしたの？？」って思うことでしょうね．日本に長い人なら，涼しい顔をしつつも内心大慌てであれこれ考え，何とか文脈に頼って理解してくれるかもしれません．でも，そんな苦労をおかけしては罪ですよ．「どうせ通じるさ」なんていう甘い考えはお捨てください．

§102 英語のLに関しては，もう一点付け加えなければいけません．
　まずは上で練習した方法に従い，単独のLを発音しましょう．この発音を持続しながら，つまり**舌先を上の前歯の後ろにぴったりくっつけたままで**，ちょっと言ってもらえます？

ア　イ　ウ　エ　オ

言えますよね？　さて，今発音していただいた音は**全部L**なんですが，その点ご納得いただけますか？　こんなふうに同じ子音にも色々ヴァリエーションがあるものでしてね．Lの場合だと，唇の形や開口度に相当な自由度があるんで，ほとんどどんな母音でも同時に言えちゃうんですよ．そんなわけで，多くの言語においてLはその隣の母音とほぼ同じ唇の形と開口度を伴って発音されます．
　英語でも「L＋母音」の場合は大体そのとおりなんですが，**次に母音が来ない場合のL**は常に［o］や［u］と同じような唇の形と開口度で発音されるんです．実のところ，これは英語の変な癖です．では，ちょっと言ってもらいましょう．

pal [pæl]　　pill [pɪl]　　pull [pʊl]　　spell [spɛl]　　pole [poʊl]

［o］や［u］は舌面が軟口蓋に接近して発される後舌母音ですので，子音にこれらの味付けをすることを**軟口蓋化**（velarization）と言います．英米人の感覚に基づき，軟口蓋化したLをしばしば**暗いL**（dark L）と称し，精密には [ɫ] と記します．注意を喚起する場合，以下ではこの精密表記を用いることにいたしましょう．これに対し，母音の前にあって，やや硬口蓋化したLを**明るいL**（clear L）と称しますが，英語にあるのはこれら2種類のLだけではなく両者の間には中間的なLがたくさん存在します．でも大して心配要りません．暗いLだけ意識して，残りは何も考えずに自然にLを言えばいいんです．

§103　さて，お待ち兼ねの R の番です．§69 にも触れたとおり，現代英語の標準的な R 音は［ɹ］（米語では［ɻ］）と記されるちょっと変わった音でした．音声学の素養をお持ちの方になら説明は簡単ですが，さもないとことばで説明するのは難しいです．かといって「聞いてまねしろ」だけでは不親切ですよね．

何かいい指導法はないものかと発音指南の本をあれこれ見てみましたが，参考になったものは皆無でした．いいかげんなものも多かったですよ．しかたなくちょっと考えてみましたが，例えばこんな練習法はどうでしょう．

まずは「ダ」すなわち［da］って言ってください．これを何度も言いながら子音部，すなわち［d］のところで少し**舌をそり返して**ください（母音は変わっちゃっても全然 OK です）．すると「ラ」のような音に変わって来ます．軽いそり舌音を含んだ［ɖa］になったんです．この［ɖa］を繰り返し言いながら，子音部分で舌先を**上あご**（後部歯茎ないし前部硬口蓋）**から少し離す**ことができますか？　何回も練習してくださいね．子音部分はゆっくり言ったほうがいほうがいいでしょう．ついでに唇をちょっと丸めて突き出してみましょうか．

するとどうでしょう．曖昧模糊とした「ゥゥラ」のような音が出てきませんか？　その子音こそ英語の R です．そり返しが少しだと英国英語の［ɹ］，それが激しいと米語に特徴的な［ɻ］です．本書では前者を代表にしておきますね．

さあ，ここまでのまとめの練習です．下記を発音し分けてみましょう．

right［ɹaɪt］	右（の）	row［ɹoʊ］	列	pray［pɹeɪ］	祈る
light［laɪt］	光，軽い	low［loʊ］	低い	play［pleɪ］	遊ぶ

§104　上記のような英語の R は世界的に極めて珍しい変な音ですから，その他の外国語にこの R を用いることはやめてください（恐らく例外は中国語のみ）．

英語の R も，基本的に数世紀前までは多くの言語でおなじみの歯茎ふるえ音［r］でした．そのため，今日でも英語の R として［r］やたたき音の［ɾ］を用いることが充分に可能です．つまり，極論すれば，日本語話者の場合，上記の［ɹ］が難しいなら，［r］や［ɾ］をお使いいただいてもいいんです．この点まで含めて言えば，やっぱり L に比べて R のほうが簡単みたいですね．

[f] と [v]

§105 LとRの問題と同じくらい**摩擦音**は日本語話者にとって大問題なんですが，意識してました？ 小生の経験からすると，多少問題だとはわかっていても，まさかLとRに匹敵するほどだとはご存じなかったことでしょう．

まずは，日本語にない **[f]** から参りましょう．実際，[f] を正しく発音できない人は驚くほど多いんです．でも熱心な方でしたら，ここまでの学習の間にすでに問題をクリアしているかもしれませんね．何しろ序章でも第Ⅰ章でも日本語の「フ」の子音の関係等で軽く触れていますから．

日本語のフの子音は上下の唇の間で作られる両唇摩擦音 [ɸ] でした（§24）．[f h] 等の混乱を誘発するので，外国語でこの [ɸ] を用いてはなりません．

他方，英語など多くの言語に生じる [f] は上の前歯と下唇の間を呼気が通過する唇歯摩擦音です．試みに**鏡**でご自分の口をよく見ながら単独で発音してみましょう．さあ，息の続く限り，そして繰り返し発音してください．

[f::::::::]

§106 第1のチェックポイントは**下唇**です．もしかして下唇を不自然に口の中に巻き込んで，下唇を思い切り噛んでませんか？ そうしろって教わったかもしれませんが，下唇を噛んじゃったら息が出にくいでしょう？

こんな症状の人に贈るアドヴァイスは**下唇を噛んじゃだめ**だってことです．[f] では上の前歯の下端に下唇の内側が**軽く触れる**だけなんです．

第2のチェックポイントは**上唇**です．これが結構盲点でしてね．[f] を発している最中，鏡で**上の前歯**がはっきり見えますか？ 見えないという方はとても多いはずです．つまり上下の唇が接近してるんですよね？ そんな方が [f] を発音しようとすると，たとえ下唇と上の前歯の接触度合いが適当であっても，結局は上下の唇の間で両唇摩擦音 [ɸ] が発されちゃうんです．

そんな方が習得しなければいけないのは上唇のコントロールです．さあ，鏡

を見ながら，少し大げさですが，上の前歯の付け根が見えるところまで繰り返し上唇を持ち上げましょう．

うまくできませんか？ では，**お鼻を持ち上げてください**．少し**にっこり**するという手もありますが，上唇が持ち上がると同時に唇の両端に余計な隙間ができてしまうことがあります．唇の両端はしっかり歯に密着させてください．

以上，2点を総合しましょう．まず，普通に口を閉じてください．そのとき，上の前歯が下唇の内側に軽く触れていますよね？ この状態を維持したまま，上唇だけ持ち上げてください．すると理想的な [f] の口の構えができますよ！

§107 さあ [f] はちゃんとできるようになりましたか？ 念のために，鏡を見ながら上のチェックポイントを確認しつつ，息の続く限り言ってください．

[f::::::::]

もう一度お願いします．でも，今度は途中から**声を出しましょう**．すると

[f::::v::::]

うまくできますか？ 口の形を変えないで，途中で息を途切れさせないで，何度もしつこく繰り返し練習してください．はっきり申し上げて，日本語話者は [v] が極めて不得意でして，効果的な習得方法は上の練習以外に考えられません．**ゆっくり長めに発音する**ことも心がけてください．

本来，[f] が習得されれば，その有声音 [v] など特に練習を要さないはずです．しかし，現実はまったく楽観を許しません．いいかげんに学んだ人ばかりか，中には10代で滞米数年の経験を持ちながら，まともに [v] ができない人までいました．そんな方が多く [v] のつもりで発するのが，下唇をしっかり噛んで発する有声の閉鎖音です．この音は，ことばが不自由な方の異常な発音を記録するために考案された特殊な記号である**拡張国際音声記号**（ExtIPA）によって [b̪] と表記できますが，これを用いる言語は**この世に存在しません**．そんな音を発する人が多いなんて，どうなってるんでしょう？？

[θ ð] と [s z]

§108 [f v] に続き，やはり普通の日本語では用いられない [θ ð]，それらと紛らわしい [s z]，さらに後者と紛らわしい [ʥ] をまとめて解説します．

これらの音あるいは音連続の中で，特に何の訓練もなく，普通の日本語話者が簡単に言えるのは [s] です．通常の指導法とはまったく異なりますが，これを取っ掛かりにして TH の音 [θ ð] をお教えしましょう．

まずはサスセソの子音 [s] を長く引き伸ばして発音してください．

[s:::::::]

このとき上下の前歯はぴったりくっついています．鏡で口を見ながら，もう一度同じように言っていただきますが，今度は途中から数ミリだけ**下あごを下げ**てください．つまり**上下の前歯の間を数ミリ開ける**んです．するとどうですか？上下の前歯の間が開いた途端に弱々しい音に変化しますよ．IPA で書けば

[s:::**θ**::::]

です．つまり，歯を食いしばって [s] を発音しながら，ちょっと上下の歯の間隔をとると，舌の位置が変わって [**θ**] になっちゃうんですね．鏡で口を見てください．[s] では歯を食いしばっていますから舌は見えませんが，口が開いた瞬間に上の前歯に接触している舌が見えますよ．口の開け方がやや大きいと舌は上下の前歯の間に軽く挟まれていることでしょう．つまり，これが歯摩擦音 [θ] だってご納得いただけますね．どうです？ この指導法，なかなかいいでしょう？ よく練習すれば，以下の区別なんて簡単ですよ．

| sing [sɪŋ] | 歌う | sigh [saɪ] | ため息 | mass [mæs] | 質量 |
| thing [θɪŋ] | 物，事 | thigh [θaɪ] | 太もも | math [mæθ] | 数学 |

§109 続いて，[θ] を長く発音し，途中からゆっくり声を加えましょう．出てくる音はもちろん対応の有声音 [**ð**] です．この方法はもうおなじみですね．

§110 さて，[z] は日本語話者にとって**超難問**です．§34 以下で何度も触れているように日本語では摩擦音 [z] と破擦音 [ʣ] を区別しないからです．

でも練習は簡単です．[s] を長く発音し，途中から声を加えれば [z] が，ツの子音 [ts]（これは一瞬のみ）に声を加えれば [ʣ] がそれぞれ発音できます．[ts] を発音する際，舌を手に譬えると，全部の指がピンと伸びた状態から中指の先だけ下がるんでしたね（§29）．[ʣ] でも舌はこれと同じ運動を行います．

練習法はわかったけど，聞いても区別できないって？ 最初はそうでしょうね．でもだまされたと思って [sːːːzːːː] と [ts ʣ] を 100 回練習してください．口の形（[sːːːzːːː] の場合），あるいは動き（[ts ʣ] の場合）が声のあるなしにかかわらず同じになるよう，鏡でしっかりと見張っててくださいよ．

すると，あら不思議．もう自分の発音の違いがわかることでしょう．聞き取りを良くする最良で簡便な方法は自分で発音し分けることなんです．口も慣れますが，耳も慣れるんですね．何しろとても近距離で聞いていますから．

さあ，ここまで OK なら，以下の語は発音し分けられますね．英語では [ʣ] が出てくるのは語末に限られますので，以下のように [z]：[ʣ]（：[ð]）の部分だけで区別される例語の数はあまり多くありません（* は英音です）．

rose [ɹoʊz]	バラ	cars [kɑːz]*	車（複数）	toes [toʊz]	足指（複数）
roads [ɹoʊʣ]	道（複数）	cards [kɑːʣ]*	カード（複数）	toads [toʊʣ]	ヒキガエル（複数）
breeze [bɹiːz]	そよ風	lows [loʊz]	低地（複数）	ties [taɪz]	結びつける
breeds [bɹiːʣ]	育てる	loads [loʊʣ]	荷物（複数）	tides [taɪʣ]	潮流（複数）
breathe [bɹiːð]	呼吸する	loathe [loʊð]	毛嫌いする	tithe [taɪð]	十分の一税

こんな失敗談があります．某氏は "I bought many cards today." と言おうとして，赤の部分をつい [kɑːz] と言っちゃったんだそうです．これを聞いた人は当然

"I bought many cars today."

と理解しますよね．「冗談も休み休み言え」ってな調子で怒られたそうです．やっぱり，ちゃんとできないとやばいんですよ（cf. 英語音声学研究会 2003）．

[ʃ] と [ʒ]

§111 続いて [ʃ] と [ʒ]，ならびに破擦音 [tʃ dʒ] について解説します．

まずは標準的な [ʃ] の発音に慣れましょう．鏡で口を見ながら，シの子音 [ɕ] を長く発音してください．要するに静粛を促す「シー！」と同じ音です．途中から下あごを少し前に出し（数ミリでいいです），唇を突き出してください．これだけで調音位置が少し前進し，また硬口蓋と舌面が適度に離れるはずです．どうですか？ ほら響きが断然暗く，重々しくなったでしょう？ 何と，これで [ʃ] の完成なんですよ．呆気ないぐらい簡単ですね．

この勢いに乗って [tʃ] もやっつけますよ．下あごを少し前に出して，唇を突き出して「チ」と言ってください．はい，これで標準的な [tʃ] の完成です．

§112 次は当然これらの有声音である [ʒ] と [dʒ] を発する練習です．

既に述べたように日本語ではジの子音として [z] あるいは [dz] が用いられており，日本語話者は一般に両者の差異を認識できません．そのため [z] と [dz] に似た [ʒ] と [dʒ] の差異を日本語話者は丁寧に学ばねばなりません．

さて，練習法はおなじみのものです．まずは摩擦音 [ʃ] を息の続く限り長く引き伸ばして発音し，途中からそっと声を加えてください：[ʃ:::ʒ:::]．

続いて [tʃ] に声を加え，[tʃ dʒ] と何度も繰り返してください．前頁の場合と同じく，[ʃ:::ʒ:::] と [tʃ dʒ] を 100 回も練習すれば口と耳の両方が慣れてきます．どうぞしつこく，自信が持てるまで何度も練習してください．

では具体例で発音練習です．英語に [ʒ] と [dʒ] だけで意味が変わる単語は少ないのですが，後述（§166）のように文中で [zj] は [ʒ]，[dj] は [dʒ] と発音されますから，いいかげんだと誤解を招きますよ（* は英音です）．

pleasure [ˈplɛʒə]* 喜び	pledger [ˈplɛdʒə]* 質入主
leisure [ˈlɛʒə]* 余暇	ledger [ˈlɛdʒə]* 元帳（会計用語）
She loves you [ʃiːlʌvzju: / ʃiːlʌvʒu:]	She loved you [ʃiːlʌvdju: / ʃiːlʌvdʒu:]

§113 上の練習をしっかりすれば個々の [ʃ ʒ ʧ ʤ] はきちんと習得されることでしょう．でも，まだそれ以外に深い日本語なまりの種があります．それは日本語に原則として [si] や [zi] というつながりがないことです．

それがどうかしたかって？ まあ，あわてないで少々おつきあいください．

さて，今の日本語では50音図にない外来音節が結構用いられています．パーティー（party）とかキャンディー（candy）のように「ティ」，「ディ」はもはや誰も発音に困難を感じませんよね．何をあたり前のことを，とお思いかもしれませんが，つい20〜30年前まではパーテーやパーチー，キャンデーのように言う人が結構いたんですよ．今でもブランデーが一般的で，ブランディー（brandy）とは言いません．つまり，ティ，ディが一般化したのは最近のことなんです．

他方，ティやディに比べて「スィ」や「ズィ」はまだまだ日本語としては奇異です．タクシー（taxi），シーワールド（sea world），カジノ（It. casino），ジッパー（zipper）等の赤字は原音に従えばスィやズィとなるはずですが，そのように言うことはほとんどありません．CTスキャンとかCDなんて特徴的ですね．いわば「新」日本語のティ，ディと「旧」日本語のシが同居してるんですから．

このような日本語の習慣を引きずっているためでしょう．外国語においても **[i] に類する母音の前で [s] や [z] が言えない**日本語話者は驚くほど多いんです．そんな方々はこれらの代わりに [ʃ] や [(d)ʒ] 等を用いる誤りを連発します．"Sit down!" の最初でこの間違いを犯したら，失笑だけですむかどうか…また，時には混乱により例えば machine の [ʃ] を [s] って言っちゃうような間違い（**過剰矯正** hypercorrection）まで起こります．

さて，以上のようなわけで，日本語話者は外国語の [i] に類する母音の前で [s] と [ʃ]，[z] と [(d)ʒ] を混同しないように特に注意すべきなんです．念のため以下のような例で確認してください．（やばければ猛練習あるのみ！）

[s]： C, sea, see　　sip　　seat　　sick　　sin　　sit　　　　[z]： z [ziː]　　zip
[ʃ]：　　　she　　　ship　sheet　chic　shin　shit　　　　[ʤ]：　gee　　　gyp

[h] [w] [ʍ] [j]

§114 [h] はもちろん日本語にもあります．英語では be**h**ind のように h が母音間でしばしば [ɦ] に有声化しますが，これも日本語と同様です（§39）．

それでも日本語話者にとって [h] は大問題です．第1の難点は **[i]** 等の前の **[h]** です．ヒの子音は [h] ではなく [ç] でした（§25）．そのため日本語話者は例えば英語の he や hit を [çi:]，[çɪt] と発音する誤りを頻発します．

[hi] が言えないなんてショックですか？ ではコツを伝授しましょう．任意の母音から声を抜いたものが [h] でした（§26）．したがって，**[i]** を引き伸ばして発音し，口や舌の形はそのままで途中から声を抜くと [i] に隣接した場合の [h]（= [i̥]）が出ます．これを小刻みに繰り返せば次のようになりますね．

$$[\ i{:}i̥{:}i{:}i̥{:}\ ]\ (=[\ i{:}h{:}i{:}h{:}\ ])$$

ほら，途中に [hi] が出てくるでしょう？ この練習を100回やれば大丈夫です．

§115 第2の難点は **[u]** の前の **[h]** です．フの子音は [ɸ] です（§24）．ですから，例えば who を正しく発音できる方も極めて稀有です．[hu:] のつもりが [ɸu:] になっちゃうんですね．でも皆さんはもう [hu] の練習法がおわかりでしょう．そう，上と同じですよ．[i] の位置に [u] を代入するだけです．

まとめに，鏡で口の形を確認しながら下記の練習をしてください．

[h]:　 who'll 　[huːɫ]　 heal, heel, he'll 　[hiːɫ]　 who'd 　[huːd]　 heed, he'd 　[hiːd]

[f]:　 fool 　[fuːɫ]　　　 feel 　[fiːɫ]　　　 food 　[fuːd]　　　 feed 　[fiːd]

§116 ワの子音は軟口蓋接近音 [ɰ] に弱い円唇化が加わったもの（仮に [ɰʷ]）です（§45）．この子音に慣れている日本語話者が **[w]** を習得する際に注意すべきなのは円唇性の強さです．例えば wear の最初では口笛を吹くときのように激しく唇を丸め，同時に少し突き出しましょう．鏡で自分の口を見て練習してください．Queen, question, quick ([kw]), twenty, twig ([tw]), sweet ([sw]) のような語では [w] の前の子音の段階から口笛の要領が必要です．

特に注意すべきなのが [uː] や [ʊ] (＝普通の辞書等の [u]) の前に位置した [w] の発音です．唇は開口部が視認できないほど，極限まで丸められます．

woo [wuː] ; wood [wʊd]　　wool [wʊɫ]　　wolf [wʊɫf]

§117　さて，唐突ですが，where と wear の発音はどのように違いますか？

語頭の子音ですか？　確かに普通の辞書に従えば where の最初は [hw]，wear の最初は [w] です．でも，[hw] って [h] + [w] とは違うんですよ．[hw] というのは約束に基づいた**擬似的**表記法でして，**[w]** とその**無声音 [ʍ]**（一般書では [hw] と略記されます）を同時に表記しているんです．

従来 wh は [w] あるいは [ʍ] と発音するように指導されました（例外は who と whole [h]）．しかし，英音ではすでに [w] が一般的で，[ʍ] を用いるのは詩の朗読など，厳かな場面に限局されています．また，かつては [ʍ] が広く用いられた米国でも，すでに [w] が支配的です．つまり，もはや実質的に where と wear は同音でして，無理して [ʍ] を習得する必要はないんです．Who, whole を除く**英語の wh すべてを [w]** と発音することを強くお勧めする次第です．

実際，[ʍ]（[hw]）は日本語話者にとって**極度に難しい**子音でして，これが [w] に吸収されたことは朗報です．[hw] という簡略的な表記がこれまで幾多の誤りを誘発してきたことか！　[h] + [w] を発音しようと試み，余計な母音を挿入して where をホウェア，what をホワットとする誤り．あるいは [h] + [w] の同時調音を試み，結果的に where を fair, what を fat (母音も違います) と混同してしまう誤り等々．最悪です！　どうぞ，今すぐ **wh [w]** を実践してください！

§118　**[j]** はヤの子音ですから，日本語話者には簡単のはずです．でも，下例 (* は英音です) に見られるような，イに類する [iː] [ɪ] の前の [j] は大問題です．この場合，意図的に有声硬口蓋摩擦音 **[ʝ]** をお使いください．[ç] に声を加える練習で簡単にできるようになります．[ɛ] の前の [j] (yes, yet) なんかも [ʝ] で言っちゃえば誤解の心配がなくなって安心ですよ．

east [iːst]　　東　　　　eeled [iːɫd]　鰻を獲った　　ear [ˈɪə]*　　耳
yeast [ʝiːst]　イースト菌　yield [ʝiːɫd]　もたらす　　year [ˈʝ(ɪ)ə]*　年

[m] [n] [ŋ]

§119 第Ⅰ章に繰り返し触れたように，日本語話者は任意の外国語（当然英語も含まれます）における鼻音の発音に最大限の注意を要します．

でも**母音が後続する**場合の英語の鼻音は割合に簡単です．中でも1番簡単なのが **[m]** でして，単にマ行の発音をしていただければ何の練習も要りません．

同様に母音が後続する場合の **[n]** も単にナ行だとお思いください．厳密に言えば，日本語と英語で調音位置が少し異なります（日本語は前部歯茎音，英語は後部歯茎音）が，こんな微細な違いはコミュニケーションに何ら影響しません．

でも，**日本語なまり**の種はちゃんとあります．それは「ニ，ニャ，ニュ，ニョ」の子音が硬口蓋鼻音 [ɲ] だってことです．したがって，英語の発音においてこれらの音節を想起させる [iː] [ɪ] [j] の前で [n] を誤って [ɲ] と発音する誤りが頻発します．[n] では**舌先（だけ）を歯茎に密着**させてください．

neat [niːt]　knee [niː]　knit [nɪt]　Nick [nɪk]　new [n(j)uː]

§120 母音が後続する英語の鼻音の中で，日本語話者にとっての最大の問題は軟口蓋鼻音 **[ŋ]** すなわち国語学でいうところの**鼻濁音**です．

第1の問題は，この音を日本語で用いない人が多いという現実です．適宜 §21 をご覧いただいてご自分の日本語のタイプをご確認いただきましょう．小生と同様に日常的に鼻濁音を用いている方は無罪放免です．これを用いていない方は，今から [ŋ] を習得する特訓です．

例えば「トンカツ」をゆっくり，はっきり何度か発音してください．ンが軟口蓋音 [k] の前にありますから，鼻濁音を用いない方でもこのンは舌背を軟口蓋に密着させて [ŋ] と発音しています．では，同じ要領で息が続く限りンを引き伸ばして「トン————————————————カツ」．もう平気でしょう？

さらに [ŋ] に続けて [a] を発しましょう．今出たのは [ŋa]，すなわち NHK 等のアナウンサーが例えばショウガヤキ（生姜焼き）と言う時に用いる発音です．何度も言って口と耳にこの音を教え込みましょう．

第 II 章　英語の音と日本語なまり

§121　母音の前の [ŋ] に関わる第 2 の問題は **[ŋg]** との紛らわしさです．上の練習によって [ŋa] を習得していただけましたね？ [ŋa] がへっちゃらなら [ŋga] なんか平気です．後者ははっきりと「ンガ」って言えばいいんです．

　さて，下記のような違いは中高以来おなじみですね．ここでしっかり音の違いを身に着けてください（母音部の説明を省略するため，下記は全部英音の表記です）．

[ŋg]:　finger ['fɪŋgə]　hunger ['hʌŋgə]　longest ['lɔŋgəst]　longer ['lɔŋgə]「より長い」

[ŋ]:　singer ['sɪŋə]　hanger ['hæŋə]　longing ['lɔŋɪŋ]　longer ['lɔŋə]「待ち望む人」

綴り ng と発音の関係は右のような関係にあります．子音連続の簡略化が生じる場合にわずかに例外が見出されます（§168）．

> 語頭：存在せず
> 語中：[ŋ]（動詞の変化形・派生語）
> 　　　[ŋg]（上以外；例外少数）
> 語末：[ŋ]（〜ing では [n] も可）

§122　最大の問題は**母音が後続しない鼻音**です．日本語にはこのような鼻音として [m n ɳ ɲ ŋ ɴ] と鼻母音がありますが（§60），日本語話者はこれらを区別せず同じ「ン」と認識します．他方，英語ではこの位置でもちゃんと [m] [n] [ŋ] を区別しますから，英語を学ぶ日本語話者は口と耳の両方でこの区別を習得しなければなりません．まずは語末の位置で，鏡で口を見ながら，これらの鼻音をゆっくり，はっきりと発音する練習が効果的です．右欄の指示を守り，また末尾に不要な母音を加えないよう，徹底的に練習してください．

tum [tʌm]	おなか	dumb [dʌm]	口がきけない	some [sʌm] いくつかの	唇を閉じる
ton [tʌn]	トン	done [dʌn]	do の過去分詞	son, sun [sʌn] 息子，太陽	舌先→歯茎
tongue [tʌŋ]	舌	dung [dʌŋ]	動物の糞	sung [sʌŋ] sing の過去分詞	舌背→軟口蓋

特に誤りが頻発するつながりを指摘しましょう．それは [n] に終わる語に，母音ではじまる語が続く場合です．この位置で日本語話者は [n] の位置に鼻母音を発しがちです．舌先を歯茎に密着すればいいのですが，むしろ**語境界を意識せず**に，語中であるかのように，つまりほぼナ行を発するつもりで発音するのが得策です：on air; in it; down in the corner; on your mark; when I am 64; I've just seen a face; It's been a hard day's night; When I find myself in times of trouble, …

[p b] [t d] [k g]

§123　これら英語の閉鎖音のうち，無声の [p t k] に関しては，日本語のパタカの子音と大差なく，日本語でお使いのそれらを英語に用いても恐らく意志の疎通に大きな障害とはならないことでしょう．しかし，少々心得ておくべきことがあります．

　調音位置に関し [p] と [k] に日英語の違いはありません．しかし，[t] に関しては日英語でかなり顕著な相違があります．

　その相違を説明する前に，1 点細かいことをお断りしておかねばなりません．これまでは簡略を旨として [t] を一律に舌先で調音される音として扱ってきましたが，精密に言えば，この音は舌先の先端（舌尖 apex）を使って発音されることもあれば（舌尖音 apical ; 精密表記 [t̺]），舌尖のちょっと上の「**舌端**」(blade) と呼ばれる箇所を使って発音されることもあります（舌端音 laminal ; 精密表記 [t̻]）．これは英語の T でも日本語のタの子音でも，あるいは恐らくどんな言語の場合でも同様でして，この差異によって意味を区別する言語は恐らくなく，個人差の範囲に属す細かなヴァリエーションと考えられます．あなたがどちらのタイプをお使いでもまったく構いません．ちなみに小生は普通舌端音を用いていまして，意図的に舌尖音を発するにはやや緊張を強いられます．

　さて，調音位置に話を戻しましょう．日本語のタの子音が上の前歯裏と歯茎の境界部辺りで調音される恐らく標準的な [t] なのに対し，英語の T はこれより少し後方で調音されるやや後ろ寄りの歯茎音（精密には [t̠]）になるのが一般的です．このため，舌尖で発音された場合の英語の T は時に軽いそり舌音のように聞こえるかもしれません．また，舌端を使って発音された場合の英語の T は，時に [ts] のように聞こえることもあります．舌端音の場合，舌の正中部が最初に閉鎖を開放し，一瞬 [s] の状態が出現してしまうためです．息（次項参照）がたくさん付随するとこの摩擦音の状態がかなり目立つようになります．

　しかしがら，このように発音せよとは言いません．時に変に聞こえるかもしれないけど気にしないで，という趣旨であります．

1点，念のために申し添えます．すでにご承知のとおり，日本語ではタ行イ列とウ列の子音は [t] ではなく，それぞれ [tɕ] と [ts] ですね．ですから2～3世代前の日本語話者は外来語に出てくる [ti] や [tu] が発音できず，これらの代わりに [tɕi] や [tsɯ] と言っていました．その痕跡は team「チーム」，steam「スチーム」，two「ツー」，tour「ツアー」のようなおなじみの外来語に残っています．もしかしたら，現在でもお年寄りの中には [ti] や [tu] が発音できない方がまだいらっしゃるのかもしれませんが，まさか本書の読者の方にそんな方はいませんよね？ 万一該当する方がおいででしたら極めて深刻な問題です．このように練習してください．鏡で口を見ながら [te] を繰り返し発音しつつ徐々に母音をせばめれば [ti] が，同様に [to] を繰り返しつつさらに唇を丸めれば [tu] が，それぞれ言えるようになることでしょう．[di] や [du] についても同様に練習してください．

§124 続いて，英語っぽい発音をするための大事なポイントです．日本語の「タイム」と英語の "time" を例にしましょう．もちろんタイムの末尾にある母音が両者の決定的な違いです (§94)．でも末尾の母音を取り去っても，まだ time とは響きが大きく違います．この響きの違いの大部分は，はじめの子音に加わっている息の音 (**気音** aspiration) に起因しています．

さて，ティッシュ（正確には「ティシュー」です！）を一枚ご用意いただきまして，広げて口の前に垂らしてください．ティッシュの中央部分が口に接するぐらいの位置が最適です．したがって，ティッシュの上端はちょうど目の高さあたりになることでしょう．さあ，この状態を維持して，「タイム」と "time" を発音し分ける練習をお願いしたいと思います．「タイム」ではティッシュは特に揺れませんね．もちろん呼気が出ていますから多少は動くかもしれません．でも "time" のはじめではティッシュが大きく揺れなきゃいけないんです．[t] の直後に息をいっぱい出してハーイ [m] と言うとうまく行きますよ．

英語ではこのように激しい気音が**アクセント母音の前の** [p t k]（前に s がある場合を除く）に付随します．それ以外の位置では気音は劇的に減ります．あるいはないと言ったほうが簡便でしょうか．気音を伴う閉鎖音 (**帯気音** aspirated)

を精密に表記するには [tʰ] 等とします．例：time [tʰaɪm]，pie [pʰaɪ]，calm [kʰɑːm]; cf. stay [steɪ]，pattern ['pʰætən]（英音）等々．

また，気音の作用によって [p t k] とアクセント母音の間の **L と R が無声化**します（精密表記では下丸で表します；§15)．"play" [pl̥eɪ] が「プヘイ」とか「プセイ」と聞こえるという人がいるそうですが，それはこのためなんですよ．類例：clear [kl̥ɪə]（英音），pray [pɹ̥eɪ]，cry [kɹ̥aɪ] ; cf. spray [spɹeɪ]，couple ['kʰʌpl̩] 等々（以上は精密表記；tr については §162）．

§125 有声の [b d g] の発音における日本語話者の難点は何でしょう．注意深い読者の方なら第 I 章によってすでにおわかりですね．日本語のバ行とガ行の子音は少なくとも語頭では [b] と [g] ですが，語中で非常にしばしば摩擦音 [β] 及び [ɣ] として発音されるんでした（§37, 38）．この**日本語なまり**を保持したまま英語を話したら，意志の疎通に大きな障害となります．

でも，病気の症状がわかれば対処も可能です．**語中の [b g] の前に「ッ」がある**と思って発音してください．長い [bː gː] が生じることになりますが，意志の疎通には特に影響ありませんからご安心のほど．このように注意していれば，徐々に口とともに耳も鍛えられて，程なく聞いてもわかるようになることでしょう．また，[b] については鏡で口を見るだけでもわかりますね．上の方法により，以下のような語で赤字部分を確実に閉鎖音で発音してください：baby ['beɪbi]，cubic ['kjuːbɪk]，rigorous ['ɹɪgəɹəs]，legal ['liːg(ə)l̩]．

§126 英語の閉鎖音は一見奇妙な発音になることがあります．無理にまねるには及びませんが，英語を聞いて理解するには心得ておかねばなりません．

1．文末，フレーズ末における閉鎖音の**無開放**（no audible release）

休止の前で閉鎖音の開放（破裂）が省略されることがあります（精密表記 [p̚]等）．別な閉鎖音が後続する場合でも同様です（§164）．閉鎖音自体は聞こえなくなりますが，その前の母音の微妙な変容（**わたり音** glide）によってどの閉鎖音が発されたのかが判断されます．以下の例では赤で示した部分でこれらの現象が生じる可能性があります（付随する様々な現象については §153 以下を参照）：

Woke up, fell out of bed, dragged a comb across my head. Found my way downstairs and drank a cup. And looking up, I noticed I was late. Found my coat and grabbed my hat. Made the bus in seconds flat. Found my way upstairs and had a smoke. And somebody spoke and I went into dream. (The Beatles, A Day in the Life)

2．語末の T [ʔ]

　次の語が [w ɹ] にはじまるか文末の場合，語末の T は時に**声門閉鎖音 [ʔ]** として発音されます．同時に無開放の [t̚] の調音が行われる場合もありますが (§174 を参照)，[ʔ]+[t̚] は [ʔ] と区別しにくく，また表記も難しいので，単純に [ʔ] と記しておきます：What was it? ; Go that way. ; a white room ; What?

　次の語が [j h] あるいは母音ではじまり，語の境界をややはっきりさせようとする場合にも同様の現象が起きます（カッコ内の発音も可能です）: that year (§166), white oak (↓), the White House (§159); What have you done? (§159, ↓); Tell me what you see. (§166); What are you doing? (↓), etc.

3．T と D のたたき音化 (tapping)

　有声音（主に母音）にはさまれ，無アクセント母音に先行するとき，あるいは語末にあって次の語が母音にはじまり一息に発されるとき，特に米音で T はしばしば有声化して D と同音となり，さらに閉鎖が瞬時となってたたき音 [ɾ] になります．例えば latter の赤字部分は ① [t], ② [d], ③ [ɾ] と発音され，②と③の場合，ladder とは先行母音の長さ（2倍弱）だけで区別されます (cf. §89)．

　類例）cutting, potato, melody, water, filter, pretty, bottom, daddy, at all, See you later, alligator! ; Get out of here! ; I've got to go. ; Take it easy! ; There is not a cloud in the sky. ; What are you doing? ; What have [əv] you done?

　上のような T の前に N がある場合，T が [ɾ] と発音されると，その前の [n] は鼻音性のみを残して消え去ってしまいます．結局 NT は [ɾ̃]，つまり瞬時の [n] とも発音されます．このように発音した winter と winner の差は微妙で，両者はしばしば同音となります．例）center, plenty, twenty, Toronto, county, Del Monte, etc.; I went into dream ; want to (wanna), going to (gonna) → §168.

89

イに類する母音

§127 いよいよ英語の**母音**の解説に移ります．子音の場合には**英米の差異**は極めてわずかでしたが，母音においては両者の間にかなりの違いがあります．一々米音，英音と記すのはスペースの無駄ですから，音声表記を示す [ ] の中に縦棒を引いて，左に**米音**，右に**英音**を記す方法を採用します．例えば [iː | ɛ] なら，米音で [iː]，英音で [ɛ] という意味です．

§128 日本語のイあるいはイーに似た母音は英語に 2 つしかありません．

[iː]（綴り e, ea, ee, ei, ie）は基本母音 1 番並びに日本語の長母音イーに極めて近く，日本語話者には何の問題もありません．[ii] のようにやや二重母音化する傾向がありますが実用的には特に気にする必要はありません．例：bel*ie*ve, f*ee*l, f*ie*ld, h*ea*t, m*ea*t, m*ee*t, p*ea*ce, p*ie*ce, rec*ei*ve, th*e*se, Nike [ˈnaɪkiː], Psyche [ˈsaɪkiː], etc.；（外来語においては綴り i に対応する場合も）fat*i*gue, rout*i*ne；（例外的に [iː | ɛ] となる語）l*ei*sure, Z [ziː | zɛd] ；（例外的に [iː | aɪ] となる語）*ei*ther, n*ei*ther.

[ɪ]（綴りは i, y）は上記の [iː] とは異なる母音でして，基本母音 2 番 [e] のやや中舌寄りの変種です（§82）．専門的でない辞書・参考書類でしばしば [i] と記されますので，これを**イに近い**と**誤解**している人が散見されます．この意味で [ɪ] は日本語話者にとってやや注意すべき母音と言えます．**イとエの中間**，あるいは基本母音 2 番 [e] をややリラックスして発するといいかもしれません．例：g*i*ve, g*y*m, *i*n, k*i*ss, m*i*ddle, m*y*th, v*i*llage, etc.；例外的な綴り w*o*men, b*u*sy.

[ɪ] は無アクセント音節で綴り e a にも対応して用いられます（[ə] も可）．例：advant*a*ge, bagg*a*ge, band*a*ge, b*e*come, b*e*lieve, bond*a*ge, chocol*a*te, clim*a*te, cott*a*ge, cour*a*ge, dam*a*ge, d*e*licate, d*e*light, intim*a*te, man*a*ge, marri*a*ge, mile*a*ge, or*a*nge, post*a*ge, pref*a*ce, priv*a*te, r*e*ceive, r*e*main, stor*a*ge, vill*a*ge, etc.；例外的綴り min*u*te.

語末で [iː | ɪ]（綴り y など）となる語が無数にあります．英音は本来かなり広い母音ですが，最近はもっと狭い [i] も用いられるに至ったようです．例：bab*y*, bus*y*, certainl*y*, cit*y*, difficult*y*, electricit*y*, happ*y*, lad*y*, mone*y*, Nanc*y*, stud*y*, etc.

第Ⅱ章　英語の音と日本語なまり

エに類する母音

§129　日本語のエに似た英語の母音は **[ɛ]** だけです（綴りは e, ea）．英米で多少の差異があり，基本母音3番とほぼ同じ母音から，そのやや狭い変種が主として用いられますが，標準的な日本語話者にとっては単純にエを発するつもりで言えばいいので概して発音は容易です．ややだらしなく口を開け気味にするともっといいかもしれません．

　前述の [ɪ]（[e] に近い）との混乱を避けるためにも，意図的に [ɛ] を用いて記すのが得策のようであり，さらにこれが慣用となっています．

　例：b<u>e</u>t, Cz<u>e</u>ch [tʃɛk], d<u>ea</u>d, <u>E</u>d, <u>E</u>ddie (<u>E</u>dward), <u>e</u>very, h<u>ea</u>d, k<u>e</u>ttle, n<u>e</u>ver, r<u>ea</u>d (過去・過去分詞), r<u>e</u>d, T<u>e</u>d, T<u>e</u>ddy (<u>E</u>dward), w<u>e</u>t, etc.；（例外的綴り）s<u>ai</u>d, b<u>u</u>ry；（例外的 [ɛ | iː]）l<u>e</u>ver.

§130　英語において日本語のエーに似ているのは二重母音 **[eɪ]** だけです（綴りは a, ai, ay, 時に ei, ey も）．基本母音2番あるいはそのやや広めの変種から [ɪ] の方向へ**なめらかに移行します．[e] の部分が比較的長く**，その後**徐々に**開口度が狭まりますが，必ずしも最終的に [ɪ] に到達するとは限りません．

　「エ＋イ」のように明らかに質の異なる2つの母音が瞬時に交替するような発音は英語として極めて不自然ですから避けてください．念のために，日本語の「エー」と「えい」の使い分けに関する事情も確認してください（§87-89）．

　例：b<u>ay</u>, d<u>ay</u>, <u>ei</u>ght, f<u>ai</u>l, f<u>ai</u>th, n<u>a</u>ture, p<u>a</u>per, p<u>ay</u>, r<u>ai</u>n, r<u>ei</u>gn [ɹeɪn], s<u>ay</u>, th<u>ey</u>, w<u>ai</u>t, v<u>ei</u>l, etc.；（例外的綴り）br<u>ea</u>k；（米英の例外的差異）ag<u>ai</u>n [əˈgɛn | əˈgeɪn].

　また，他言語からの比較的新しい外来語において，原音の [eː] や語末の [e ɛ]，また語中でもフランス語の é [e] を映すために，[eɪ] を用いるのが常則です：andante [ɑːnˈdɑːnteɪ] (It. [anˈdante]), Beethoven [ˈbeɪtoʊvən] (G [ˈbeːthoːfn̩]), bidet [bɪˈdeɪ, biːˈdeɪ] (F [bidɛ]), bouquet [boʊˈkeɪ, buːˈkeɪ | ˈbʊkeɪ] (F [bukɛ]), buffet [bʌˈfeɪ, buːˈfeɪ] (F [byfɛ]), Champs Élysées [ʃɑːnzeɪliˈzeɪ | ʃɑːnzɛˈliːzeɪ] (F [ʃãzelize]), début [deɪˈbjuː | ˈdeɪbjuː] (F [deby]), détente [deɪˈtɑːnt] (F [detãt]), fiancé, fiancée [fiːɑːnˈseɪ | fiˈɔnseɪ] (F [fjãse]), sauté [soːˈteɪ] (F [sote]), etc. Cf. Nike, Psyche.

アに類する母音（1）

§131 日本語話者が英語の発音を学ぶ際に，**もっとも大きな障害**となるのは日本語話者の耳にアあるいはアーのように聞こえる母音がたくさんあることでしょう．英米での発音の差異もからんで，事情はかなり複雑ですが，ここに該当する母音を [æ], [ʌ], [ɑː], [ɔ] ; [ɚː|ɔː], [ɑɚ|ɑː] の6つのケースに分けて解説しようと思います．大丈夫です．ちゃんとできるようになりますよ．

その前に，ア（アー）に類する母音の差異に対し，これまでどのように取り組んできたのか，そして自分の今の課題が何かを知るために，下表に○×を記入しましょう．○を20点，×を0点として得点を合計してください．

	○／×
① これらの母音の区別を知ることは必要であると認識している	
② これらの母音の区別とスペリングとの関係がわかる	
③ これらの母音を正しく聞き分けられる	
④ これらの母音を正しく言い分けられる	
⑤ 英米両方の発音においてこれらを正しく聞き・言い分けられる	
得点合計	

まさか**0点**だったという人はいないと期待しますが，万一そんなふざけた人がいたとしたら，その方には上の**①〜⑤全部が必要**であるという点を指摘して，猛省の上，根性を入れ替えていただきましょう．また，**100点**の人もいないと思いますが，万一そんな優れた方がいたとしたら，そんな方は本書で英語の発音を学んでいただく必要などないでしょう（採点がバカ甘だった場合は別ですよ！）．

さて，見てのとおり，上の①〜⑤は下へ行くほど難しくなっています．こちらの予想ですと**20点**の人は恐らく①だけが○だったのでしょう．**40点**の人は①と②が○，**60点**の人は①②③が○でしょうか．これらの方々はご自分の課題をおわかりですね？ ①だけが○だった人は②以下全部が，①②が○だった人は③以降が習得すべき技能です．もしかして**80点**，つまり①〜④が○だったという人も（少しは）いますか？ その方には英米の差異を学んでいただきましょう．

§132　まず，英米で大きな差がない [æ], [ʌ], [ɑː], [ə] を扱いましょう．

[æ]（綴りは常に a）は要するにエとアの間の母音です．日本語話者には難しくありません．口を縦横にほぼ全開にし，りんごを丸かじりするときの口の格好がこの母音を発するのに最適でしょう．ただし，長さについては注意が必要です．歴史的理由により [æ] は短母音に扱われますが，特に 1 音節語において極めて長く発音され（有声子音の前では一層長く），[ɪ] を基本にすると **2 倍以上の長さ**となります．長音の心づもりが肝要です．例：bad, bat, carrot, carry, cat, catch, damn, Italian, stallion, Latin, Mary, Spanish, stand, thank, that, travel, etc.

細かいことも加えておきますと，近年英米で多少差異が生じつつあり，この記号が表す標準的な音よりも米音はやや狭く，英音はやや広くなりつつあるようです．米英の差異は [æ | æ] と精密表記されるでしょう．英音では基本母音 4 番 [a] に近い一方，米音はこれより少し狭く，長めに発音される位置では [æə] のように軽い二重母音となる傾向があります．しかし，両者の差異は軽微ですから実用的には気にする必要などないでしょう．

[æ] は日本の英語学習者が大好きな母音です．特徴的な響きにエグゾティックな魅力を感じるのだろう思いますが，この魅力に屈して，例えば what（母音部は [ɑ, ʌ | ɔ]）を [fæt]（子音部ももちろん間違ってます）と発音したら通じると思いますか（実話です）？　このように他の母音よりも [æ] を偏愛する姿勢は極めて深刻な誤解をもたらします．きっぱりとこの愛は諦めてください．

§133　[ʌ]（綴りは基本的に u，時に o）は口がやや**半開き**の状態で発した**ア**でいいでしょう．どの程度半開きかわかりませんか？　小生の場合だと上下の前歯の間に指先が辛うじて入るぐらいです．多少個人差があるかもしれません．

例：（原則 u）but, culture, cut, Dutch, fun, funny, hundred, jump, nut, republic, Russia, study, subtle, sun, Sunday, sung, thumb, thunder, uncle, up, etc.；（時に o）brother, come, cover, discover, done, dove, front, London, love, Monday, monk, monkey, month, money, mother, one [wʌn], onion, recover, some, son, stomach (> tum), tongue, won, wonder, wonderful；（稀に ou）country, couple, double, enough, hiccough [ˈhɪkʌp] (= hiccup), touch, tough [tʌf], trouble, young；（例外的綴り）does.

実は，[ʌ] と表記されてきた英語の母音は少しずつ前進しており，§80 に触れたように，今日では [ɐ] と記すのが適当な中舌母音へと変容しています．本来ならば記号の変更が必要ですが，今のところ従来の慣用との妥協もやむを得ません．混乱を回避するため，本書でも簡略表記の場合には [ʌ] を用います．前進の度合いは英国において著しく，米音ではやや狭く後ろ寄りの [ɐ̈]（=[ɜ̈]；歴史的にやや古いタイプ），英音ではやや広く前舌寄りの [ɐ̞]（=[ɐ] あるいは [ä]；新しいタイプ）が主に用いられます．実用的にはどちらでも結構です．

§134 [ɑː]（綴りは a）は基本母音 5 番に等しいと言っていいと思います．コーラスの発声練習だと思って**縦に大きく**口を開けて**アー**と言いましょう．最近では米音がやや前進しているそうですが，特に気にしないでください．

後述するように，英音ではこの母音を用いる（つまり米音では他の母音を用いる）語がたくさんあるのですが，英米共にこの母音を用いる通常の語はあまり多くありません．例：f**a**ther, c**a**lm, b**a**lm, p**a**lm, Chic**a**go, Haw**a**ii, f**a**, l**a**, br**a**, etc.

しかしながら，英米人がこの母音の発音に不得手なわけではありません．現に幼児語や卑俗な語には多く現れます．例（印刷すべきでない語が含まれますがご容赦ください）：t**a**, m**a**mm**a** [ˈmɑːmə | məˈmɑː], m**a**, p**a**p**a**, p**a**, g**a**g**a**, c**a**c**a**, t**a**t**a**, b**a**b**a**, etc.

[ɑː] は英米人にとってある種の異文化を表示する機能を果たしているかのようでして，比較的新たな外来語，外国の地名・人名などでは多用されます．例：B**a**ch, D**a**d**a**izm, Den H**a**ag, G**a**garin, Ir**a**q, Pr**a**gue, son**a**ta, sp**a**, schw**a**, t**a**t**a**mi, tsun**a**mi, D**a**li, m**a**h-jong(g), suki**ya**ki, f**oi**e gr**a**s [ˈfwɑːˈɡɹɑː] (F [fwaɡʁɑ]), carbon**a**ra, s**a**ke [ˈsɑːkiː, ˈsɑːkeɪ], las**a**gna [ləˈzɑːnjə] (It. [laˈzaɲɲa]), p**a**sta, pil**a**f, sl**a**lom, etc.

§135 Schwa [ʃwɑː] と呼ばれる [ə] は（実際には様々な変種がありますが）[ʌ] よりもさらに口の開きが小さい**ア**だと言っておきましょう．上下の前歯は離れていますが，かなり接近していて，もうその間には指が入る余地なんてありません．また，頬の緊張は解きましょう．多分コーチはこの程度でいいと思いますよ．だいたい，前後の音に引きずられて多少変化しちゃいますから．

さて，この母音に関連して重要な注意点が 2 つあります．まずその第 1 は [ə]

と [ɚ] を混同してはならないという点です．詳しくは次項に譲りますが，[ɚː]（e.g. work）が普通の辞書等で [əːr] と書かれることが誤解の原因です．

　第2の注意点は [ə] が**無アクセント音節**にのみ現れる母音だということです．英語のような強さアクセント（stress）を持つ言語では，強い位置ではちゃんと区別される様々な母音が，アクセントを受けない弱い位置に置かれると [ə] になっちゃうんです（さらにはなくなっちゃいます）．これが**弱化**（reduction）です．

　単語の中で弱化が起きていることは恐らくご存知でしょう．例えばロシア革命の (Vladimir) Lenin [ˈlɛnɪn, ˈlɛnən] とビートルズの (John) Lennon [ˈlɛnən] はしばしば同音です．動詞の moderate は [ˈmɔdəˌɹeɪt]（煩瑣につき英音のみ）ですが，これが形容詞だと第3音節が第2アクセントを失って弱化し [ˈmɔdəɹɪt, ˈmɔdəɹət]，さらに第2音節の母音が弱化の末に脱落して [ˈmɔdɹɪt, ˈmɔdɹət] にまで達します．

　単語の範囲を超えても同じ現象が起きます．前置詞の at を取り上げてみましょう．字引を見るとその発音として [æt] と [ət] が両方載っかってますよね？ これって，どういうことかわかってました？ 多分，ちゃんと解説するのは大変なんでしょうけど，卑近な例で言いますとね，

"What are you looking at?"

だったら次に目的語がないので [æt] と言うんですが，この問いに答えて

"I'm looking at you, darling!"

って言うんなら，当然 you が強くなるので，隣は弱い [ət] です．

　その you だって強い位置では [juː] ですが，少し弱まって [jʊ]，さらに弱まれば [jə] になります．Gotcha ってわかります？ (I have) got you ですよ．ここに [jə] が隠れています．同じく to は [tuː] → [tʊ] → [tə]，冠詞の the は [ðiː]（最近では過剰矯正形 [ðʌ] も）→ [ðə]，a は [eɪ] → [ə] のように弱化していきます．

　例（赤字は [ə]，太字は [æ]，下線は [ʌ]）: Woke u̲p, fell out of bed, dragged a comb across my head. Found my way downstairs and drank a cu̲p. And looking u̲p, I noticed I was late. Found my coat and grabbed my hat. Made the bu̲s in seconds flat. Found my way upstairs and had a smoke. And somebody spoke and I went into dream. (The Beatles, A Day in the Life)

脱・日本語なまり

アに類する母音 (2)

§136 他方, turn, serve, dirt 等の母音の発音は**英米で著しく異なります**.

上の例語に生ずる母音の場合, 日本語話者にとって習得が**はるかに簡単**なのは**英音**であり, 前項で学んだ曖昧母音 [ə] の長音 [əː] が用いられます. [ə] の要領と同じく, 鏡で口を見ながら**上下の前歯を接近させてアー**と言ってください. 舌に妙な力を入れちゃいけません. ただの**アー**です. ただし無アクセントの [ə] の場合と異なり, 頬は多少緊張させたほうがいいでしょう. つまりにっこりして上下の前歯をむき出しにします. 簡単でしょう？

本来 [ə] は曖昧であるとともに弱い（無アクセント）母音を表す記号ですから, 上記例語のようなアクセントのある長母音にこの記号を用いるのは, 実のところあまり誉められたことではありません. そのため, 中舌半開母音の記号を用いて [ɜː] と記されることもあります. しかし, 実際に英音では [ɜː] から半狭の [ɵː] まで様々な中舌母音での発音が可能ですので, これらをまとめて簡略に表記するには, やはり [əː] が適当なのでしょう.

§137 Turn, serve, dirt 等において**米音**では異なる変な母音が用いられます. 後述するような理由により, この母音は [ɚː] （一般の辞書・参考書等では [əːr]）と記されます. かつては口を半開きにして, やや唇を突き出し「パ～」と**ジャイアント馬場**さん（馬場正平 1938-1999）のまねをしてもらうと, すぐにそれらしい母音が出てきたものです. 残念ですが, 彼亡き今ではこの手も使えません.

もしや舌をそり返して言うように習いました？ そうやってもいいんですよ. そうして得られるのは**そり舌母音**（retroflex vowel）の [ɚː], すなわち長い [ɻ] です. 唇をやや突き出し, やや下を向けば, さらにいいかもしれません.

でも, そり舌母音を発する人は少数でして, 主流なのは**もり上がり舌母音**（bunchend vowel）ですから, むしろこちらをお勧めすべきでしょう. 舌先は引

っ込み，舌背は硬口蓋と軟口蓋の境界部辺りに向ってもり上がり，その後方には溝が形成され，舌根は咽頭壁に接近した状態で発された母音，ということになりますが，こんな説明を聞いて，すぐにそのとおりにできる人なんているはずがありません．そこで小生が考案した練習方法を紹介いたします．

まずは §27 を復習いただいて [x] を長く発音しましょう．これに声を加えて [ɣ] を練習してください．次に，[ɣ] を長く発音しながら，**舌先を引っ込め，舌全体に無理に力を入れ**，また**唇をやや突き出す**とともに，**やや下を向きます**．摩擦音が聞こえるなら，ちょっと下あごを少し下げてこれを消しましょう．

変な音が出てきましたか？ これがジャイアント馬場さんのまねをするときにも出る，もり上がり舌母音です．これは，第 I 章で概説した母音の分類方法に合わない，極めて異常な母音であって記号化が困難です．そのため，もり上がり舌母音もそり舌母音の記号 [ɚː] で表すのが慣用となっています．しばしば両者をあわせて **R 音性母音**（rhotacized vowel, *r*-colored vowel）と称します．

万一，上の練習によっても [ɚː] がうまく言えないなら，**無理せず**に英音の [ɜː] をお使いください．米国では変じゃないのかってお思いかもしれませんが，ボストン辺りのセレブな人みたいで，かっこよく聞こえると思いますよ．

また，[ɚː] の発音が得意な方に対しては，一言忠言しましょう．[æ] とともに，[ɚː] は日本の英語学習者が**偏愛**する母音です．日本語にはないエグゾティックな魅力があるからだろう，かっこいいような気がするんだろうと想像しますが，[ɚː] に対する偏愛は意志の疎通の障害です．例えば star のつもりで [stɚː]，car のつもりで [kɚː] のように間違った発音をする人がかなりの頻度で存在しますが，聞き手はそれらを stir「かき混ぜる，大騒ぎ」，ならびに cur「野良犬」と聞くんですよ！ どうぞこの報われない愛はきっぱりと諦めてください．

例：(ur) b*ur*n, c*ur*d, c*ur*ve, f*ur*ther, h*ur*t, t*ur*n ; (er) G*er*man, h*er*, k*er*nel, p*er*m, s*er*ve, t*er*m ; (ear) *ear*ly, h*ear*d, l*ear*n, p*ear*l ; (ir) c*ir*cle, d*ir*t, sh*ir*t, s*ir*, sk*ir*t, st*ir* ; (w の後の or) w*or*d, w*or*k, w*or*ld, w*or*m ; (極めて例外的綴り) col*o*nel ; (アクセント位置以外では ar や or 等も ; [ɚ | ə] に短縮) calend*ar*, c*er*tificate, c*ir*culation, c*on*cert, cupb*oar*d [ˈkʌbɚd | -əd], edit*or*, Edw*ar*d, fut*ure*, homew*ar*d, maj*or*, nat*ure*, orch*ar*d, etc.

§138 さて，上で捨象した記号についての情報を付記しなければなりません．「かぎ付きのシュワー」（hooked schwa）と呼ばれる [ɚ] は，音色が中立的な曖昧母音 [ə]（シュワー）に R 音性の符号 [˞] を付した [ɚ] に等しく，さらにこれを一筆書きしたものです．上にも少し触れたように，アクセント母音にシュワーを記すことには抵抗もあり，[ɚ] や [ɚ] の代わりに中舌半開母音の記号 [ɜ] に R 音性の符号を付した [ɝ] が用いられることもあります．

また，極めて重要なことですが，[ɚ] と [ə] はまったく別の記号です．両者の混乱を引き起こしているのは，専門的でない辞書・参考書，あるいは教科書にもに見られる [əːr] です．これは，上で解説した米音 [ɚː] と [əː] を同時に表記するために考案されたものでして，[əːr] なる発音は存在しません．混乱を根絶するにはこの簡略表記を廃することも考慮しなければなりません．

[ɚː | əː] の差異が生じた背景について触れておきます．かつて英語では R が変容するに従い，t**ur**n, s**er**ve, d**ir**t 等において「母音＋R」の融合した母音が発達しました．その結果いくつかの母音が誕生しましたが，それら相互の差異は微妙であったため，後にそれらは 1 つの R 音性母音に合一しました．それが今の米音に残る [ɚː] です．その後，英音は [əː] に変化しちゃいました．

§139 M**ar**ch, **ar**t, c**ar** のように綴り ar はアクセントを受けるとき [ɑɚ | ɑː] と発音されます．つまり，英音では §134 で学んだ [ɑː] とまったく同じように発音し，米音ではその末尾に上で学んだ [ɚ] を軽く加えます．万一 [ɚ] が不得意なら，**無理せず**に英音 [ɑː] をお使いください．一般の辞書・参考書等では両者をまとめて表記するために [ɑːr] と表記する場合がありますが，上と同様にこれは約束に基づいた表記であって，正確なものではありません．

例：(ar) **ar**e, **ar**my, b**ar**, b**ar**k, b**ar**ley, b**ar**n, c**ar**, c**ar**d, c**ar**t, c**ar**ve, d**ar**k, f**ar**ther, M**ar**ch, p**ar**t, st**ar**, st**ar**t, t**ar**, t**ar**dy, y**ar**d, etc.；（例外的綴り）h**ear**ken, h**ear**t, h**ear**th, etc.

§140 これまでア，アーに類する様々な母音に頭を悩ませていた方も多いと思いますが，以上により，該当する英語の母音の発音，綴りと発音との関係，そして英米の差異の原則がおわかりいただけたことと期待しています．

では，ここまでのまとめに下記の発音練習をお願いしましょう．

	[b k]	[b d]	[k t]	[m k]	口の形
[æ]	back 後ろ	bad 悪い	cat 猫	Mac 人名	縦横全開
[ɑː˞ | ɑː]	bark 吠える	bard 吟遊詩人	cart 荷車	mark 印	縦に全開
[ʌ]	buck ドル	bud 芽	cut 切る	muck 泥	半開き
[ɚː | əː]	berk ばか	bird 鳥	curt そっけない	murk 暗黒	前歯接近

以上で扱いきれなかった，かなり**個別的な英米の発音上の差異**もあります．その代表と言えるのが米英で [æ \| ɑː] という相違を示す単語群です．これらはかつて英米ともに [æ] と発音されたはずですが，その後，英音のみで起こった変化によりこの差異が生じました．これらはしばしば **ask words** と総称されます．下記の例語（難しい単語は除外しました）からすれば，後続音との相関関係があるかのようにも思われますが，その相関関係はかなりゆるいものです．

例（綴りは基本的に a ; [æ \| ɑː] 両方を練習してください）: ([f] が後続) after, behalf, calf, chaff, craft, draft (= draught), graft, half, laugh, raft, rafter, shaft, staff ; ([θ ð] が後続) bath, path, rather ; ([s] が後続) aghast, ask, basket, blast, brass, cask, casket, cast, caste, castle, clasp, class, disaster, fast, fasten ['fæsn̩ \| 'fɑːsn̩], flask, gasp, ghastly, glass, grasp, grass, last, mask, mast, master, nasty, pass, past, pastor, pastime, plaster, rascal, rasp, raspberry, repast, task, vast ; ([m] が後続) sample, example ; ([n] が後続) advance, advantage, answer, aunt, blanch, branch, can't, chance, chant, command, dance, demand, enchant, France, glance, grant, lance, plant, shan't, slant, stance, stanch, trance, trans- (e.g. transparent), etc. ; （外来語における同種の差異）banana, etc.

§141 次のような語では米英で [ɚː \| ʌ] の差異が生じます．米音では ur 等，英音では u 等を文字どおり発音しています．例（ur(r) + 母音など ; [ɚː \| ʌ] 両方を練習してください）: thorough ['θɚːɹoʊ \| 'θʌɹə], courage, burrow, current, curry, furrow, gurry, hurricane, hurry, Murray, worry, surrogate, Surrey, turret, nourish, etc.

他にも極めて個別的に次のような米英の差異が見られます．[ɚː \| ɑː] : clerk, Derby（米では規則どおり，英では異例）; [eɪ \| ɑː] : tomato.

脱・日本語なまり

オに類する母音

§142　[ɑ | ɔ]：日本語のオに類する英語の母音は**英音 [ɔ]**（精密には [ɒ̝] や [ɒ]）だけです．口を**大きめに開けたオ**で充分に通用します．これは基本母音 6 番よりも広いため，専門的な研究書ではしばしば [ɒ] を用いて表記されています．ここで [ɔ] を代表として用いることを選んだのは，一般の辞書・参考書等で多く用いられている [ɔ] のほうが馴染み深かろうという配慮からです．

他方，英音で [ɔ] が用いられる位置において，**米音では [ɑ]** が用いられます．これはすでに §134 で紹介した [ɑː] と同じ質だとお考えください．口を縦に全開にした発声練習のアでしたね．さらに，米音では長めに発音され，[ɑː] と区別されないこともありますが，特に意識してまねする必要はないでしょう．

もしや英音 [ɔ] はかっこ悪いような，根拠のない印象をお持ちですか？ そんなことはありませんよ．では，米英 [ɑ | ɔ] 両者の発音練習をどうぞ．

　　　　　英音 [ɔ]　top　hot　rock　song　口を大きめに開けて　オ
　　　　　米音 [ɑ]　top　hot　rock　song　口を縦に全開にして　ア

類例：(o) bottle, bottom, doctor, donkey, knot, long, not, scholar, Tom ; ([w] の後では a) qualify, quality, quantity, quarrel, swallow, swamp, swan, wander, want, wardrobe, was, wash, wasp, watch, what [ɑ, ʌ | ɔ] ;（例外的）cough [kɑf | kɔf], etc.

§143　オーに類する英語の母音は長母音 [ɔː] と二重母音 [oʊ] です．

[ɔː] ～ [ɒː | oː]：英米とも [ɔː] が用いられてきましたが，英音は狭まり，米音は逆に広くなって，[ɑː] との区別が徐々に怪しくなっています．でも，まだまだ英米ともに [ɔː] が立派に通用しますから，広口のオーで大丈夫です．

例：(au) Australia, Austria, autumn, because, caught, Paul, pause, sought, taught ; (aw) awful, dawn, law, paw, saw ; (al) balk, calk, chalk, stalk, talk, walk ; (l(l) の前の a) already, all, altar, alter, bald, ball, call, fall, install, mall, stall, tall, wall ;（例外的）bought, ought, thought ; broad ; water ; doll, John, etc.

§144 [ɔɚ | ɔː]：以下に記すような R を含む綴りの場合，英音では上と同じく長音 [ɔː]（~ [ɒː]）が発される一方，米音では [ɔɚ] と発音されます．米音では [ɔː] の末尾に [ɚ] を軽く加えます．万一 [ɚ] が不得意なら，**無理せずに英音 [ɔː] をお使いください**．一般の辞書・参考書等では両者をまとめて記すために [ɔːr] と表記する場合がありますが，もちろんこれは約束に基づいた表記であって，正確なものではありません．

1 点忠言いたしましょう．[w] の後の ar は [ɔɚ | ɔː] と発音されますが，award を「アワード」，warning を「ワーニング」，Warwick（人名）を「ワーウィック」と読むような誤りが多発しています．この調子で warrior を [ˈwɔːriɚ] なんて言っちゃったら全然強そうじゃありませんよ．くれぐれもご注意ください．

例：(or) born, corn, force, fork, forth, George, horn, horse, morning, order, pork, port, sword [sɔɚd | sɔːd], torn ；([w] の後の ar) award, quark, quarter, war, ward, wardrobe, warm, warn ；(ore) core, more, ore, shore, sore, store ；(oar) board, hoarse, soar ；(綴り our) course, court, four, pour, source ；(oor) door, floor, etc.

§145 [oʊ | əʊ]：二重母音の [oʊ] はよく知られていると思いますが，ウで唇を丸めるようにすれば，オウで充分に通用するでしょう．この発音は実は主として米音でありまして，英音では少し変わった [əʊ] という発音が行われます．[oʊ] の [o] の部分で**にっこり**すればそれらしい発音ができます．ただし英国で [oʊ] と言っても全然大丈夫です．

例：(o) bold, code, comb, cone, don't, go, home, mode, mold, potato, rope, so, told, won't ；(ow) blow, bowl, grow, snow ；(oa) boat, coach, coal, coat, goal, Joan, oat, oath, soap, toast, toad ；(例外的) folk, Roosevelt [ˈroʊzəvɛlt], shoulder, toe, etc.

まとめに下記の語を米音と英音で区別して発音する練習をしてください．

[s　]	[k　t]	[b　t]	[f　k]	米音	英音
sore 痛い	court 宮殿	bort 工業用ダイヤ	fork フォーク	[ɔɚ]	[ɔː] ~ [ɒː]
saw 見た	caught 捕まえた	bought 買った	Falk (人名)	[ɔː] ~ [ɒː]	[ɔː] ~ [ɒː]
so そう	coat コート	boat ボート	folk 民衆	[oʊ]	[əʊ]

ウに類する母音

§146 日本語の長音ウーに多少とも似ている英語の母音は [uː] だけです．英米で顕著な差異はないとされます．厳密には基本母音 8 番のわずかに下寄り・前寄りの変種ですが，符号を付さねばならないほどの違いはないでしょう．

残念ながら日本語にはこれに近い母音はありませんので，日本語話者がやや不得意とする母音です．日本語のウが前記のように極めて中途半端な母音だからです．日本語内でも発音に差があるのでさらに指導は難しくなりますが，日本語話者が [uː] を習得するには，基本母音 8 番の場合にお勧めした方法が有効でしょう．すなわち，オからスタートして，**さらに唇を丸め，開口部を小さく**する練習です．鏡で口を見ていただき，唇の形を監視してください．ウを起点にして同様の指示をすると，しばしば誤って中舌母音 [ʉ] が発せられるので好ましくありません．これは日本の歌手が意図的に唇を丸めた結果，しばしば発する奇妙な母音です．

語末では [ʊu] のように，two や blue のように歯茎音に続くと顕著に前寄りの [ïü] のようにも発音されますが，特にまねしなくとも大丈夫です．

例：(oo) boot, cool, fool, goose, moon, pool, soon, soothe, spoon, too, tool, tooth, woo, zoo；(u) June, lunatic, rule；(ew) blew, crew, flew, grew, Jew；(ui) fruit, juice, suit；
(ou) group, soup, wound, you；(例外的綴り) blue, shoe, to, tomb [tuːm], two, etc.；
(歯茎音の後で [juː] ~ [uː]) dew, dune, duty, knew, new, nude, neutral, stew, student, super, tuna, tune, etc.

§147 日本語の短音ウに似ている英語の母音は **[ʊ]** だけです．[o] をややぞんざいに，あるいは [uː] を短く，ぞんざいに言えばこれに近い母音がすぐに得られると思います．また，米音ではあまり唇を丸めない変種も用いられており，これの代わりには多少唇を丸めたウで充分に代用ができると思われますので，日本語話者には比較的習得が簡単な母音かもしれません．

例：(oo) book, cook, foot, hood, hook, shook, took, wool；(唇音の後では u も) bull, bully, bush, butcher, fulfill, full, fulsome, pull, push, puss, put；(例外的綴り) woman, etc.

二重母音など

§148 以上の母音を習得していれば概して**二重母音**の発音は容易です．

[ɪ] に終わる二重母音には下記の 3 種です．何れも前半部が比較的長く，その後，徐々に開口度が狭まり，**なめらかに** [ɪ] に接近しますが，必ずしも最終的に [ɪ] に到達するとは限りません．[eɪ] については§130 を参照．

[aɪ]：(i, y) die, dye, fly, I, lie, nice, night, rye, style, etc.；(例外的綴り) buy, eye, guy；(例外的 [i: | aɪ]) either, neither.

[ɔɪ]：(oi, oy) boy, joy, noise, oil, ointment, oyster, point, soil, toy, voice, etc.

§149 [ʊ] に終わる二重母音は 2 種です．上と同様に前半部がやや長く，その後なめらかに [ʊ] に近づきます．[oʊ | əʊ] については§145 を参照．

[aʊ]：(ou, ow) bow, couch, count, cow, doubt [daʊt], down, foul, fowl, hound, house, how, mount, mountain, out, sound, sow, town, etc.（米音は [æʊ] がやや一般的）．

また，歴史的な理由により [ju:] も二重母音に数えられることがあります．歯茎音の後では [j] が脱落する傾向にあり（§146），特に [tʃ dʒ ɹ]，子音＋[l] の後では [j] は完全に失われています（chew, Jude, rude, blew）．例：(u) hue, cue, cute, use；(eu) feud, queue [kju:]；(ew) ewe [ju:], few, mew, spew; view, etc.

§150 [ɚ | ə] に終わる二重母音は下記 4 種があります．

[ɪɚ | ɪə]：(ere) here, mere, severe；(eer) beer, career, engineer；(ear) appear, beard, dear, ear, hear, near, tear；(ier) cashier, fierce, pier, pierce；(綴りに R が含まれないと [i:ə | ɪə]；ea) idea, real, theater；(eo) theory, etc.

[ɛɚ | ɛə]：(air) air, fair, hair, pair, stair；(ear) bear, pear, tear, wear；(are) are [ɛɚ | ɛə] ~ [ɑɚ|ɑ:], aware, bare, care, dare, fare, hare, scare, ware；(例外) heir [ɛɚ|ɛə], etc.

[ɑɚ | ɑ:] → §139（英音はすでに二重母音ではありません）．

[ʊɚ | ʊə]：(oor) moor, poor；(our) dour, tour, (ure) abjure, assure, sure, etc. 特に sure, poor 等では [oɚ | oə, o:] と発音することが増えています．

§151 以下の 3 種が**三重母音**に数えられます。

[juɚ | jʊə]：(ure) c**ure**, grav**ure**, photograv**ure**, p**ure**, sec**ure**；(歯茎音の後では [juɚ | juə] ~ [ʊɚ | ʊə]) all**ure**, d**ure**, end**ure**, l**ure**, man**ure**；([juɚ | juə] ~ [ʊɚ | ʊə], また [tj] > [tʃ] も) mat**ure**, immat**ure**, premat**ure**；([ʃuɚ | ʃuə] のみ (< *[sjuɚ | sjuə])) s**ure**, etc. (歴史的変化 [tj sj] > [tʃ ʃ] 等の結果です)；y**our**, y**ou're**, etc.

[juɚ | juə] は [joɚ | joə, jo:] と発音することが増えています。

[aɪɚ | aɪə]：(ire) asp**ire**, att**ire**, consp**ire**, des**ire**, d**ire**, ent**ire**, f**ire**, h**ire**, insp**ire**, m**ire**, persp**ire**, resp**ire**, ret**ire**, sat**ire**, s**ire**, sp**ire**, susp**ire**, t**ire**, t**ired**, w**ire**；(yre) l**yre**, p**yre**, t**yre**；(その他) b**uyer**, d**yer**, h**igher**, l**iar**, s**igher**, etc. (英ではしばしば [ɑː(ə)] も)。

[aʊɚ | aʊə]：(our) fl**our**, h**our**, l**our**, **our**, s**our**；(ower) b**ower**, d**ower**, fl**ower**, G**ower**, l**ower** "fr**own**", p**ower**, t**ower**；(その他) c**oward**, H**oward**；(英ではしばしば [ɑː(ə)] も)。

上のうち、[juɚ | juə] は 1 音節を形成する真の三重母音ですが、[j] が脱落したり、先行子音と融合したりするため、実際に三重母音として現れることは多くありません。[juɚ | juə] は [j] + [ʊɚ | ʊə], [aɪɚ | aɪə] は [aɪ] + [ɚ | ə], [aʊɚ | aʊə] は [aʊ] + [ɚ | ə] とも分析できます。

英音の場合 tire, tyre [taɪə, tɑː(ə)] と tower [taʊə, tɑː(ə)] の差異はしばしば微妙となり、後者はまた ta [tɑː] "thank you" としばしば同音となります。

§152 以上で紹介した主な母音の綴りと発音との関係を整理しましょう。

アクセント		i	e	a	o	u	oo
あり	歴史的長音 (元々母音に終わった音節)	[aɪ]	[iː]	[eɪ]	[oʊ | əʊ]	[aʊ]	[uː]
あり	歴史的短音 (元々子音に終わった音節)	[ɪ]	[ɛ]	[æ]	[ɑ | ɔ]	[ʌ]	[ʊ]
なし		[ɪ] ~ [ə]					

アクセント	ir	er	ur	ar	or
あり	[ɚː | ɜː]			[ɑɚ | ɑː]	[ɔɚ | ɔː]
なし			[ɚ | ə]		

上表で赤で示した部分の差異は §44 にも触れた**大母音推移**によって生じました。左表に示した「母音＋R」の融合とあわせて英語母音の際立った特殊性となっています。

音連続

§153 これまで日本語の音と，付随する**日本語なまり**に配慮しつつ，英語の個々の音を解説しました．熱心に学んでいただいた方は，英国並びに米国で用いられる標準的な英語の子音と母音をすでに習得なさっていることでしょう．

しかしながら，個々の音が習得されても，これで英語の発音は完璧だとは言えません．これら**個々の音が文中でつながる**際には様々な現象が生じ，そのため個々の音を別個に発音した際とは結果的に異なる発音が行われることがあります．以下では，このような英語の音連続に関し，日本語話者が是非心得ねばならない諸点を解説しようと思います．当然，その大部分は他の外国語の発音あるいは音連続を学ぶ際にも有効です．

§154 さて，唐突ですが，音読してください．

I did it !

もしかして，I と did と it を**一語一語区切って**言いました？ 小生の拙い経験に照らしますと，そんな方が大多数のようです．日本で外国語を学んだ方のほとんどが，なぜか**単語の境界に敏感すぎる**んです．それじゃあ，まるで妙な**ピッチカート英語**ですよ（本当はピッツィカート It. pizzicato です → §186）．

それに，"I did it!" を一語一語区切って言ったから，did と it の間に**余計な音**が入っちゃいましたよ（"I" の前後にも入ったかもしれません）．えっ？ 別に余計な音なんて言ってるつもりはないって？ そりゃそうでしょうけど，区切ろうと思うと，日本語の癖として，特に母音ではじまる単語の前にいわば「区切りの音」である**声門閉鎖音 [ʔ]**（§23）が発されちゃうんです．この**日本語なまり**を放置すると，何だか "it" を妙に強調してるみたいに聞こえちゃいますね．

何でこんな癖がついちゃうのか不思議ですが，英語に限らず（もちろん日本語でも），自然なことばでは，個々の単語を徹底的に区切って言うことはまずありません．このような妙なピッチカート英語を話したら，たとえ個々の単語の発音は完璧でも，上記のように何だか余計なニュアンスが加わりそうでこわい

ですね．それに，自然な英語を聞いたらまったくわからなくなりそうです．

　英語やその他の外国語の音連続を学ぶにあたって，最初に指摘しなければならないのがこの**日本語なまり**です．このなまりも実に執拗ですが，対処法は簡単です．**区切らない**で言えばいいんです．英語に適当な用語はないので，フランス語学の**アンシェヌマン**（F. enchaînement）を用いることにしましょう．

　では，I did it を一息に言いましょう．早口の必要はありません．ゆっくり一語のように [aɪ 'dɪd ɪt]（スラー部分を続けて）！ 最後の [t] は**無開放**の [t̚]（§126）のほうが普通っぽいですね．なめらかに言えるまで何度も繰り返してください．

　上の練習が完璧になったら下記を練習してください．ゆっくりで構いませんから区切らずに発音してください．（なお，**太字**は米音において**たたき音化**（§126）が起きる可能性のある箇所です．念のため第Ⅱ章末まで同様に記します．）

I think I finally di**d** it!　　　[aɪ 'θɪŋk aɪ 'faɪn(ə)li: 'dɪ**d** ɪt̚ | aɪ 'θɪŋk aɪ 'faɪn(ə)li 'dɪd ɪt̚]!
I rea**d** an article.　　　　　　　[aɪ 'ɹɛ**d** ən baɹ, 'ɑɚtɪkɫ | aɪ 'ɹɛd ən baɹ, 'ɑːtɪkɫ].
Can you ge**t** it for me?　　　　[kən ju: 'gɛ**t** ɪt̚ fɚ mi: | kən ju: 'gɛt ɪt̚ fə mi:]?
Wha**t** on earth are you doing?　['wɑ**t** ən 'ɝːθ aɚ ju: 'duːɪŋ | 'wɔt ən 'ɜːθ ɑ: ju: 'duːɪŋ]?

§155　アンシェヌマンの変種が例えばこんな場合に見られます．

　<u>There is</u> a house in New Orleans they call the Rising Sun.（The Animals）

赤で記した "There is" の箇所に生じているのは厳密に言えばアンシェヌマンではありません．[ðɛɚ | ðɛə] と [ɪz] がつながったら，別な音が加わって [ðɛɚ.ɹɪz | ðɛə.ɹɪz] になっちゃいました．§138 に記したとおり，英語の [ɚ(ː) | ə(ː)] は歴史的に「母音＋R」の融合したものです．本来これらには R の音が続いていたんです．このように，語末で脱落する音が，母音ではじまる語の前で復活する（保存される）という現象は**リエゾン**（F. liaison）です．英語でこれに該当するのは R だけであり，このような R は特に**連結の R**（linking R）と呼ばれます．

　このような事情は知らなくとも，"There is" を [ðɛɚ.ɹɪz | ðɛə.ɹɪz] と発音することは中学校以来もちろんご存知ですよね．以下に [ɚ(ː) | ə(ː)] に終わる単語に，母音ではじまる単語が続く例をいくつか記しますので，よく発音練習してくだ

さい．連結の R（赤で記す）にもアンシェヌマンにもご注意の程．

for ever ; far away ; in your eyes ; his eyes ; her eyes ; in our eyes ; their eyes ;
Here I stand head in hand.（以下 The Beatles からの例）
There are places I remember all my life though some have changed.
In the town where I was born lived a man who sailed to sea.
If you don't take her out tonight, she's going to change her mind.
Is there anybody going to listen to my story all about the girl who came to stay?

§156 子音ではじまる語と，その前の語との間にはアンシェヌマンもリエゾンも生じません．それでも余計なポーズはなるたけ入れたくないのは当然です．そのため様々な現象が生じますが，その1つの典型が例えば "eight times" に現れます．前の語の最後は [t]，次の語の最初も [t] です．こんなとき，これまでどんな発音していました？ もしや，律儀に [eɪt taɪmz] のように2回も [t] をちゃんと発音していたんじゃありませんか？

もちろん，それでも**ぎこちない**だけで過度にポーズが入らなければ問題なく通じますが，しんどいでしょう？ このように同じ閉鎖音が接合すると，普通は**閉鎖を長く維持し，開放を一回**で済ませます．よくわからないって？ ぶっちゃけて言えば「エイッタイ[mz]」って言うんですよ．このように同じ閉鎖音の開放を一回サボることを**重音化**（gemination）と呼びます．日本語の「ッ」（§22）の機能によく似ていますから簡単にできますね？ ちょっと言ってみましょう：eight times ; get together ; It's been a hard day's night（アンシェヌマンもお忘れなく）.

調音位置の同じ有声音と無声音が語境界を挟んで接合するときでも同じ現象が起こります．閉鎖の途中で声の有無が入れ替わりますが，やはり簡単にできることでしょう：I had a very good time of it. ; I had a hard time of it. ; What did I know? ; I am sick and tired of it. ; When you talk about destruction, ...

調音位置の同じ閉鎖音＋破擦音のつながりでも同様に重音化が生じます．これも問題の子音の前に「ッ」があると思えば簡単でしょう：not just anybody ; Half of what I say is meaningless, but I say it just to reach you.（The Beatles）

[pm bm tn dn]

§157　鏡で口を見ながら "submarine" [ˈsʌbməɹiːn, --ˈ-] と言ってみましょう．多分，[b] と [m] の間で口が開いちゃったでしょう？ そこで不要な母音が発されました．これはもちろん正しい発音ではありません．

　困りましたね．どうしたら [b] と [m] の間に不要な母音を発さなくてすむのでしょうか．実は**日本語ではまったく使っていない技**を使います．この技は世界の多くの言語で使われています．でも日本語ではこの技を使っていないので，我々はこの技を意図的に習得しなければいけません．

　では，どんな技でしょう．あわてずに音声学的に考えましょう．[b] は有声の口音で両唇閉鎖音．他方，[m] は有声の鼻音で両唇閉鎖音です．両者の差異は何ですか？ 口音か鼻音かの違いだけですね．すなわち，**鼻のふた**（口蓋帆）が閉じている（[b]）か，開いている（[m]）か，というだけの違いです．

　[bm] をなめらかに言う方法はもうおわかりですね．**唇をピッタリ閉じたまま鼻のふたをポンと開けてやればいいんです．ずっと声が出ていれば [bm]，途中まで声が出ていなければ [pm] です．この技を鼻腔開放**（nasal release）と言い，精密には [p^m b^m] のように記します．

　では，口が不用意に開かないように鏡でよく監視しながら言ってください：submarine; topmost; help me．何か変な気がしますよね．何だか [p b] をちゃんと言っていないような．でもこれでちゃんと言ってるんですよ．他所でも何度か言いましたが，繰り返し練習すれば耳もできますから，しばしご辛抱！

　さて，[pm bm] で自信ができたら，[tn dn] に挑戦しましょう．今度はあまり鏡が役立ちません．赤い部分で舌先を歯茎にぴったりくっつけたままで，はいどうぞ：McCartney; Sidney; at night; at nine o'clock; at noon; not now; kidney; sad news; good news; Wouldn't it be lovely?; I didn't know that [aɪ dɪdn(t) noʊ ðæt] (dn + tn); Your guitar, it sounds so sweet and clear. [swiːt n kliɚ] (The Carpenters, Superstar)．

　俗語においては以下のような語の赤い部分が [kŋ gŋ] で発音されることがあります：bacon [ˈbeɪkən], token [ˈtoʊkən], organ [ˈɔɚɡən | ˈɔːɡən], wag(g)on [ˈwæɡən].

第Ⅱ章　英語の音と日本語なまり

[tl dl]

§158　ちゃんと L の発音は習得しましたね？　怪しければ §98 以下を充分復習して自信がついてから，改めてこのページにおいでください．

さて，英米人が言う little や middle はどうも変だとお思いじゃありません？ちゃんと [lɪtl], [mɪdl] って言っていないような気がする．[t] や [d] の部分が聞こえない．そんな印象をお持ちのあなたに事の真実をお教えしましょう．

結果から言いますと，英米人はちゃんと [tl dl] って言っています．でも，[t d] が通常，つまり単独で言ったときとは違った発音になっているんです．この技も世界の多くの人が自然にできますが，日本語では使われていません．

[t d] の調音を確認しましょう．歯茎に舌先がピッタリくっついてますよね．舌のそれ以外の部分も上あごにピッタリくっついてますよ．こうして呼気を完全にさえぎっています．次は [l] の番です．舌先は歯茎にくっつきますが，舌の脇の方には上あごにくっついていない箇所があります．こうして息が両脇からぬけていくんでした．では，どうしたら [t d] から [l] に滑らかに移動できますか？　**舌先は歯茎にくっつけたままで**，舌の両脇だけ上あごから離すんです．この技は**側面開放**（lateral release）です．

そんな器用なまねできないって？　しばらく [t] の状態を保ったまま，舌の位置をよく把握してください．次に [l] で同じことをやります．そして舌先を歯茎にくっつけたまま [t] から [l] への移動にチャレンジしてください．

ほら，舌の両脇で**変な音**がしたでしょう？　これが [tl] というつながりの中だけで使われる [t] の変種です．日本語ではこの音（精密表記で [t^l][d^l]）を使っていないので little や middle の [t][d] が聞こえないんでしょうね．

うまく行きました？　じゃあ練習です：li**ttl**e; mi**ddl**e; ca**ttl**e; bo**ttl**e; ri**ddl**e; sa**ddl**e; can**d**le; kin**d**le; I woul**d l**isten to the ra**d**io.; Isn't he a bi**t l**ike you and me？; I'm on the top of the worl**d l**ooking down on creation.

米音ではたたき音化（§126）によって，[tl dl] がしばしば [ɾl] と発音されます（上記太字参照）．[tl dl] がちゃんと発音できれば問題なく，無理にまねる必要はありませんが，聞いて理解するために一応心得ておく必要があります．

[p t k] + [h] と [bv vb]

§159　例えば at home をうまく発音できますか？

英語のアクセント母音に先行する [p t k] は強い気音を伴う帯気音となります（§124）．例えば a tome は精密には [ətʰoʊm | ətʰəʊm] と記されます．これに対し，at home の赤部分で発される気音はこれよりはるかに多いのです．試みに a tome を一息に繰り返し言うと，小生の場合 20 回以上簡単に言えますが，at home で試すと 10 回ぐらいで息が続かなくなってきます．A tome に比べて at home で発されている気音は恐らく倍ほどです（精密には [ətʰːoʊm | ətʰːəʊm]？）．

このように [p t k] に終わる語に [h] ではじまる語が接合すると，通常の倍程度の**極めて強く長い気音**を伴った帯気音が発されます：例）Loc**kh**eed; up**h**ill; lig**ht h**ouse; Come up **h**ere.; bac**k h**ome; bac**k h**ere; Have you ever seen Mi**k**e **H**unt?

T を [ʔ] と発音する場合はその限りでありません：at home, get home, etc.

§160　では ha**ve b**een はちゃんと言えますか？ 英語において [vb] というつながりは意外に使用頻度が高く注意すべき音連続です．鏡を利用して，なめらかに言えるよう繰り返し練習してください（最初に [v] をご確認の程（§105-7））．

[v] を発しているときには上の前歯と下唇が接しており，かつ上唇が持ち上げられて上の前歯が露出しています．**上の歯と下唇の接触を保ったままで上唇を下げ**，両唇を密着させれば，何の音も介さずに [b] に移行できます．上の歯と下唇とが離れてしまうと [b] を発する前に不要な母音が生じます．細心の注意が必要です．例）I ha**ve b**een ; It's been a hard day's night, and I've been working like a dog.; I woke up, fell out of bed, dragged a comb across my head.

逆の [bv] も練習しましょう．英語では稀なつながりですが，ob**v**ious のように重要な語が含まれています．やはり鏡を利用した練習が必要です．

口を閉じた状態において上の前歯は下唇にわずかに接触しているものです．この状態から**上唇だけを持ち上げれば**なめらかに [bv] が発されます．上の前歯が露出すること，下唇と上の前歯の接触が保たれていることを確認してください．例）o**bv**erse, o**bv**iate, o**bv**iative, o**bv**olute, su**bv**ention, su**bv**ersion, su**bv**ert, etc.

[tθ dð] など

§161　[θ] と [ð] の発音はもう平気ですね？　もし怪しければ §108 をご覧の上，充分復習して自信ができてから，改めてこのページにおいでください．

さて，英語において破擦音 [tθ] や [dð] 等のつながりを含む単語は極めて少なく，恐らく下記ぐらいしかありません：eighth [eɪtθ], breadth [bɹɛdθ, bɹɛtθ], width [wɪdθ, wɪtθ], hundredth ['hʌndɹədθ, 'hʌndɹətθ], thousandth ['θaʊzəndθ, 'θaʊzəntθ]．これらの中では eighth の綴りと発音の関係は極めて変則的です．Eighth を [t] と発音し，かつ eighth を [θ] と発音しているわけです．古英語 eahtoða では t の後に th にあたる ð がちゃんと綴られていたんですがねえ．

閑話休題．確かに単語としてこのような音連続を含む例は極めて少なくとも，後掲のように，文中では [t d] に終わる語に [θ ð] にはじまる語が後続する場合はふんだんにあります．

さて，練習はさほど難しくありません．**鏡**で口を見て [θ] を発音してください．上下の前歯の間に舌が見えますね．上の歯と舌とは接しているだけでその間を呼気が通過して [θ] が発されています．では，[θ] の調音を保持したまま，少し強めに**舌を上の前歯に押し付けて**ください．あるいは痛くない程度に**舌を噛**んじゃっても結構です．これは歯音の [t]（精密には [t̪]）の調音です．この状態から「ツ」を言うつもりでゆっくりと口を開ければ，なめらかに [tθ] が言えるはずです．同じく声を加えれば [dð]，途中から声を加えれば [tð]，有声音からはじまってすぐに無声にすれば [dθ] が，それぞれ発されます．

[tθ]：that thought; that theory; My heart throbs.; I hate thorns.

[dð]：overheard the conversation; I read the news today.; If you had the luck of the Irish, you would be sorry and wish you were dead. (John Lennon); You changed the feeling. (Cf. You change the feeling).

[tð]：but they; at the time; at that time; I hate that.; You are not the same.; He has lost the pole positon only by a thousandth (of a second).; As I write this letter, ...

[dθ]：a very good thesis; weird thought; Ted thought so.

[tɹ dɹ]

§162　英語の [tɹ dɹ] については，これまで様々な指導法が試みられてきました．しかし，あえて言いますが，大して難しくありませんよ．

　手はじめに [tɹ] の発音のコツをお教えしましょう．これは単に [t] と [ɹ] の結合ではありません．ここで [ɹ] と略記したのは無声化した [ɹ̥]（あるいはそり舌の [ɻ̥]）であり，精密表記 [tɹ̥]（あるいは [tɻ̥]）は音声的に一単位の破擦音です．その聴覚印象は，同じく破擦音の [tʃ] に多少とも類似しており，実際 [tɹ]（[tɹ̥]〜[tɻ̥]）の発音練習は **[tʃ] からスタート**するのが得策です．試みに [tʃ] の閉鎖部を舌先で調音してみましょう．**舌を少しそり返す**ようにして上の前歯の後ろ側にあるやや平たい箇所，すなわち**歯茎に密着させてから [tʃ] を発音**します．するとどうですか．もう何だか変な音になってますよ．こうして得られるのが [tɹ̥] でして，あとちょっとだけ舌を後ろに移動させ，歯茎と硬口蓋の境界を成す出っ張りあたりまで持っていってから同じことをすると [tɻ̥] が得られるはずです．これらは変種でして，実用的にはどちらでも構いません．

　なんだかあっけないでしょう？　これで単独の [tɹ] ができちゃったんですよ．続けて [uː] を言えば true の完成です．Chew と true，何度か交互に言ってみましょう．はじめの舌先の位置だけが違う感じですよね．

　その感じがつかめたら，今度は声を加えて [dɹ]（精密表記 [dɹ]〜[dɻ]）に挑戦です．しかし，[tɹ]（[tɹ̥]〜[tɻ̥]）がちゃんとできていれば何の問題もないでしょう．Jew と drew，やっぱりとても似ていますよね．

例）trap, trip, troop, treat, tree, trick, trend, tread, track, trout, truck, trill ; dreadful, drop, dry, draw, drench, drive, drink, dramatic, dress ; street, strike, string ; astronaut, castrato, disastrous, monsterous, instruction, introduction, catastrophe, lateral ; laundry, hundred ; 時に inventory, history, introductory, battery, 英 secretary, etc.

　語境界を越えるとこのような破擦音としての発音は行われません．先行の [t d] はしばしば無開放で発音されます．[t] の代わりには声門閉鎖音も用いられます（§126）．例）Is that right? ; Is it real? ; You did right things.

[sθ θs zð ðz]

§163　個人的な印象で恐縮ですが，英語の発音の中で恐らくもっとも厄介なのが [s z] と [θ ð] との組み合わせです．

　これらの組み合わせをなめらかに発音するために，特にコツはないと思います．しかしながら，§108 に記したように，前歯をかみ合わせれば [s] が，前歯の間隔をわずかに開けると [θ] が発せられるという現象を利用すれば，[s z] と [θ ð] との組み合わせも練習できます．鏡で口を見て，上下の**前歯をかみ合わせて** [s:]．ちょっと上下の**前歯の間隔を開けた**瞬間にこれが [θ:] に替わりますね．このようして [sθ] を，声を加えて [zð] を，これらを逆にして [θs]，[ðz] を，それぞれすばやく発音することを繰り返してください．

　具体例で確認しましょう．後に * を付した語には他の発音もあります．

- [sθ]　　: sixth [sɪksθ], this thing, famous theory, etc.
- [θs]　　: Smiths, Goths, months*, tenths*, etc. (以下参照)
- [zð]　　: This is the one that I love.
- [ðz]　　: breathes, mouths, soothes, baths, bathes, clothes*, etc. (以下参照)
- [θs] ~ [ðz]　: moths; booths; wreaths; paths; oaths, etc.

　　　　　　But when I get home to you,
　　　　　　I find the things that you do
　　　　　　will make me feel all right.
　　　　　　　　　　　　(The Beatles, A Hard Day's Night)
　　　　　Yesterday all my troubles seemed so far away.
　　　　　Now it looks as though they are here to stay.
　　　　　　　　　　　　(The Beatles, Yesterday)

　さらに複雑な sixths [sɪksθs], the sixth sense, Smith's thing 等は小生も苦手ですが，英米人もいやがるという話ですのであまり気にしないことにしましょう．

　音の挿入と脱落を経て months と tenths は [ts] との発音も可能です．また，例外的に clothes は [z] と発音されるのが一般的です（§168）．

英語閉鎖音の特殊性

§164 例えば active [ˈæktɪv] の赤字部分にご注目ください．ここでは [k]（閉鎖音①）に [t]（閉鎖音②）が後続していますが，このような場合，英語にはちょっと**変な癖**があります．後続する閉鎖音②は通常どおり，きちんと閉鎖の開放（すなわち破裂）を行うのですが，その直前に置かれた閉鎖音①は閉鎖の調音は普通に行うものの，その後に期待される閉鎖の開放を行わず，その閉鎖状態を保ったままの状態を維持しつつ，次の閉鎖音②の調音に移ってしまうのが一般的です．精密に表記すれば，上記の単語の発音は**無開放**（§126）の付加記号を付して [ˈækˀtɪv] と記されることになるでしょう．

小生がなじんでいる，あるいは多少とも知っている言語の中で，このような妙な癖を持っているのは**英語だけ**でして，例えばドイツ語の aktiv [akˈtiːf] やフランス語の [aktif] の赤字部分は，大概の場合，通常どおりきちんと閉鎖の開放を行い，したがって聞くときには明瞭に [k] が聞こえて理解が容易ですし，自分で発音する際にも特に注意する必要はありません．

ところが，英語の active [ˈæktɪv] (= [ˈækˀtɪv]) の場合には，慣れていないと [k] の部分を聞き逃すことも考えられ，へたをすると誤解しちゃうかもしれません．例によって自分で正しく発音することによって，それを聞き取る耳もできます．先行閉鎖音を無開放で発音することを繰り返し練習してください．

[pt] : top ten, captain ; [pk] : napkin ; [kp] : pickpocket ; [kt] : doctor ; [bd] : subdivison, abdomen ; [bg] : hobgoblin ; [gb] : rugby ; [gd] : jitterbug dance ; [pd] : top-down ; [pg] : top-grade ; [tb] : football ; [kb] : blackbird ; [kd] : black dog ; [bt] : obtain ; [bk] : subclass ; [gp] : bagpipe ; [gt] : ragtime（上記以外の閉鎖音＋閉鎖音：[pp, tt, kk, bb, dd, gg, pb, td, kg, bp, dt, gk] → 重音化（§156）; [tp, tk, db, dg, tb, tg, dp, dk] → 次項）．

閉鎖音＋破擦音（該当は [tʃ dʒ] のみ）でも同様の現象が生じます．

[ptʃ] : capture; [ktʃ] : lecture, picture (cf. pitcher); [bdʒ] : subject, subjunctive; [gdʒ] : suggest [səgˈdʒɛst, səˈdʒɛst]（以上以外の [tʃ dʒ], etc. → 重音化（§156））．

英語歯茎音の変容（1）

§165 突然ですが，ちょっと "Good morning!" って言ってみてください．赤く示した部分はどんな発音ですか？

愚問だ！ [d] に決まっているではないかとお思いでしょう．でも，実は英語のネイティヴスピーカーは普通そうは言っていないんです．英語の音に慣れている方はうすうす気づいていることでしょうが，上の例の赤い部分は実は [b] と発音されています．

何でそんなことになるのか．今はじめてこの事実を知った人はびっくりなさっていることでしょう．でも，ここまで熱心に学んでくださって，音声学の基礎を身に着けられた方はそのメカニズムがおわかりかもしれません．"Good morning!" で d に続いている [m] は両唇音ですね．後続音の調音位置に引きずられて（**同化** assimilation），本来 [d] と発音されるはずの d が [b] の音になっちゃったんです．さらにこの場合は**鼻腔開放**（§157）も行われています．

これは特例でも何でもありません．英語では歯茎音の調音位置が，後続する閉鎖音（破擦音と鼻音化閉鎖音を含む）と常に同じになってしまうんです．これも**英語の変な癖**の1つです．ただし，話者は歯茎音を発音しようとして，舌先を多少歯茎の方向に動かしているようです（**標的調音** target articulation）．

これまで文字どおりの発音に慣れてしまった人もたくさんいることでしょう．この機会にその不自然ななまりを払拭してください．

[t] > [p] : let me ; let it be, don't make [doʊmp meɪk], mashed potato ; [t] > [k] : doesn't come [dʌzŋk kʌm], not good, not quick ; [d] > [b] : find me, had better, grabbed my hat [ɡɹæbb maɪ hæt], would be, you and me [juː əmb miː] ; [d] > [g] : did good things ; [n] > [m] : can make, can play, been burning ; [n] > [ŋ] : can go, can't go [kæŋk goʊ], etc.

　　When I find myself in times of trouble, Mother Mary comes to me speaking words of wisdom "Let it be"!　(The Beatles, Let it be)

　　Don't make it bad. Take a sad song and make it better. (The Beatles, Hey Jude)

　　Your love's put me at the top of the world. (The Carpenters, Top of the World)

英語歯茎音の変容 (2)

§166 英語の歯茎音にはまだ**変な癖**があります．例えば，Did you は文字どおりに [dɪdju:] と発音しても結構なんですが，一息に言うと非常にしばしば [dɪdʒu:] と発音します．この現象は聞いたことがあるでしょう？でも，多分全体像は知りませんよね．この事情を整理すると以下のように提示できます．

[s]	+	[j]	=	[ʃ]
[z]	+	[j]	=	[ʒ]
[t]	+	[j]	=	[tʃ]
[d]	+	[j]	=	[ʤ]

早速練習してみましょう．文字どおりの発音に加えて，この機会にその自然な発音に慣れてください．

[sj] > [ʃ] : this year ; kiss you ; miss you ; picks you up ; books you want ; bless you
[zj] > [ʒ] : as yet ; these years ; because you are here ; I was young ; She loves you.
[tj] > [tʃ] : that year ; but you ; get you ; not yet ; books that you want ; at your place
[dj] > [ʤ] : need your help ; good year ; Could you get it for me? ; She loved you.

The only explanation I can find is the love that I found ever since you've been around.
(The Carpenters, Top of the world)
Close your eyes and I'll kiss you. Tomorrow I'll miss you. (The Beatles, All my loving)
Why? Tell me. Why did you not treat me right? (The Beatles, I'm looking through you)
But when you talk about destruction, don't you know that you can [ŋ] count [p] me out?
Don't you know it's going to be all right? (The Beatles, Revolution)
When I was young, I'd listen to the radio waiting for my favorite songs.
(The Carpenters, Yesterday once more)
You said you'd be coming back this way again. (The Carpenters, Superstar)

[ʃ ʒ tʃ ʤ] も時に [j] と同様の作用を先行の [s z t d] に与えます（発音表記は米音）: cheese shop [ˈtʃiːʒɑp, ˈtʃiːʃɑp]; last year [ˈlæstʃ(ɪ)ɚː]; as she [æʒʃiː, æʃʃiː]; West Germany [wɛstʤɚːməniː]; question [ˈkwɛstʃən]; because she [bɪˈkɔːʒʃiː, bɪˈkɔːʃʃiː], etc.

音の脱落（抄）

§167 すでに多少触れたように（§86, 95），強さを基礎としたアクセントを持つ言語においてはアクセント音節は強く明瞭に，そしてやや長く発音され，その他の音節に属す母音は弱く，いいかげんに，短めに発音されます（**弱化** reduction）．こうして1つの単語であることが音声（韻律）的に表示されます．英語の場合，弱化した母音は**弱母音** [ə] あるいは [ɪ] となり，弱化が進むとこれらはしばしば**脱落**してしまいます．

その典型が I am が I'm となるような，いわゆる省略形です．類例の he is/has > he's, not > -n't, would/had >'d, will > 'll に見られるとおり，母音が脱落すると，その前後に付随していた半母音や [h] までもつられて脱落しちゃいます．

弱母音の脱落は話すスピードや文体（丁寧，ぞんざい等々）にも大きく影響を受けます．下記は英語において弱母音が脱落しやすい典型例に過ぎません．

子音＋[ə]＋ R ＋母音：preferable, camera, history, introductory, factory, etc.

子音＋[ə] あるいは [ɪ] ＋L：easily, family, usually [ˈjuːʒ(ʊ)əli: | ˈjuːʒ(ʊ)əlɪ] > [ˈjuːʒli: | ˈjuːʒlɪ], specialist, beautiful, satellite, happily, etc.

アクセント後の [ə] あるいは [ɪ]：comfortable [ˈkʌmfətəbɫ | ˈkʌmfətəbɫ] > [ˈkʌmftəbɫ], probably [ˈpɹɑbəbli: | ˈpɹɔbəblɪ] > [ˈpɹɑbbli: | ˈpɹɔbblɪ], government [ˈgʌvɚ(n)mənt | ˈgʌvə(n)mənt] > [ˈgʌvmənt], etc.

アクセント前の [ə]：police, terrific, correct, believe, direction, not alone [nɑtəˈloʊn | nɔtəˈləʊn] > [nɑtlˈloʊn | nɔtlˈləʊn], was annoyed [wəzəˈnɔɪd] > [wəznˈnɔɪd], etc.

上からすれば，概して，発音しやすい，口慣れたつながりが残る場合に弱母音は脱落しやすいと言えそうです．

また，例えば capital, university や difficult でも同様に赤部分の脱落が可能です．しかし，日本語の母音の無声化（§85）の癖を保持してしまうことを危惧するため，英語の発音を学んでいる途中の方々にこれらにおける赤で記した母音部分を脱落させることはお勧めしたくありません．英語の発音に充分慣れ，日本語なまりが抜けたと自信がついてからお試しください．ただし，先行子音に硬口蓋化 [ʲ] は絶対に付随させないように！ つまりイの口つきは厳禁です．

§168 例えば exactly って言いにくくありませんか？ 少し言いやすい方法を教えてあげましょう．それは exactly の t を言わないことです．

事情をご存じないと，何を乱暴なとお思いでしょうが，これが実際にまったく普通に行われている発音でして，むしろ自然に聞こえますからご安心の程．

さて，実際にはこれに類する**子音の脱落**がかなり頻繁に行われています．その典型的なケースをご紹介しましょう．

子音間の [t]：exac*t*ly, ac*t*ually, fac*t*s, perfec*t*ly, pa*t*ien*t*ly; jus*t* one; walke*d* back; don'*t* look; You mus*t*n't lose it.; Still I don'*t* regre*t* a single day.; Don'*t* let me down.

子音間の [d]：an*d* now, rock'n'roll (< rock *a*nd roll（母音の脱落 §167）), han*d*some, frien*d*ship, kin*d*ness, lan*d*scape, an ol*d* man, seeme*d* glad

子音間の [k]：as*k*ed them, ris*k*ed prison, leng*th* [lɛŋ(k)θ], streng*th* [stɹɛŋ(k)θ]

以上からすると，ちょっと乱暴ですが，子音が 3 つつながって発音しにくくなったら真ん中の閉鎖音を抜いちゃえというのが簡便な規則でしょうか．

ただし，それに合わない例もかなりありますから，典型的あるは使用頻度の高いものは記憶してしまいましょう．以下，思いつくままに記します．

England と English では [ŋg] と [ŋ] の両方の発音が認められています．

Have been の短縮形 've been はしばしば [biːn]，さらに [bɪn] と発音されます．

all に子音ではじまる語が続く場合や al- にはじまる以下のような語では，しばしば [ɫ] が発音されません：all right, already, always, although.

[θs ðz] を含む語の特例的発音：months [mʌnθs] > [mʌnᵗθs]（次項参照）> [mʌnts], tenths [tɛnθs] > [tɛnᵗθs] > [tɛnts]，clothes [kloʊðz | kləʊðz] > [kloʊz | kləʊz].

米音では secretary ['sɛkɹətɛɹiː] における R の連続が嫌われ，しばしば ['sɛkətɛɹiː] と発音されます（Cf. 英音 ['sɛkɹət(ə)ɹɪ]）．また，これにもやや似て February ['fɛbɹuɛɹiː | 'fɛbɹʊəɹɪ] は非常にしばしば ['fɛbjuɛɹiː | 'fɛbjʊəɹɪ] となります．

ご存知かと思いますが，俗語では want to [wɑnə | wɔnə] (wanna), give me [gɪmɪ] (gimme), going to [gɑnə | gɔnə] (gonna), (have) got to [gɑtə | gɔtə] (gotta) のような極度に簡略化した発音も行われます．使いたがる人が多いようですが，特に英国では多用しないほうが身のためです（無教養人と判断されます）．

音の挿入（抄）

§169　英語の音についてのお話の最後に，本来影も形もない音が挿入されてしまうという奇妙な現象について概略をお示ししたいと思います．

かつてこんな問題を目にしたことがあります．question と attention の赤い部分が同じ発音かどうかを問うものでした．恐縮ですが，この問いにお答えいただけますか？

当然，違う発音だとお答えいただいたことでしょう．確かに question の赤の部分は [tʃ]，attention の赤部分は [ʃ] だから，両者の発音は違うはずです．ところが，あにはからんや，実のところ両者の赤い箇所は**同じ発音**だと言ってもいいんです．学校で習ったであろうことを否定しちゃって恐縮です．

一般に英語の -tion（とは言っても全部外来語です）の赤部分は大概 [ʃ] と発音されますが，question では例外的に [tʃ] と発音されますね．もちろんそのとおりです．でも，attention のように [n] に [ʃ] が続くと，その間に**不可避的**に [t] が挿入されちゃうんですよ．試みに上の前歯の後ろ側に舌先をちゃんとくっつけて正確に [n] を発音し，attention と言ってごらんなさい．[n] と [ʃ] の間に [t] が聞こえるのがご確認いただけることでしょう．上の問題はこんな現実をまったく理解していない方が作成した悪質極まりない問題です！　こんな方は英語教師の風上にも置けません．

[nʃ] > [ntʃ]（しばしば [nᵗʃ] と表記します；[ʃ] の部分はやや長くなりますが長音符は略します）は舌の動きがややもたついたために起こったことであり，このように子音と子音の間にさらに他の子音（**挿入音 epenthesis**）が入り込んでしまう現象は言語の別を問わず，かなり頻繁に生じます．取っ掛かりとして上に紹介したのは，鼻音に摩擦音が続くという代表的なケースなのですが，日本語ではこんなケースでどんな発音をしていますか？　忘れちゃいけませんよ．鼻母音なんですよ．この根深い**日本語なまり**（§54 以下）を回避するためにも，attention 等の赤部分はむしろ**意図的**に [tʃ] と発音することをお勧めしたいと思います．こうすれば確実にその前で [n] を発することができます．この提案は神山（1995）

以来繰り返し行っていますが，英語音声学の第一人者である竹林 滋先生（1996）も同趣旨の指摘をなさっています．是非実践してください．

例：attention, mansion, tention, intention, gunshot, gun-shy, kinship, manship (Cf. friendship)；one shot; Ken should do it.; It can show. [ɪkkənt'ʃoʊ | ɪkkənt'ʃəʊ] (Cf. It can't show. [ɪk'kæntʃoʊ | ɪk'kɑːntʃəʊ])，etc.

§170 [nʃ] > [ntʃ] と同様に，英語では特に「鼻音＋摩擦音」のつながりにおいて先行鼻音と同じ調音位置の閉鎖音が挿入されることが頻繁に生じます．

[ns] > [nts]（上と同様に赤部分をむしろ意図的に [nts] と発音することをお勧めします）：tense (= tents), assistance (= assistants), mince (= mints), France, chance, dance, prince, princess；John sings；I can see it. [aɪkən"siːɪt] (Cf. I can't see it. [aɪ'kæntsiːɪt | aɪ'kɑːntsiːɪt])；I once had a girl. Or should I say she once had me?；I could have danced all night.; Moon River, wider than a mile. I'm crossing you in style some day.

[nθ] > [ntθ]：seventh, ninth, tenth, eleventh, thirteenth, month；can think, etc. これにさらに [s] が続くとしばしば [θ] が脱落して [nts] と発音されるようになります：months [mʌnt(θ)s], tenths (= tense, tents)；Senna was several tenths (of a second) slower than his teammate.「コンマ数秒遅かった」

[mʃ] > [mpʃ] は gumshoes, bombshell [mʃ], bomb shelter, I'm sure などにまま生じます．地名の Hampshire (Hamshire も並存) はこの挿入音が綴られた例です．

[ms] > [mps] は hamster や地名の Hamstead (Hampstead も並存) あるいは Jim sings や When I'm sixty-four においてまま生じます．また，glimpse (< ME glimsen) や Tompson (< Tomson) 等はこの挿入音が綴られた例です．

[mθ] > [mpθ] は something, Tom Thumb, Tom thinks so 等でまま生じます．挿入音を綴った someping のような例もあるそうです．

[mf] > [mpf] はややまれですが，以下のような語あるいはフレーズに生じる可能性があります：amphitheater, comfort, come forth, come from..., etc. このようなつながりにおいて，より頻繁なのは [m] を同化により唇歯音 [ɱ] に変えてしまう現象です．そのため，上の例は [ɱf] を用いて発音することをお勧めすべきでしょう．また，歯茎音が後続音に同化されやすいという英語の癖（§165）

第Ⅱ章　英語の音と日本語なまり

にも絡んで，[f v] が後続する [n] も普通 [ɱ] と発音されます：convention, conversation, convey, confrontation, etc. 恐らくこのためか，理論的に期待される [nf] ＞ [ntf] （e.g. ドイツ語 fünf 等）は英語では聞かれないようです．

　上に記したのは，鼻音に無声の摩擦音が続く場合ばかりでした．音声学的条件はまったく同じはずなのですが，有声摩擦音が続く場合だと，なぜか挿入音の存在を示す証拠は激減します．英語話者は無声の場合には挿入音に寛容なのに，有声音だといきなり厳格になるとはどうも合点が行きません．誰かこの辺の事情が解明できたら教えてください．

　§171　英語では「流音＋摩擦音」以外の場合に挿入音が見られることはあまりありません．管見によれば，下記のような例が若干報告されるのみです：[lθ] ＞ [ltθ] (health) ; [ls] ＞ [lts] (false (= faults)) ; [lz] ＞ [ldz] (feels (= fields)) ; [lʃ] ＞ [ltʃ] (Welsh, Welch). また，all the way の赤部分 [lð] は [ldð] とする発音もしばしば行われます．この場合，[l] が脱落した発音も可能ですが（§168），その場合には当然 [d] が挿入されることはありません．

　一般には下記のような場合においても挿入音が生じます．しかし，今の英語にはほとんど該当例は見あたらず，ほぼ過去にそれらが生じた痕跡が残るのみですから，今の英語の発音を学ぶ上では特に配慮する必要もないでしょう．以下では各国語での R の発音の差を捨象し [r] で示します．

鼻音＋閉鎖音　[mt] ＞ [mpt] : Hampton (OE Hāmtūn), prompt (F prompt ＜ Lat. prōmptus ＜ prōm-tus), empty (OE ǣm(e)tig)

鼻音＋流音　[mr] ＞ [mbr] : chamber (＜ F chambre ＜ Lat. cam(e)ra), number (＜ F nombre ＜ Lat. num(e)rus) ; [ml] ＞ [mbl] : family [ˈfæm(ə)liː] ＞ [ˈfæmbliː], nimble (ME nimel), thimble (OE þȳmel (þ = th)), tremble (＜ F trembler ＜ VL trem(u)lāre), assemble (＜ F assembler ＜ VL assim(u)lāre), humble (＜ F humble ＜ Lat. hum(i)lem) ; [nr] ＞ [ndr] : Andrew, android, Alexander (andr- ＜ *anr- (Gk. anḗr)), thunder (OE þunor), Hendrick (Cf. Henry), Cinderella (＜ Cendrillon ＜ F cendre ＜ Lat. cinere)

摩擦音＋流音　[sr] ＞ [str] : tapestry (＜ F tapisserie), ancester (＜ OF ancestre (F ancêtre) ＜ Lat. antecessorem), etc.

121

休憩室

§172 以上で，英語の個々の音とその連続に関し心得ておかねばならない主要な点はほぼ網羅できたと思います．続いて他のことばの音を扱わねばならないので，厄介なイントネーションやリズムについての解説は勝手ながら割愛いたします．これらの点については例えば竹林・斎藤（1998）をご覧ください．

さて，ここまでの仕上げに，英語の歌の中でどんな発音が行われているかを確認しましょう．恐縮ですが，音源は各自入手してください．上で解説した様々な現象が起きていますよ．英音と米音の違いにもご注意のほど．コードも加えましたので，確認が済んだらギターでも弾きながら歌ってお楽しみください．

まず，**英音**の例として The Beatles の **Yesterday** (Lennon & McCartney) に挑戦です．まさか，この名曲を知らない人はいないでしょうね．Paul McCartney の発音ははっきりしているのでいいお手本になるでしょう．

```
            G     F#m7  B7           Em
1   Yesterday all my troubles seemed so far away.
      [ jɛstədeɪ ɔːɫ maɪ tɹʌbɫz siːmsːoʊ fɑː ɹəweɪ ]
            C     D7              G
2   Now it looks as though they are here to stay.
      [ naʊ ɪt lʊks əz ðoʊ ðeɪ ɑː hɪə tə steɪ ]
            Em A7    C  G
3   Oh, I believe in yesterday.
      [ oʊ aɪ bɪliːv ɪn jɛstədeɪ ]

4   Suddenly I'm not half the man I used to be.
      [ sʌdnlɪ aɪm nɒʔ hæf ðə mæn aɪ juːst tə biː ]

5   There's a shadow hanging over me.
      [ ðəz ə ʃædoʊ hæŋɪn oʊvə miː ]

6   Oh, yesterday came suddenly
      [ oʊ jɛstədeɪ keɪm sʌdənlɪ ]

            F#m7 B7 Em D C
7       Why  she had to go
          [ waɪ ʃiː ʔhæd tuː goʊ ]
```

第Ⅱ章　英語の音と日本語なまり

8
  Em/B Am
 I don't know
  [aɪ doʊn noʊ]

9
  D7 G
 She wouldn't say
  [ʃiː wʊdn seɪ]

10
  F#m7 B7 Em D C
 I said something wrong
  [ʔaɪ sɛdʾ sʌmθɪŋ ɹɔŋ]

11
  Em/B Am D7 G
 Now I long for yesterday
  [naʊ aɪ lɔŋ fə jɛstədeɪ]

12 Yesterday love was such an easy game to play
  [jɛstədeɪ lʌv wəz sʌtʃ ən iːzɪ ɡeɪm tə pleɪ]

13 Now I need a place to hide away
  [naʊ aɪ niːd ə pleɪs tuː haɪd əweɪ]

14 Oh, I believe in yesterday
  [oʊ aɪ bɪliːv ɪn jɛstədeɪ]

15
 Why she had to go
  [waɪʔ ʃiːʔ hæd tuː ɡoʊ]

16 I don't know
  [aɪ doʊn noʊ]

17 She wouldn't say
  [ʃiː wʊdn seɪ]

18 I said something wrong
  [ʔaɪ sɛdʾ sʌmθɪŋ ɹɔŋ]

19 Now I long for yesterday
  [naʊ aɪ lɔŋ fə jɛstədeɪ]

20 Yesterday love was such an easy game to play
  [jɛstədeɪ lʌv wəz sʌtʃ ən iːzɪ ɡeɪm tə pleɪ]

21 Now I need a place to hide away
  [naʊ aɪ niːd ə pleɪs tuː haɪd əweɪ]

22 Oh, I believe in yesterday
  [oʊ aɪ bɪliːv ɪn jɛstədeɪ mːː]

§173 米音の代表には **Please Mr. Postman** (Dobbins/Garett/Brianbert) を選びました。もともとは米国の黒人グループ The Marvelettes が 1961 年に出したものですが，その後多くのアーティストがカヴァーしていますので，今でも知られていることでしょう。以下で音声表記を施したのは The Carpenters のヴァージョンです。故 Karen Carpenter も滑舌がはっきりしていますね．

            A
1   (Stop!)   Oh yes, wait a minute, Mr. Postman!
       [stɑpˀ] [oʊ jɛs weɪɾ ə mɪnɪp mɪstɚ poʊspmæn]

  F#m   D   E7
2   (Wait!)   Wait, Mr. Postman!
       [weɪtˀ] [weɪeɪeɪeɪp mɪstɚ poʊspmæn]

            A
3   (Please, Mr. Postman, look and see)   Oh, yeah!
       [pliːz mɪstɚ poʊspmæn lʊk ən si:] [ʔoʊ jɛːːə]

       F#m
4   (if there'a letter in your bag for me.)   Please, please, Mr. Postman!
       [ɪf ðɛɚz ə lɛɾɚ ɪn jɔɚ bægˀ fɚ miː] [pliːz pliːz mɪstɚ poʊspmæn]

       D
5   (Why's it taking such a long time)   Oh, yeah!
       [waɪz ɪt teɪkɪn sʌtʃ ə lɑŋ taɪm]   [ʔoʊ jɛːːə]

       E7
6   (for me to hear from that boy of mine?)
       [fɚ miː ɾə hɪɚ fɹəm ðæp bɔɪ əv maɪn]

7   There must be some word today
       [ðɛɚ mʌsp biː səm wɚd tədeːːːɪ]

8   from my boy-friend so far away.
       [fɹəm maɪ bɔɪ fɹɛn soʊ fɑɚ ɹəweɪ]

9   Please, Mr. Postman, look and see
       [pliːz mɪstɚ poʊspmæn lʊk ən si:]

10   if there's a letter, a letter for me.
       [ɪf ðɛɚz ə lɛɾɚ ə lɛɾɚ fɚ miː]

11   I've been standing here waiting, Mr. Postman, so patiently
       [aɪ biːn stæɾ̃ɪn hɪɚ weɪpm mɪstɚ poʊspmæn soʊoʊoʊ peɪʃnliː]

第Ⅱ章　英語の音と日本語なまり

12 for just a card or just a letter
     [fɚ dʒʌst ə kaɚdˀ ɚ dʒʌst ə lɛrɚ]
13 saying he's returning home to me.
     [seɪɪn hiːz ɹɪtɚːnɪn hoʊm tə miː]
14 Mr. Postman, (Mr. Postman, look and see)　　Oh, yeah!
     [mɪstɚ poʊspmæn] [mɪstɚ poʊspmæn lʊk ən siː]　[ʔoːʊ jɛːːə]
15 (if there's a letter in your bag for me.)　Please, please, Mr. Postman!
     [ɪf ðɛɚz ə lɛrɚ ɪn jɔɚ bæɡˀ fɚ miː][pliːz pliːz mɪstɚ poʊoʊoʊspmæn]
16 (Why's it taking such a long time)　Oh, yeah!
     [waɪz ɪt teɪkɪn sʌtʃ ə lɑŋ taɪm]　[ʔoʊ jɛːːə]
17 (for me to hear from that boy of mine?)
     [fɚ miː rə hɪɚ fɹəm ðæpˀ bɔɪ əv maɪn]

18 So many days you passed me by.
     [soʊ mɛniː deɪʒuː pæsp miː baɪ]
19 See the tears standing in my eyes.
     [siː ðə tɪɚz stæɾɪn ɪm maɪ aɪz]
20 You didn't stop to make me feel better
     [juː dɪdn stɑpˀ tə meɪkˀ miː fiːɬ bɛrɚ]
21 by leaving me a card or a letter.
     [baɪ liːvɪm miː ə kɑɚr ɚ lɛtɚ]
22 Mr. Postman! (Mr. Postman, look and see)　　Oh, yeah!
     [mɪstɚ poʊspmæn] [mɪstɚ poʊspmæn lʊk ən siː]　[ʔoʊ jɛːːə]
23 (if there's a letter in your bag for me.)　Please, please, Mr. Postman!
     [ɪf ðɛɚz ə lɛrɚ ɪn jɔɚ bæɡˀ fɚ miː][pliːz pliːz mɪstɚ poʊoʊoʊoʊspmæn]
24 (Why's it taking such a long time?)
     [waɪz ɪt teɪkɪn sʌtʃ ə lɑŋ taɪm]
25 Why don't you check it and see one more time for me?
     [waɪ doʊntʃuː tʃɛk ɪt n siː wʌm mɔɚ taɪm fɚ miː]
26 You got to wait a minute! Wait a minute!
     [juː ɡɑrə weɪɾ ə mɪnɪtˀ weɪɾ ə mɪnɪtˀ]
27 Come on. Deliver the letter. The sooner the better. Ah! (Mr. Postman! Ah!)
     [kʌm ɑn dɪlɪvɚ ðə lɛtɚ ðə suːnɚ ðə bɛtːɚ　ɑːː] [mɪstɚ poʊspmæn ɑːː]

小生が入手した CD に付属していた歌詞カードには一部誤りがありましたので、上では訂正してあります。

§174 上の歌で出てきた音声的現象について簡単に解説しておきましょう．すでに説明した事柄ですので，詳しくは該当箇所を参照してください．

Yesterday

1 行目

　so：母音部は英音で通常 [əʊ] と発音されます（§145）．しかし，ここでは英国のアーティスト全般の傾向として，恐らくマーケティングのために米音との折衷的な発音 [oʊ] が発されています．この発音は英国では少し古臭く，ちょっと時代劇のよう感じられるようですが，もちろんまったく問題なく通用します．以下 though, shadow, don't, know, oh, go についても同様です．

　seemed so：下線部の [d] が脱落しています（§168）．代償的に次の子音がやや長くなりますので，上では語境界を無視して [siːmsːoʊ] と明示しました．

　far away [fɑː ɹəweɪ]：連結の R（§155）．

2 行目

　it looks：側面開放（§158）．

　as though：[zð]（§163）．

3 行目

　in yesterday：下線部の [n] を確実に発音してください（§122）．日本語なまりが発揮されると鼻母音になってしまいますので細心の注意を（§55）．

4 行目

　suddenly ['sʌdn̩lɪ]：鼻腔開放（§157）．

　not：[ʔ] + [tʼ] と発音されていますが，上では [ʔ] と記しました（§126）．

　half：英音では [hɑːf] と発音されるのが普通です（§140）が，1 行目と同様に米音的な発音が行われています．この場合も英国では昔の発音のように聞こえますが，やはり問題なく通用します．

　used to：重音化（§156）．

5 行目

　hanging ['hæŋɪn]：この場合に限らず，-ing はしばしば [ɪn] と発音されます（§121）．同所ではスペースの関係で詳しい事情を捨象しました．-ing の末尾を [n] とする発音は現在ではやや口語的なニュアンスを帯びていますが，本来的に言えば現在分詞の -ing の末尾は -nd- でして，動名詞 -ing と混交したために

今のような綴りになりました．現に，同じ西ゲルマン語に属すドイツ語では現在分詞 -end，動名詞 -ung であることを比較してください．つまり英語の現在分詞末尾は本来 [nd]，さらに最後の子音が脱落した [n] と発音されたはずでして，現代英語の -ing を [ɪn] と発音するのはむしろ正統的です．現在標準的とされる [ɪŋ] はもともと過剰矯正による発音です．

6 行目

　suddenly [ˈsʌdənlɪ]：4 行目と違い，[d] と [n] の間の弱母音が発され，鼻腔開放が行われていません．やや丁寧に発音したつもりでしょう．

7 行目

　why：wh- が明らかに [w] と発音されています（§117）．
　had to：重音化（§156）．

8 行目

　don't know：子音連続における下線部 [t] の脱落（§168）．

9 行目

　wouldn't say：同上 ＋ [dn] の鼻腔開放（§157）．

10 行目

　said：恐らく丁寧に発音したため，末尾にわずかな母音が加えられています．有声閉鎖音に終わる語ではしばしば行われるほぼ不可避的な現象です（§94）．

18 行目

　said：上と同じ条件ですが，無開放の [d̚] が発されています（§126）．

Please Mr. Postman

1 行目

　stop：無開放の [p̚]（§126）．

　wait：a minute の前に位置するため，下線部の t が母音に挟まれ，たたき音化（§126）が生じています．

　minute Mr. Postman：下線部で歯茎音が後続音に同化して [p] となり（§165），かつ後続音とあわせて鼻腔開放（§157）が行われています．

2 行目

　最初の wait：無開放の [t̚]（§126）．

2回目の wait：後続の [m] への同化により下線部の t が [p] と発音され（§165），さらに後続音とあわせて鼻腔開放（§157）で実現されています．

3行目

　look and see：子音連続における下線部 [d] の脱落（§168）．

4行目

　letter：母音間で t のたたき音化（§126）が行われています．

　your：今風の [jɚ] が聞こえます（§150, 151）．

　bag：末尾の閉鎖音が無開放の [g̚] で実現されています（§126）．

5行目

　why：米音でも [w] が広く用いられていることが確認できます（§117）．

　it taking：重音化（§156）．

　taking [n]：上記参照．

6行目

　to：前に me があるために下線部の t が母音間に位置することになり，たたき音化（§126）が起こっています．

　that boy：歯茎音の後続音への同化の結果 [p] となり（§165），さらに重音化（§156）が生じています．

7行目

　must be：同上．

　word today：重音化（§156）．

8行目

　boy-friend so far away：脱落（§168）と連結の R（§155）が現れています．

11行目

　I've been：やや俗語的ですが，本来の [vb] から [v] を脱落させた発音が行われています（§168）．

　standing [stæɾɪn]：d のたたき音化と n との融合（§126）．-ing [n]（上記参照）．

　waiting：-ing の末尾が [n] と発音され，さらにその前の [ɪ] が脱落（§167），前の [t] とあわせて鼻腔開放で発音される [tn] が生じます（§157）が，この場合には次に [m] があるために，歯茎音が後続音に同化し，[tn] が [pm] にまで達しています（§165）．もちろんこれも鼻腔開放で実現されています．[ɪ] が脱落しなければ t がたたき音化することでしょう．

第Ⅱ章　英語の音と日本語なまり

　　patien_t_ly : 子音連続における下線部 [t] の脱落 (§168).
12 行目
　　car_d_ : 無開放の [d̚] (§126).
13 行目
　　sayi_ng_ [n] ; retur_n_ing [n]
18 行目
　　day_s y_ou : 歯茎音の変容 [zj] > [ʒ] (§166).
　　passe_d m_e : 歯茎音の後続音への同化 (§165) の結果 [p] ＋鼻腔開放 (§157).
19 行目
　　sta_nd_ing [stæɾɪn] : d のたたき音化と n との融合 (§126). -i_ng_ [n] (上記参照).
20 行目
　　didn'_t_ s_t_op : 子音連続における [t] の脱落 (§168) ＋ 無開放の [p̚] (§126).
　　ma_k_e me : 無開放の [k̚] (§126).
　　be_tt_er : たたき音化 (§126).
21 行目
　　leavi_ng_ : -ng [n] が後続の [m] に同化して [m] と発音されています (§165). [ŋ] が用いられればこの同化は生じません.
　　car_d_ : たたき音化 (§126). 続く letter にはたたき音化が生じていません.
25 行目
　　_wh_y : [w] (§117). 上記 5 行目に加えたコメントを参照のこと.
　　don'_t y_ou : 歯茎音の変容 [tj] > [tʃ] (§166).
　　a_nd_ : 末尾の [d], さらに母音 [ə] が脱落し (§167, 168), [n] のみになっています. さらに前の it の [t] とあわせて鼻腔開放 (§157) されています.
　　o_ne_ : [m] が後続するため歯茎音の同化により [m] (§165).
　　ti_m_e : [f] が後続するため, 同化により [ɱ] と発音されています (§170).
26 行目
　　go_t t_o : 重音化 (§156) ＋ たたき音化 (§126).
　　wai_t_ : 母音が後続するため母音間の t がたたき音化を生じています (§126).
　　minu_t_e : 無開放の [t̚] (§126).
27 行目
　　le_tt_er と be_tt_er : 丁寧に発音されているためたたき音化は生じていません.

The Carpenters

https://commons.wikimedia.org/wiki/
File:Carpenters_-_Nixon_-_Office.png より

第Ⅲ章
その他の外国語の音と日本語なまり

§175 以下では，実際に現在わが国で教授されている，英語以外の外国語の発音について極めて手短に，かつ効率的に紹介したいと思います．

まず日本語の音声学的特殊性を学びつつ調音音声学の基礎を身に着け，その上で英語に生じる音を改めてきちんと習得し，また同時に**日本語なまり**を排除することができれば，その他の外国語の発音を学ぶ作業は極めて簡単になるはずです．新たな言語を学ぶ際に習得しなければならない音は，平均すれば，ほぼ 1 言語についてせいぜい 5~6 個にまで激減することでしょう．

本書の執筆を思い立った当初，わが国で教授されているほとんどの言語をここに収めるつもりでした．しかしながら，様々な事情により現実との妥協を余儀なくされたため，ここに収めることができたのは下記の 28 言語に過ぎません．バランスの観点から，話者の数が 1000 万人に満たない言語は涙を呑んで一律に除外しました．これらは原則的に現代の諸言語ですが，古代語であっても今日まで価値を失っていないギリシア，ラテン，サンスクリットは含めました．

アラビア語	チェコ語	ベトナム語
イタリア語	中国語	ヘブライ語
インドネシア語	朝鮮語（韓国語）	ペルシア語
ウルドゥー語	ドイツ語	ポーランド語
オランダ語	トルコ語	ポルトガル語
ギリシア語	ハンガリー語	ラテン語
クロアチア語と	ヒンディー語と	ルーマニア語
セルビア語	サンスクリット	ロシア語
スペイン語	フランス語	
スワヒリ語	ブルガリア語	

他の外国語で用いられる音

§176 英語以外の言語を学ぶ際に新たに習得が必要となる音，あるいは音声学的現象を紹介する前に，念のため，特に際立った日本語なまりを脱しているかどうかご確認いただくことにいたしましょう．特に下記の音，あるいは現象は，次の言語を学びはじめる前に**絶対に**習得していなければなりません．万一の場合に備えて，（ ）内の箇所に戻って再度確認してください．**これらがクリアできない限り，次に進んではいけません．**

[u]（§76）；母音の有無（§92-6）；[l]（§99-102）；[f v]（§105-7）；[θ ð]（§108-9）；[z ʣ]（§110）；[ʃ ʒ ʤ]（§111-2）；[m n ŋ]（§119-122）

§177 上の最重要音（現象）はご確認いただけましたね？
　では，以下の複数の言語で登場する（やや一般的な）音あるいは音声学的現象について概説しましょう．凡例に紹介した URL 等で実際の音を適宜確認してください．

　まず，母音について頻出するのは，第1基本母音の中の狭い [e o] と広い [ɛ ɔ] の区別，ならびに第2基本母音のうち [y ø œ ɒ ʌ ɤ ɯ ɨ] です．これらを習得するには，まず§76-79をよく復習なさって**第1基本母音を固め**，続いて§80-81の指示に従い，唇の形を変えることで**必要な第2基本母音を練習**することに尽きます．第1基本母音の中に対応する母音がない [ɨ] はイの口つきのままでウを言おうとすれば完璧です．例によって鏡で口を見ながら，開口度と唇の形が適当であることを確認しつつ，また，ちゃんと声を出して自分の発している音に耳を傾けながら繰り返し練習してください．

§178 母音の場合には基本母音がありますので，原則として上の練習をじっくりやるだけで充分だと思いますが，子音の場合に「基本子音」なんてものはないので個別に説明せざるを得ません．

§98 にも記したとおり，**L** と **R** は皆さんがとても気になさいます．この関連でもっとも習得の必要性が高いのが，**一般的な R** である歯茎ふるえ音，すなわち時代劇ややくざ映画でおなじみの，日本語としてはややお下品なベランメーのラ行子音 [r]（§42, 65）です．恐らくこの世の9割以上の言語で用いられているんじゃないでしょうか．日本語話者の中でも，多くの方が簡単に発することができますが，これを発したことのない方に指導することは実のところ難しい問題です．そこで，この発音が不得手なら，歯茎はじき音，すなわち日本語の母音間のラ行子音 [ɾ]（§40, 66）をお使いいただくことをお勧めしたいと思います．1回でも舌先が歯茎にぶつかればこの音と認識されますから，まったく問題なく通じます．

ただし，スペイン語やポルトガル語では [r] と [ɾ] が異なる音として区別されますので．これらの言語を学ぶ方は観念して両者の発音に習熟していただくほかにありません．また，ポルトガル語では [r] の代わりに後述の [ʀ] あるいは [ʁ] を用いるという手もあります．イベリア半島の先住民族であるバスク人の言語にも [r] と [ɾ] の区別がありますので，スペイン語とポルトガル語にこの区別が生じたのは，彼らの言語であるバスク語からの影響であると考えられています．

今では異なる R 音を用いる英語，フランス語，ドイツ語等においても [r] と [ɾ] は R 音として立派に通用します．いわば**オールマイティの R** なのです．

§179 続いて [ʀ]（§65）を扱いましょう．ドイツ語の R として有名ですが，もともとはフランス語から移入された音でして，その後フランス語の R 音がさらに別な音に置き換えられたのです．つまり，両言語ともに本来の R 音は通常の [r] でしたが，舌先ではなく口蓋垂を震わせる [ʀ] がパリから流行しだし，ドイツ語やオランダ語，さらには北欧の諸言語にこの流行が及んだのですが，その後になってパリでさらに新しい R 音である [ʁ] が登場したのです．

[ʀ] を発するためには，口に水（もちろんお好みの飲み物で構いません）を含み，天井を向いて思いっきり**うがい**してください．ガラガラって音がするでしょう？ これは口蓋垂（のどちんこ）が舌背後部に連続してぶつかるという，

[r] と同様の trill あるいは roll 運動が行われるためです．このように，うがいの音こそがまさに [ʀ] ですから，誰にでも問題なく発することができるはずです．ただし，口に水を含まずに，普通に前を向いて発するにはある程度の慣れが必要です．口に含む水の量を徐々に減らしてうがいの音を出す練習を繰り返し，最終的には水なしでこの音を出せるようにしてください．器用な人なら瞬時にできるようになりますが，不器用を自認する方は数日間の修行を覚悟しましょう．たとえ口蓋垂が思うように震えずに，結果的に口蓋垂摩擦音（つまり今のパリ風 R [ʁ]）になっちゃっても大丈夫です．問題なく通じます．

§180 Lの変種である [ʎ]（§70）もかなり頻出します．Lの変種とはいっても舌先は使いません．舌先が歯茎に触れないように，舌先を下の前歯の後ろに固定した状態で L を発するようにとする指導がしばしば行われますが，恐らくこのような指導は適当で，このような簡単な指導で比較的容易に習得できることでしょう．もし，これによってうまく行かないなら，こんな方法はいかがでしょう．ニの子音 [ɲ] の場合と同様に舌背を硬口蓋に密着させ，舌に力を入れると舌がキュッとしまって，両脇の歯茎との間にわずかに隙間が生まれます．この状態で声を出せば [ʎ] が得られるはずです．

舌先は歯茎に密着しない限り，必ずしも下の前歯の後ろに鎮座していなくとも特に問題ありません．また，ちょっと裏技かもしれませんが，硬口蓋化した [lʲ]（[i] の口つきで発音した [l]）で代用することも可能です．

§181 英語以外の外国語でまま用いられる**閉鎖音**に硬口蓋閉鎖音 [c ɟ] があります（§63）．キャの子音 [kʲ] から閉鎖位置を少し前に移動させれば前者が，さらに声を加えれば後者が発されます．上下の前歯をかみ合わせた状態からはじめると，口蓋に舌背が近づきますから幾分やりやすくなるはずです．

口蓋垂閉鎖音の [q ɢ] もまま用いられます．[ɑ] や [ɒ] の口つきで，あるいは同時にあくびをしようとして [k] を発そうとすれば，調音位置が後ろにずれて [q] がかなり容易に発されます．声を加えれば [ɢ] です．

第Ⅲ章　その他の外国語の音と日本語なまり

§182　その他の外国語を学ぶ際に新たに習得すべき**摩擦音**の代表が軟口蓋摩擦音 **[x]** と **[ɣ]** です．悔しさをこめて「クー」と言ってごらんなさい．[k] の後に [x]（§27, 67）が出てきますよ．**歯がむき出し**になっていることを鏡で確認することをお忘れなく．声を加えれば [ɣ]（§38, 67）の完成です．

　一連の言語では **[χ]** と **[ʁ]** も生じます．[x] を発しながら，徐々に口を大きく開けてください．自然に調音位置が後退して [χ] が発されます．声を加えれば，上にも触れたフランス語の R として有名な [ʁ] です．

　比較的稀な摩擦音に咽頭音 **[ħ]** と **[ʕ]** があります．[χ] を発しながら [ɑ] や [ɒ] を発するときの口つきをし，さらに少し**下**を向いて喉を圧迫すれば，[ħ] が比較的容易に発されます．声を加えれば [ʕ] です．

§183　**帯気音**については英語の箇所で既に触れました（e.g. [pʰ]）．ドイツ語など，他のゲルマン語でも同様の現象が生じます．同じ現象が中国語，朝鮮語，ベトナム語においては意味を区別することになりますから，§124 に載せた練習をしつこくやってください．上はすべて無声音に気音が加わる現象ですが，インド系の言語では，有声音にも帯気音が存在します．これは**息もれ声**（breathy voice）で発した子音です（e.g. [bʱ] = [b̤]）．無駄にいっぱい息を出してください．「巨人の星」をご存知ですか？ 主人公飛雄馬の親友伴 宙太が涙を流しながら「星〜！」て言う時に同じ現象が聞かれますので参考にしてください．

§184　すでに日本語の拗音を通して**硬口蓋化**を紹介しました（e.g. [pʲ]; §49）．言語の別を問わず，前舌母音あるいは [j]（[ɟ]）に先行する子音は硬口蓋化を伴い，日本語話者はこれらを拗音のつもりで言えば大概問題を生じません．ただし，フランス語，ロシア語，ブルガリア語等に生じる [tʲ, dʲ, sʲ, zʲ] を発することは日本語話者にとってかなり困難です．下記の要領で [t, d, s, z] と 硬口蓋摩擦音 [ç] あるいは [ʝ] を同時に発する練習が効果的です．

$$[t]+[ç] = [tʲ] \qquad [d]+[ʝ] = [dʲ]$$
$$[s]+[ç] = [sʲ] \qquad [z]+[ʝ] = [zʲ]$$

日本語なまりと英語なまり

§185 第I章において根本から紹介したとおり，日本語には実に様々な子音が用いられるものの，実のところ特に訓練を受けていない一般の日本語話者が，どんな音声環境においても自由に発音できる子音は多くありません．これに該当するのはせいぜい [p k tɕ ç ɲ m j] ぐらいでしょう．散発的に生じるやや例外的なものを除いても，日本語にはこれ以外に実に様々な子音（[b t d ɖ g ts dz ʥ ɸ β s z z̥ ɣ h r n ŋ ɴ w] 等）が生じますが，困ったことに，その出現は特定の音声環境ととても密な関係を有しています．つまり，例えば語頭では発音できるのに，語中では言えない，あるいはその逆に語中でしか言えない，アの前では言えるのにイの前では言えない，そんな子音がたくさんあるわけです．他方，日本語の母音はウを例外としてとても素直ですが，日本語話者は自分でも意識しないうちに母音をしょっちゅう脱落させてしまいます．

これが様々な**日本語なまり**の種でありまして，外国語を学ぶ際には，これらの音，あるいはこれらに似た音を様々な音声環境で正確に発音する訓練が絶対に必要となります．

お気づきのことと思いますが，第II章においては，英語における新たな音と音連続を習得する訓練ばかりでなく，実はまさにそんな「**脱・日本語なまり**」の訓練を行ってきたのです．確かに英語は音声学的にとても素直な言語であるとは言い難いところがあり，変なR音にはじまって，歯茎音が後続音に同化してしまうという変わった癖に至るまで，世界の言語であまり一般的でない音声学的な現象も一部で見られますが，それでも**脱・日本語なまり**の訓練には充分役立ちます．したがって，鏡を手に実際にご自分で発音していただくという指示をきちんと守った上で，以上の課程を丁寧に学んでいただき，その内容が把握されているならば，さらに他の言語を学ぶ際には，もはや**脱・日本語なまり**のための努力はあまり必要ありません．

§186 とはいえ，英語以外の外国語を学ぶ際に，やはり多少は＋αの日本語なまりに配慮すべき場合もあります．

第III章　その他の外国語の音と日本語なまり

中でも「チ」と「ツ」に類する音の混乱には最大限の配慮が必要です．

ピンと来ない人のために，まずは具体的な例を紹介するところからはじめましょう．イタリア北東部の有名な水の都の名は何ですか？　え？　ベニスですって？　シェイクスピア（William Shakespeare 1564-1616）の作品では確かに「ベニスの商人」（The Merchant of Venice）ですが，イタリアの町を英語読みするのは許し難い見識不足です．当然答えはヴェネーツィア（Venezia）です．長短を捨象したヴェネツィアでもいいでしょう．でも，日本語としてはヴェネチアが普通ですよね？　ほら，ツとチが混乱しちゃうでしょう？

じゃあ，スイス北部の金融の町は？　英語だとズリック（Zurich, Lat. Turicum）ですが，チューリッヒですよね．これも本当はツーリッヒ（Zürich）なんですよ．日本ではこの町の名を冠した保険会社のほうが有名かもしれません．

もう1例だけ加えさせてください．芸能人や政財界の有名人を追い掛け回してスキャンダル写真を撮ろうとする人は？　そう，パパラッチです．でも，これも本当はパパラッツィ（It. paparazzi）なんですよ．パパラッツォの複数形です．

日本語には本来「ツャ，ツィ，ツュ，ツィエ，ツョ」という音節はないので，外来語においてこれらのつながりが期待される位置においては，しばしばこれらの代わりに「チャ，チ，チュ，チェ，チョ」が用いられることがおわかりいただけますね？　つまり [i] や [j] の前に位置する [ts] が [tɕ] と混乱するんです．他にもチゴイネルワイゼン（⑪ツィゴイナーヴァイゼン：G. Zigeunerweisen），グラッチェ（⑪グラッツィエ：It. Grazzie），エリチン（⑪イェリツィン（せめてエリツィン）：R. Ельцын）のように類例は色々とあります．

上記はすべてツと記すべきところが誤ってチと綴られた（あるいは発音された）例でした．たまには逆の例もありますので紹介しておきましょう．子供の頃ピアノをやらされた方は Czerny ってご存知でしょう？　作者の名前（G. Carl Czerny；チェコ名 Karel Černý 1791-1857）がそのまま教則本の名前になっています．あれ，何て発音してますか？　圧倒的に「ツェルニー」が多いですよね．でも，本当は「チェルニー」なんです．世界中でチェルニーなのに，なぜ日本語ではツェルニーなのか，不思議ですよね．はじめに誰か，音楽関係の偉い人が

137

間違って言ったか書いたかしたことが発端なんでしょうけど，その背景には恐らく過剰矯正（§113, 135）のメカニズムが働いていると思います．つまり，sit のはじめを「シと言ってはいけない」と思うあまり she まで [siː] と発音してしまう類の誤りです．同様に，例えばチゴイネルワイゼンは誤りだ，正しくはツィゴイナーヴァイゼンだ，つまり「チは間違いだ，ツが正しい」という短絡的な思考の結果，正しい「チェルニー」を誤った「ツェルニー」に置き換えてしまったのでしょう．

ついでですからチェルニーとツェルニー，どちらか多いのかインターネットで見てみましたら，やはり後者が多く，また「チェコ語ではチェルニーだがドイツ語ではツェルニーだ」とする真っ赤な嘘がまかり通っているようですね．こんな微細な違いに目くじらを立てるまでもないという大人の態度も拝見しましたが，「ツェルニー」は明らかな誤りですから，この場をお借りして関係者の方々に正しい「チェルニー」への変更を要望させていただきます．

また，俗語的あるいは方言的言い回しですが，「～という，～ていう」にあたる「～ちゅう」や「～つう」という言い方もあります．かつて「なんちゅうか本中華」というインスタントラーメンの宣伝もありました（ハウス食品）が「なんつうか」と言っても意味は変わりませんよね（もちろん面白みは半減しますが）．このようにチとツの弁別がやや弱いという事情も，外来語（外国語）におけるチとツに類する音の混乱に拍車をかけているように思います．

このように，日本語には「チ」と「ツ」に類する音の混乱が随所に溢れているのに，なぜ，英語の箇所でこのなまりに触れなかったかというと，英語で [ts] が生じるのは，curtsy, gutsy 等を例外として，語末に限られ，また，[ts] に [i] や [j] が続く例が恐らく paparazzi のような少数の新しい外来語以外にはないからです．同様に英語では語中の [ʥ] も極めて例外的であり，ゴジラを Godzilla などという異常な形で受け入れたことには首を傾けざるを得ません．

脱・日本語なまりのアドヴァイスは簡単です．チやツに関する日本語での慣用的発音をまったく信用しないことです．ちゃんと信頼できる辞典を確認した上で該当する外国語の語彙を習得してください．

§187 日本語の**ハ行子音**が深刻な**日本語なまり**の種であることは，もう充分身にしみていることと思います．もう細かいことは繰り返しませんが，日本語話者が英語の発音を学ぶ場合，[f]の習得（§105-106）以外に，注意を要したのは[hi]に類するつながりと，ウに類する母音の前で[h]と[f]をきっちりと発音し分けることだけでした（§114-115）．従来，wh の音として教育されてきた[ʍ]（非専門書における[hw]）は要するに唇を丸めて発音した[h]ですが，英米人もこれを発することが少なくなりましたので，この音はもはや外国人がわざわざ習得すべき音ではありません（§117）．

ところが，さらに他の言語を学ぶことになると，ハ行子音に似た子音が途端に増えることになります．例えばアラビア語だと，これに該当する子音は[h]と[f]に，軟口蓋摩擦音[x]と咽頭摩擦音[ħ]が加わります．ドイツ語にもハ行子音に該当する子音が4つ（[h f ç χ]）あります．その他，インドネシア語，ウルドゥー語，ヒンディー語，チェコ語，オランダ語，ベトナム語，ペルシア語等，多くの言語には日本語のハ行子音と紛らわしい子音が3つ（[f h x]あるいは[f h χ]）あります．その他，[h]を欠く言語もしばしば[x]を持っています．

したがって，これらの言語を学ぶ際には，英語の場合よりもハ行子音の関連で混乱を生じないように，さらに注意が必要となりますが，やるべきことは[i]や[u]の前後で[h]をきちんと発音する練習（§114-115），[f]の確認（§105-106）以外に，該当する言語に存在する個々の子音[ç x χ ħ]をきちんと習得することに尽きるでしょう．[ç]には特に練習は要らないかもしれません．

[f]の他に[x]を持つ言語はかなり多く，特に**[xf]**あるいは**[fx]**という連続は要注意です．鏡で口を見て以下のように練習してください．

鏡で口を見ると，[x]を発音しているとき，上下の前歯が露出します．他方，[f]を発している際には下唇が上の前歯の下端に接近しますので，上の前歯のみが露出し，下の前歯が見えなくなります．つまり，[xf]を発する際には<u>上下の前歯が見える状態から，上の前歯だけが見える状態になる</u>ように，逆に[fx]なら<u>上の前歯だけが見える状態から，上下の前歯が見える状態になる</u>ようにすればいいんです．つい間違った発音をしないよう，鏡でよく見張ってください．

脱・日本語なまり

§188 母語しか知らない状態で第2の言語を学ぶ際には，母語の干渉が障害となります．本書は日本語を母語とする方を想定していますから，これは日本語なまりです．さらに第3の言語を学ぶ際には母語の干渉に加えて第2言語の干渉までもが障害となることがあります．本書で想定しているのは第2言語として英語を学んでいる，わが国の絶対的多数の方々ですから，第2言語の干渉とは，すなわち**英語なまり**と言い換えてもいいでしょう．

　小生の経験からしますと，あたかも**英語が万能**であるかのような誤った考えを無意識のうちに抱いてしまった方が少なからずおいでのことと思います．そのような方々には，そんな認識に到達するのは**井の中の蛙**だけであることを指摘して，英語に対する過信を厳に諌めたいと思います．

　すでに何度も触れたように，英語は必ずしも音声的に素直な，標準的な言語ではありません．英語を通して習得しても，他の言語で（原則的に）**使ってはいけない音**，あるいは音声学的現象があります．

　その種の音の中で，しばしば耳にし，虫唾の走る思いをするのが [ɹ]（[ɻ]）と [ɚ] です．繰り返しますが，これらの音を使っていいのは英語と中国語だけです．せっかく身に着けたのに...　と**未練たらたら**の方には「ふざけるんじゃない！」と一喝して差し上げましょう．試しに日本語で [ɹ]（[ɻ]）や [ɚ] を使ってごらんなさい．まともに通じると思いますか？　せいぜい，「あいつ馬鹿じゃねえのか．気持ち悪い」と思われて友達をなくすのが関の山ですよ！

　もうひとつ，しばしば気になるのが [ɫ]，すなわち**暗いL**です．ロシア語やチェコ語など，確かに暗い L を用いる言語もありますが，大多数の言語では後続母音がない場合，かなり**明るい L** が用いられます．§102をもう一度ご覧いただき，エの口つきで [l] を発音してください．これがほぼ一般的な L です．

　T のたたき音化（§126）や閉鎖音の連続（§164），歯茎音のサボり（§165-166）も完全に英語だけの癖です．他の言語で使えば意志の疎通に障害となります．

　つまり，次の言語を学ぶ際には，前の言語で学んだ音をきっぱりと（暫定的に）捨て去らなくちゃいけないんです．ことばが替わったら，使う音も全部入れ替えます．そんなことができるって？　心がけのいい人にはできるんですよ！

非肺気流子音

§189 さて，§62で少しだけ紹介した非肺気流子音，つまり呼気を使わないで発音されるちょっとめずらしい子音群について紹介しましょう．

最初に紹介するのは**有声入破音**（voiced implosive）です．ちょっと息を吸い込んで発音される閉鎖音の一種で，必ず同時に声帯が振動してしまうので対応の無声音はありません．以下のリストに収められた諸言語の中では，ベトナム語とスワヒリ語に用いられています．これらの言語を学ばない方には特に必要ありませんので，興味のない方は次の項目に移動していただいて構いません．

今日の正式な名称は有声入破音ですが，かつては「内破音」という訳語が用いられました．非専門家は今日でも時にこの用語を用いることがありますが，肺気流子音（つまり普通の子音）の中の無開放閉鎖音（例えば [t̚] ; Cf. §126）を簡略的に内破音と呼ぶことがあるために紛らわしく，お勧めするわけにはいきません．

さて，めずらしい音だとは言っても，同じ人類が発する音ですから，同じ肉体的条件を備えているはずのあなたにも必ずできます．管見の及ぶところですと，練習方法については特に提案されていないようです．例えば両唇有声入破音 [ɓ] を取り上げて，その発音練習の方法を提案したいと思います．でも，その前に，まずは準備運動が必要です．

喉頭はわかりますね？ 中に声帯が収められた軟骨の箱で，成人男子の場合，その一部が肥大化して喉仏になっています．喉頭に手を触れたままで高い声と低い声を交互に出してみてください．ほら，喉頭が上下するのがわかりますね？ 喉頭の後ろ側にはいわば蝶番(ちょうつがい)がありまして，そこを支点にして喉頭は多少の上下動（本当は回転運動）が自由にできるんです．喉頭が上がれば，その内側にくっついている声帯がピンと張力を増し，反対に下がれば声帯はダランとなる．ギターの弦をピンと張れば音は高くなり，張力を減じれば音は低くなります．これと同じ具合に声の高低を調節してるんですね．考えてみると，ご自分

のことを器用だと思うでしょう？　本当にそうだと思います．歌なんて音楽にことばが乗ってるんですからね．すばらしい技能です．

では，以上の準備運動の成果を用いて有声入破音 [ɓ] の練習をしましょう．

① 唇を閉じ，手を喉頭に触れる
② ①の状態を維持したまま，がんばって喉頭を下げる（できます！）
③ ②の状態から「バ」と言う

ほら，変な音がしたでしょう？　両唇有声入破音を含む [ɓ]+[a] が発されたんです．喉頭を下げたことによって口の中の気圧が外よりも少し下がりました．その状態のままで両唇の閉鎖を開放すれば，はじめにちょっとだけ空気が口の中に流れ込みます．この性質をもとに入破音という名が与えられています．

もし，上の練習法によっても [ɓ] を発することが困難なら，例えばこんな指導法はいかがでしょうか．

① 息をほとんど吐ききってから上下の唇を閉じる
② そのままの状態を若干維持してから「バ」と言う

ちょっと荒っぽいですね．息をほぼ吐ききっていますから，息が吸いたいでしょう？　そうしないと死んじゃいますもんね．ですから，無意識のうちに一瞬だけ息を吸い込む動作をはじめようとするんです．息の吸いはじめでは喉頭がちょっと下がりますから，結局上と同じ調音が自然に行われることになります．息苦しいでしょうから実のところあまりお勧めしたくありませんが，背に腹は代えられませんからね．緊急避難的な方法とお思いください．

さて，いずれの方法にせよ [ɓ] を発することができるようになったら，他の有声入破音も同様の方法で練習してください．歯茎で閉鎖を作れば [ɗ]，硬口蓋では [ʄ]，軟口蓋では [ɠ]，口蓋垂では [ʛ] がそれぞれ発されますが，これら全部を使う言語は多分ないでしょう．ベトナム語には [ɓ ɗ] が，スワヒリ語には [ɓ ɗ ʄ ɠ] が用いられます．

第Ⅲ章　その他の外国語の音と日本語なまり

§190　以下で記載する言語の範囲にはありませんが，コーカサスやアフリカの言語の一部に**放出音**（ejective）という，やはり肺からの呼気を使わないで発音される子音があるので簡単に解説しておきましょう．該当する言語を学んでいないなら，また，今のところ特に興味もないなら，飛ばしちゃって結構です．

　放出音の中で恐らく1番言いやすいのが軟口蓋放出音［kʼ］です．例えば以下の手順で練習すれば割と簡単に言えることと思います．

　まずは声門を閉じているときの感覚を身に着けましょう．§23を復習いただいた上で，「アッア」の「ッ」の部分を徐々に伸ばしていただけますか？　ここで「ッ」と書かれている状態が声門閉鎖音［ʔ］です．声門が閉じている状態から開いた状態になるとき，あるいはその逆のときの感覚がつかめることと思います．この準備運動がクリアできたら以下の手順でトライしてください．

① 呼吸を止める
② 声門を閉じる（＝［ʔ］の調音）
③ ②の状態を維持したまま舌背を軟口蓋に密着させる（＝［k］の調音）
④ ③の状態を維持したまま喉頭を上げる（＋下を向く）
⑤ ［k］の閉鎖を開放する

　うまくいきましたか？　ちょっと舌打ちに似たような，妙な響きのK音が発されたら成功です．実は声門と軟口蓋の間に閉じ込めた空気を④の過程で圧し縮めたんです．慣れれば，特に下を向かなくとも，中の圧力を高めることができます．中の圧力がわずかに高くなっているので［k］の閉鎖を開放したとたんに少しだけ空気が口の外に排出されますが，声門が閉じられたままですから，これは肺からの呼気ではありません．［kʼ］の場合，他の放出音よりも閉塞部の体積が小さいので内圧を容易に上昇させることができます．

　同様に両唇音でこの調音を行えば［pʼ］，歯茎音なら［tʼ］がそれぞれ発されます．［pʼ］の場合，口腔内の圧力上昇のためにやや努力が必要で，またその圧力を支えるために頬がかなりの緊張を強いられます．［sʼ］もあるそうですが，これは要するに［ts］の放出音です．放出音は声門を閉じた状態で発されますので，当然声帯の振動は不可能ですから有声音はありません．

§191 同じく肺からの呼気を用いないで発される子音に**吸着音**（click）があります．これを言語音として用いるのはアフリカの一部の言語に限られていますが，上に紹介した有声入破音や放出音と違い，実は日本語でも英語でも，そして控えめに言っても極めて多くの言語でしばしば用いられています．何だか矛盾しているように聞こえましたか？ 多分，何語（の話者）でもこの種の音をしばしば発するんですが，これを言語音として，つまり単語の一部として使う言語はアフリカの一部の言語に限られるということなんです．

　実際にご自分でこの種の音を発していただきましょう．では，突然ですが，鏡でご自分のお顔を見ながら，鏡の中の自分に向って投げキッスしてください．ほれ，四の五の言わずに！ 投げキッスってどうやるのか，ちゃんと知らない人のためにコーチしてあげましょうね．自分の指先にチュッとやって（音だけでも結構）から，掌の向きを180度変え，相手のほうに手を伸ばすんですよ．

　さて，何でこんなことを指示したのかといいますと，そのキッスの音を出しているときのご自分の口の動きを観察してほしかったからです．ご自分で何をやったのかわかってますか？ 実はこんなに複雑な動きだったんですよ．

　　① 舌背を軟口蓋に密着させる（=[k] の調音）
　　② 同時に唇を閉じる（=[p] の調音）
　　③ ①と②の状態を維持したままで舌の前部を口蓋から引き離す
　　④ 唇の閉鎖を開放する

　③によって口腔内の気圧が低くなり，④で唇での閉鎖を開放した途端に空気が口腔内に急激に流入します．こうして発されたキッスの音は両唇吸着音 [⊙] です．この記号が作られた経緯は残念ながら知りませんが，想像するに，キッスの音を出すときの口の形を模写したものではないでしょうか．

　②で閉鎖を作る位置を変えれば様々な吸着音が発されます．日本語で「チェッ」と書かれ（文字通りに発音されることもありますね），舌打ちの音と表現されるのは歯吸着音 [|] です．同じ音が英語でも不満を表す際に用いられ，tsk や tut と書かれます．IPA には他にも（後部）歯茎吸着音 [!]，硬口蓋歯茎吸着音 [ǂ]，歯茎側面吸着音 [‖] の記号が用意されています．

§192　アラビア語

表記 (単独形)	転写	発音
ا	a i u	[a i u]
ب	b	[b]
ت	t	[t]
ث	th	[θ]
ج	j	[ʤ]
ح	ḥ	[ħ]
خ	kh	[x]
د	d	[d]
ذ	dh	[ð]
ر	r	[r]
ز	z	[z]
س	s	[s]
ش	sh	[ʃ]

表記	転写	発音
ص	ṣ	[sˤ]
ض	ḍ	[dˤ]
ط	ṭ	[tˤ]
ظ	ḍh	[ðˤ]
ع	ʿ	[ʕ]
غ	gh	[ɣ]
ف	f	[f]
ق	q	[q]
ك	k	[k]
ل	l	[l]
م	m	[m]
ن	n	[n]
ه	h	[h]
و	w	[w]

表記	転写	発音
ي	y	[j]
ء	ʾ	[ʔ]
ة	t	[t]
母音記号		
َ	a	[a]
ِ	i	[i]
ُ	u	[u]
ا َ	ā	[a:]
ِي	ī	[i:]
ُو	ū	[u:]
ً	an	[an]
ٍ	in	[in]
ٌ	un	[un]
ْ	—	母音なし

英語の発音を習得した日本語話者にとって，文語アラビア語において新たに習得すべき音は［r］，［x ɣ ħ ʕ］及び［q］です．地域により［ʤ］が［ʒ］と発音されることもあります．アラビア語に特徴的な［ħ ʕ］は，§182にも記したように下を向いて喉を圧迫すれば，あるいはあくびをするときのように口を大きく開ければ言いやすいと思います．

それ以外に，子音に加えられる「強調」とも呼ばれる**咽頭化**（軟口蓋化）を習得する必要があります．これは子音を発する時に舌根を咽頭壁に接近させること（舌背後部も不可避的に軟口蓋に接近します）を指し，最近ではこれを**舌根後退**（retracted tongue root）と表現することが主流のようです．任意の子音を発する際に，同時に［ħ ʕ］を発するつもりになるのがいいと思います．強調された子音の影響で隣接母音は顕著に後舌化します．

§193　イタリア語

表記		発音	備考
A	a	[a]	
B	b	[b]	
C	c	[k] [tʃ]	 +e, i
Ch	ch	[k]	+e, i
Ci	ci	[tʃ]	+a, o, u
D	d	[d]	
E	e	[e] [ɛ]	
F	f	[f]	
G	g	[g] [dʒ]	 +e, i
Gh	gh	[g]	+e, i

表記		発音	備考
Gi	gi	[dʒ]	+a, o, u
Gl	gl	[ʎ]	+i
Gli	gli	[ʎ]	+i 以外
Gn	gn	[ɲ]	
H	h	無音	
I	i	[i] [j]	 +母音
L	l	[l]	
M	m	[m]	
N	n	[n]	
O	o	[o] [ɔ]	
P	p	[p]	

表記		発音	備考
Qu	qu	[kw]	
R	r	[r]	
S	s	[s] [z]	
Sc	sc	[ʃ]	+e, i
Sci	sci	[ʃ]	+a, o, u
T	t	[t]	
U	u	[u] [w]	 +母音
V	v	[v]	
Z	z	[ts] [dz]	

英語の発音を習得した日本語話者にとって，母音について新たに学ぶべきなのは狭い [e] と広い [ɛ]，狭い [o] と広い [ɔ] の区別だけです．しかし，この区別がきちんと行われるのはフィレンツェを中心とするトスカーナ方言のみであり，実用的にはこれらの区別に特に神経質になる必要はありません．

子音については，[ʎ] がやや奇異でしょうか．もし，[r] の発音が困難ならば日本語の母音間のラ行子音 [ɾ] で何ら構いません．[ʎ ʃ] とニの子音 [ɲ] は母音の間で長く（重子音として）発音されます．

アクセント，文字と発音との関係にはやや注意を払う必要があるでしょう．アクセントは大概末尾から 2 番目の音節にありますが，しばしば 3 番目の音節に置かれます．S は原則として [s] を表わしますが，有声子音の前と母音にはさまれた場合には [z] となります．ただし，この位置で [s] を用いても実用的に問題を生じません．厄介なのは Z が [ts] と [dz] を表わすことです．どちらの音に対応するかは語彙ごとに決まっていますので，辞書等で確認する必要があります：[ts] forza, pizza, carrozza ; [dz] mezzo, azzuro, romanzo, zeso, etc.

§194 インドネシア語

表記		発音
A	a	[ɑ]
Ai	ai	[ai]
Au	au	[au]
B	b	[b]
C	c	[tʃ]
D	d	[d]
E	e	[e]
		[ə]
F	f	[f]
G	g	[g]
H	h	[h]

表記		発音
I	i	[i]
J	j	[ʤ]
K	k	[k]
Kh	kh	[x]
L	l	[l]
M	m	[m]
N	n	[n]
Ng	ng	[ŋ]
Ny	ny	[ɲ]
O	o	[o]
Oi	oi	[oi]
P	p	[p]

表記		発音
R	r	[r]
S	s	[s]
Sy	sy	[ʃ]
T	t	[t]
U	u	[u]
V	v	[v]
W	w	[w]
X	x	[ks]
Y	y	[j]
Z	z	[z]

インドネシア語もイタリア語と同じくらい音声的には平易で，英語の発音を習得した日本語話者が注意すべき母音は特にありません．ただし，1972年に制定された現行の正書法では [e]（「強音のe」）と [ə]（「弱音のe」）がともにeで綴られる点には注意が必要です．旧正書法では強音を é と綴り，両者が区別されました．

母音に長短の区別はありませんが，母音に終わる音節（開音節）では長めに，子音に終わる音節（閉音節）では短めに発音されます．ただし弱音の e は常に短く発音されます．

子音について，日本語と英語にないのは [r] と [x] だけです．もし前者の発音が困難ならば，日本語の母音間のラ行子音 [ɾ] を用いれば結構です．

地域によってアクセント位置は変わります．人名などにおいて旧正書法が用いられ，[u, tʃ, ʤ, x, ɲ, ʃ, j] がオランダ語の表記法に基づいた oe, tj, dj, ch, nj, sj, j でそれぞれ表記される場合もあります．

147

§195　ウルドゥー語

表記 (単独形)	転写	発音
ا	a i u	[a i u]
ب	b	[b]
پ	p	[p]
ت	t	[t]
ٹ	ṭ	[ṭ]
ث	s	[s]
ج	j	[ʤ]
چ	c	[ʧ]
ح	ḥ	[h]
خ	kh	[x]
د	d	[d]
ڈ	ḍ	[ɖ]
ذ	z	[z]
ر	r	[r]
ڑ	ṛ	[ṭ]
ز	z	[z]

表記	転写	発音
ژ	ž	[ʒ]
س	s	[s]
ش	ś	[ʃ]
ص	s	[s]
ض	z	[z]
ط	t	[t]
ظ	z	[z]
ع	a	[a] [e]+i [o]+u
غ	gh	[ɣ]
ف	f	[f]
ق	q	[q]
ک	k	[k]
گ	g	[g]
ل	l	[l]
م	m	[m]
ن	n	[n]
ں	n	[˜]

表記	転写	発音
و	v	[ʋ]
ہ	h	[h]
ھ	h	[ʰ]
ی	y	[j]
ء	—	分離記号
母音記号		
◌َ	a	[a]
◌ِ	i	[i]
◌ُ	u	[u]
◌ٰ	ā	[a:]
◌ِی	ī	[i:]
◌ُو	ū	[u:]
◌ے	e	[e:]
◌َے	ai	[ɛ:]
◌ٗو	o	[o:]
◌َو	au	[ɔ:]
◌ً	an	[an]
◌ْ	—	母音なし

　手を加えたアラビア文字によって記されますが，外来語を除き，実質的に音声的にはヒンディー語に等しいので§208を参照してください．

　母音について英語の発音を習得した日本語話者が新たに習得を要するのは[e]と[ɛ]，[o]と[ɔ]の区別と鼻母音です．子音に関して言うと，習熟を要すると思われるのはそり舌音[ṭ][ɖ][ṭ]と様々な帯気音です．有声帯気音は**息もれ声**（§183）で発した子音です．無駄にいっぱい息を出してください．外来音は捨象します．

§196　オランダ語

表記		発音	備考
A	a	[ɑ, aː]	
AU	au	[ʌu]	
AUW	auw		
B	b	[b]	
		[p]	語末
C	c	[k]	
		[s]	e, i の前
Ch	ch	[χ]～[ɣ]	
D	d	[d]	
		[t]	語末
DJ	dj	[c]	
E	e	[ɛ, eː]	
EEUW	eeuw	[eːu]	
EI	ei	[ɛi]	
EU	eu	[øː]	
F	f	[f]	
G	g	[χ]～[ɣ]	
H	h	[ɦ]	
I	i	[ɪ, iː]	
IE	ie	[iː]	
IEUW	ieuw	[iu]	
IJ	ij	[ɛi]	
J	j	[j]	
K	k	[k]	
L	l	[l]	
M	m	[m]	
N	n	[n]	
NG	ng	[ŋ]	
NJ	nj	[ɲ]	
O	o	[ɔ, oː]	
OE	oe	[u]	
OU	ou	[ʌu]	
OUW	ouw		
P	p	[p]	
R	r	[ɾ]～[ʀ]	
		[ɹ]	音節末
S	s	[s]	
SCH	sch	[sχ]	
		[s]	語末
SJ	sj	[ʃ]	
T	t	[t]	
TJ	tj	[c]	
U	u	[ʏ, yː]	
UI	ui	[œy]	
UW	uw	[yu]	
V	v	[v]～[f]	
W	w	[ʋ]	
Y	y	[iː]	
Z	z	[z]	

　母音についてはまず [yː] [œː] を学ばねばなりません．ただし，かなり中舌母音に近いようです．[eː ɛ] [oː ɔ] の区別も必要です．しかし，[aː ɑ] [iː ɪ] [yː ʏ] は実質的に長短の違いです．[ʌu] は英国英語の [əʊ] のつもりでいいでしょう．e, ee, i, ij は無強勢のとき弱化して [ə] と発音されます．

　子音について奇異なのは唇歯接近音 **[ʋ]** と **[v]** が区別されることです．有声摩擦音が無声音として発音される傾向により，後者は [f] でも構いません．[χ] は §182 参照．[c] は [tj] でも結構です．R にはお好みの音をお使いください．

149

§197　ギリシア語（古典ギリシア語）

表記		転写	発音	備考
Α	α	a	[a]	
Β	β	b	[b]	
Γ	γ	g	[g]	
			[ŋ]	+γ, κ, χ
Δ	δ	d	[d]	
Ε	ε	e	[e]	
Ει	ει	ei	[e:]	
Ζ	ζ	z	[z]	~[ʣ, zd]
Η	η	ē	[ɛ:]	
Θ	θ	th	[tʰ]	
Ι	ι	i	[i]	
Κ	κ	k	[k]	
Λ	λ	l	[l]	
Μ	μ	m	[m]	
Ν	ν	n	[n]	
Ξ	ξ	ks	[ks]	
Ο	ο	o	[o]	
Ου	ου	ou	[u:]	
Π	π	p	[p]	
Ρ	ρ	r	[r]	
Σ	σ ς	s	[s]	
Τ	τ	t	[t]	
Υ	υ	u, y	[y]	
Φ	φ	ph	[pʰ]	
Χ	χ	kh (ch)	[kʰ]	
Ψ	ψ	ps	[ps]	
Ω	ω	ō	[ɔ:]	
῾		h	[h]	語頭
᾿		—	音価なし	

　母音に関しては [y] の存在と ει, ου の発音，子音に関しては無声帯気音の存在，γ が [ŋ] とも読まれる場合が注意点でしょうか．以下は付加的な情報です．

　アクセントは語末から数えて三つの音節のいずれかに置かれ（三音節の法則），鋭（´），曲（῀），重（`）の三種が区別されます．鋭アクセントはピッチが上昇する，曲アクセントはピッチが上昇してから下降するアクセント音節をそれぞれ示し，重アクセントは語末やフレーズで本来の鋭アクセントがピッチの上昇を失った場合に書かれるとされます．ただし，その実現に関してはやや疑問も残ります．

　母音は長短を区別し，必要な場合には長母音を長音符（¯）で，短母音を短音符（˘）で示されますが，これらの符号はしばしば省略されます．長母音あるいは「単母音＋子音」に終わる音節は長い音節として扱われます．

　[h] は語頭のみに生じ，対応の文字はありません．母音ではじまる語の前に [h] があるかないかはそれぞれ母音字の上に付される (῾)(᾿) によって示されます．語頭の ρ には必ず (῾) が加えられ，ローマ字では rh と転写されます．

§198　ギリシア語（現代ギリシア語）

表記	転写	発音	備考	表記	転写	発音	備考
A α	a	[a]		M μ	m	[m]	
AI αι	e	[e]		MB μβ	mb	[mb]	
AÏ αϊ	ai	[ai]		MΠ μπ	b	[b]	
AY αυ	av	[av]	+有声音	N ν	n	[n]	
		[af]	+無声音	NΔ νδ	nd	[nd]	
B β	v	[v]		NT ντ	d	[d]	
Γ γ	g	[ɣ]		Ξ ξ	x (ks)	[ks]	
	y	[j]	+ [e, i]	O o	o	[o]	
ΓΓ γγ	ng	[ŋg]		OI οι	i	[i]	
ΓΙ γι	y	[j]	+ [e, i] 以外	OÏ οϊ	oi	[oi]	
ΓK γκ	g	[g]		OY ου	u	[u]	
	ng	[ŋg]	まれ	OÜ οϋ	oi	[oi]	
ΓX γχ	nkh	[ŋx]		Π π	p	[p]	
Δ δ	dh	[ð]		P ρ	r	[r]	
E ε	e	[e]		Σ σς	s	[s]	
EI ει	i	[i]				[z]	+有声子音
EÏ εϊ	ei	[ei]		T τ	t	[t]	
EY ευ	ev	[ev]	+有声音	TZ τζ	dz	[ʥ]	
		[ef]	+無声音	TΣ τσ	ts	[ts]	
Z ζ	z	[z]		Y υ	i	[i]	
H η	i	[i]		YI υι	i	[i]	
Θ θ	th	[θ]		YÏ υϊ	ii	[ii]	
I ι	i	[i]		Φ φ	f	[f]	
	j	[j]	+母音	X χ	kh (ch)	[x]	
K κ	k	[k]		Ψ ψ	ps	[ps]	
Λ λ	l	[l]		Ω ω	o	[o]	

　古典時代と発音は大きく変わりました．母音については特に新たに習得すべきものはありません．子音についても英語にないのは [x] と [ɣ] ぐらいです．
　厄介なのは綴りと発音の関係です．特に，有声閉鎖音 [b, d, g] を表記する完全な方法がなく，しばしば「鼻音＋無声閉鎖音」の表記を代用します．

§199 クロアチア語とセルビア語

表記 ①		表記 ②		発音
А	а	A	a	[a]
Б	б	B	b	[b]
В	в	V	v	[v]
Г	г	G	g	[g]
Д	д	D	d	[d]
Ђ	ђ	Đ (Dj)	đ (dj)	[dʑ]
Е	е	E	e	[e]
Ж	ж	Ž	ž	[ʒ]
З	з	Z	z	[z]
И	и	I	i	[i]

Ј	ј	J	j	[j]
К	к	K	k	[k]
Л	л	L	l	[l]
Љ	љ	Lj	lj	[ʎ]
М	м	M	m	[m]
Н	н	N	n	[n]
Њ	њ	Nj	nj	[ɲ]
О	о	O	o	[o]
П	п	P	p	[p]
Р	р	R	r	[r]
С	с	S	s	[s]

Т	т	T	t	[t]
Ћ	ћ	Ć	ć	[tɕ]
У	у	U	u	[u]
Ф	ф	F	f	[f]
Х	х	H	h	[x]
Ц	ц	C	c	[ts]
Ч	ч	Č	č	[tʃ]
Џ	џ	Dž	dž	[dʒ]
Ш	ш	Š	š	[ʃ]

　かつてのユーゴスラビアの大部分で用いられ，セルボ・クロアチア語とかセルビア・クロアチア語とか呼ばれていた言語です．たくさんの国に分裂してしまった今では，どう総称していいかわかりません．セルビア，モンテネグロでは①のキリール文字，クロアチア，ボスニア・ヘルツェゴヴィナでは②のラテン文字（ローマ字）がそれぞれ主として用いられます．

　母音の点で英語の発音を習得した日本語話者が新たに学ぶべきものはありません．子音については [tɕ] と [tʃ]，[dʑ] と [dʒ] の区別がやや厄介でしょうか．おのおののペアの前者は日本語のチ等と同様にイの口つきで，後者は少し下あごを前に出し，さらに唇を突き出して言ってください．他には音節主音の r の存在（e.g. trg），[ʎ]，[x] ぐらいでしょう．

　この言語のもっとも際立った特徴は母音に長短の区別に加えて上昇・下降のアクセント対立があることです．その結果，アクセント音節には上昇・長（´），上昇・短（`），下降・長（ˆ），下降・短（˝）が区別されます．単語の変化に従ってアクセントの位置も性質も変わります．

第Ⅲ章　その他の外国語の音と日本語なまり

§200　スペイン語

表記	発音	備考
A a	[a]	
B b	[b]	
V v	[β]	母音間
C c	[k]	
	[θ]	+e, i
ch	[tʃ]	
D d	[d]	
	[ð]	母音間
	[d']	語末
E e	[ε]	
F f	[f]	
G g	[g]	
	[ɣ]	母音間
	[χ]	+e, i
GU gu	[g]	+e, i

表記	発音	備考
GÜ gü	[gw]	
H h	音価なし	
I i	[i]	
	[j]	+母音
J j	[χ]	
	—	語末
K k	[k]	
L l	[l]	
LL ll	[j]	~ [ʎ, ɟ]
M m	[m]	
N n	[n]	
Ñ ñ	[ɲ]	
O o	[o]	
P p	[p]	

表記	発音	備考
QU qu	[k]	
R r	[ɾ]	
	[r]	語頭/s, l, n+
RR rr	[r]	
S s	[s]	
T t	[t]	
U u	[u]	
	[w]	+母音
X x	[ks]	母音間
	[s]	
Y y	[j]	
Z z	[θ]	

　スペイン語は発音が簡単な言語と言われ，確かに英語の発音を習得した日本語話者が学ぶべき新たな母音はありません．上表からすれば子音は複雑そうに見えますが，実質的に新たに習得しなければいけないのは [ɾ] と [r] の区別 (pero「しかし」vs. perro「犬」) と [χ] だけです．かつて用いられた [ʎ] や一部の方言に保たれる [ɟ] の代わりには，一般的な [j] を用いれば済みますし，[b]-[β]，[d]-[ð]，[g]-[ɣ] についても一律に閉鎖音を用いたところで意志の疎通には影響なさそうです．とはいえ，プロになろうといういう方はちゃんとやってください．

　ただし，上表のように綴りと発音との関係はやや複雑です．また，X はメキシコに関係する語で例外的に [χ] と発音します．

　アクセントは原則として語末から 2 番目の音節に置かれ，アクセント母音は長めに発音されます．ただし，n, s 以外の子音に終わる語は最終音節にアクセントがあり，その他の音節にあるアクセントは (´) で示されます．

§201 スワヒリ語

表記	発音
A a	[a]
B b	[ɓ]
Ch ch	[tʃ]
D d	[ɗ]
Dh dh	[ð]
E e	[e]
F f	[f]
G g	[ɠ]
Gh gh	[ɣ]
H h	[h]
I i	[i]

表記	発音
J j	[ʄ]
K k	[k]
Kh kh	[x]〜[h]
L l	[l]
M m	[m]
Mb mb	[mb] / [mɓ]
N n	[n]
Nd nd	[nd]
Ng' ng'	[ŋ]
Ng ng	[ŋg]
Nj nj	[ɲʄ]
Ny ny	[ɲ]

表記	発音
O o	[o]
P p	[p] [pʰ]
R r	[r]
S s	[s]
Sh sh	[ʃ]
T t	[t]
Th th	[θ]
U u	[u]
V v	[v]
W w	[w]
Y y	[j]
Z z	[z]

スワヒリ語の発音を学ぶに際して，英語の発音を習得した日本語話者が新たに学ぶべき母音はありません．

しかし，新たに習得すべき子音はかなりあります．これに該当するのは [ʄ] と [ɣ]，ならびに**有声入破音** [ɓ ɗ ʄ ɠ]（いわゆる「内破音」）です．それぞれ§181, 182, 189 によってしかるべく練習すれば習得されますが，恐らく慣れが必要でしょう．[ʄ] の代わりには [ʥ] を，入破音の代わりには通常の肺気流的 [b d ɟ g]（いわゆる「外破音」）を用いても意志の疎通には問題ないとされますが，このような略式の発音がどの程度受け入れられるのかについては不明です．[x] は今日では [h] に吸収されつつあるようですから，特に習得の必要性はなさそうです．肺気流的 [mb] と入破音を含む [mɓ] が区別されるものの，それが綴りに反映されない点は困りものです．かつて P は気音の有無で区別されたはずですが，今日ではもはやその差異に注意する必要はないようです．

アクセントは最後から2番目の音節に固定しています．

§202　チェコ語

表記	発音		表記	発音		表記	発音		表記	発音
A a	[a]		Ě ě	[jɛ]		M m	[m]		T t	[t]
Á á	[aː]		F f	[f]		N n	[n]		Ť ť	[c]
B b	[b]		G g	[g]		Ň ň	[ɲ]		U u	[u]
C c	[ts]		H h	[ɦ]		O o	[o]		Ú ú	[uː]
Č č	[tʃ]		Ch ch	[x]		Ó ó	[oː]		Ů ů	[uː]
D d	[d]		I i	[ɪ]		P p	[p]		V v	[v]
Ď ď	[ɟ]		Í í	[iː]		R r	[r]		Y y	[ɪ]
E e	[ɛ]		J j	[j]		Ř ř	[r̝]		Ý ý	[iː]
É é	[ɛː]		K k	[k]		S s	[s]		Z z	[z]
			L l	[ɫ]		Š š	[ʃ]		Ž ž	[ʒ]

　文字と発音の関係が極めて整然としているチェコ語において，英語の発音を習得した日本語話者が新たに学ぶべき母音はありません．しかし，子音については Ť [c] Ď [ɟ] Ř [r̝] の3つを新たに習得しなければなりません．

　[c] と [ɟ] はやや珍しいとはいえ，まま他の言語にも見られますので §181 に解説しました．他方，Ř [r̝] はチェコ語だけに存在するとても奇妙な音です．舌を歯茎に半ばおしつけつつ発音した [r] であって，[r] と [ʒ] を同時に言ったような響きを持っており（e.g. Dvořák），正直言って小生も苦手です．これは無声子音の前後に置かれると無声化してしまいます（tři）．顫動摩擦音（trill fricative）あるいは摩擦顫動音（fricative trill）と呼ばれ，かつては IPA にも専用の記号 [ř] がありましたが，1989年から廃止されて今日に至っています．

　母音が隣接しない場合 r, l, m, n が音節主音となり，Strč prst skrz krk のように子音しかない単語ばかりか文までありえます．英語の癖にも似て，L は母音が後続しないときかなり「暗く」発音されます（§102）．

　h は母音が後続しないとき ch [x] と同じ発音となります．ě, i, í の前に綴られた t, d, n は ť, ď, ň のように発音される点，mě が mně のように発音される点は特殊です．アクセントはかなり弱く，語の第1音節に固定しています．

§203　中国語

ピンイン表記	発音
b	[p]
p	[pʰ]
m	[m]
f	[f]
d	[t]
t	[tʰ]
n	[n]
l	[l]
g	[k]
k	[kʰ]
h	[x]
j	[tɕ]
q	[tɕʰ]
x	[ɕ]
zh	[tʂ]
ch	[tʂʰ]
sh	[ʂ]
r	[ɻ]
z	[ts]
c	[tsʰ]
s	[s]
-i / yi	[i]
-u / wu	[u]

	発音
-ü / (j, q, x +) u / yu	[y]
(z, c, s +) -i	[ɿ]
(zh, ch, sh, r +) -i	[ʅ]
er	[ɚ]
-a	[a]
-ai	[aɪ]
-ao	[aʊ]
-an	[an]
-ang	[aŋ]
-ia / ya	[ja]
-iao / yao	[jaʊ]
-ian / yan	[jɛn]
-iang / yang	[jaŋ]
-ua / wa	[wa]
-uai / wai	[waɪ]
-uan / wan	[wan]

	発音
-uang / wang	[waŋ]
(j, q, x +) -uan / yuan	[ɥæn] ～ [ɥɐn]
-e	[ɤ]
-o	[o]
-ei	[eɪ]
-ou	[ɔʊ]
-en	[ən]
-eng	[ɤŋ]
-ie / ye	[ie]
-iu / you	[iʊ] / [joʊ]
-in / yin	[in]
-ing / ying	[iŋ]
-uo / wo	[uo]
-ui / wei	[uɪ] / [weɪ]
-un / wen	[un] / [wən]
-ong	[ʊŋ]

第III章　その他の外国語の音と日本語なまり

weng	[wɤŋ]	(j, q, x +) -un	[yn]	ˉ (一声)	˥
-üe		yun		´ (二声)	˧˥
(j, q, x +) -ue	[ye]	-iong	[ɥʊŋ]	ˇ (三声)	˨˩˦
yue		yong		` (四声)	˥˩

　当然漢字をすべて掲載することはできないので，やむなく上に示したのはピンインのみです．

　中国語はかなり発音の難しい言語です．まず，音節初頭では**気音の有無**が区別されるのが大きな特徴です．§124 に記したような方法で帯気音（中国語学では**有気音**）と**無気音**を発し分ける練習をしてください．破擦音の無気音は摩擦音部が極めて軽微で，むしろ（有声の）閉鎖音に聞こえることがあります．同様に破擦音の帯気音では摩擦部が強く長くなる点が特徴的です．

　[x] は §182 をご覧になって練習すればすぐにできるようになるでしょう．

　英語の発音が習得されているならば，一連のそり舌音（中国語学では**捲舌音**）の習得には [ɹ] からはじめるのが簡単でしょう．英語でおなじみの [ɹ] あるいは [ɻ] をそのままお使いいただき，対応の無声音を発する練習をしてください．また，[ʂ] から練習することも考えられます．その場合，そり舌音であるということをいったん忘れて，試しに [ʃ]（§111）と [x] を同時に言う練習をしてみてください．こうすると舌面中央部が硬口蓋から離れ，歯茎後方に残った舌先が結果的にややそり返りますので，かなり容易に [ʂ] が得られると思います．[ʂ][ɹ]（あるいは [ɻ]）ができれば [tʂ][tʂʰ] は簡単です．

　母音については [y ɨ ɤ] を新たに習得する必要があります．**第 2 基本母音**を復習なさって適宜練習してください（§80-81, 177）．[ɨ] は前の音の影響で [i] が転じた変種ですし，[ɥ] は [y] を半母音として使ったものですから，特に練習は要さないでしょう．

　音節末の鼻音 [n] と [ŋ] の区別も英語ができれば特に練習を要しません．適宜 §119-122 を復習してください．また，**声調**については別途練習が必要です．

§204 朝鮮語（韓国語）

表記	発音	備考
子音		
ㄱ	[g̊]	
ㄲ	[k]	
ㄴ	[n]	
ㄷ	[d̥]	
ㄸ	[t]	
ㄹ	[l]	
	[ɾ]	母音間
ㅁ	[m]	
ㅂ	[b̥]	
ㅃ	[p]	
ㅅ	[z̥]	
	[z̥]	+[j,i]
ㅆ	[s]	
	[ɕ]	+[j,i]
ㅇ	無音	音節はじめ
	[ŋ]	音節末
ㅈ	[d̥ʑ]	
ㅉ	[tɕ]	
ㅊ	[tɕʰ]	
ㅋ	[kʰ]	
ㅌ	[tʰ]	
ㅍ	[pʰ]	
ㅎ	[h]	
	[ç]	+[j,i]
	[x]	+[ɯ]
母音		
ㅏ	[a]	
ㅑ	[ja]	
ㅓ	[ʌ]	
ㅕ	[jʌ]	
ㅗ	[o]	
ㅛ	[jo]	
ㅜ	[u]	
ㅠ	[ju]	
ㅡ	[ɯ]	
ㅣ	[i]	
合成母音		
ㅐ	[ɛ]	
ㅒ	[jɛ]	
ㅔ	[e]	
ㅖ	[je]	
ㅘ	[wa]	
ㅙ	[wɛ]	
ㅚ	[we]	~ [ø]
ㅝ	[wʌ]	
ㅞ	[we]	
ㅟ	[wi]	
ㅢ	[ɯi]	

　子音についてもっとも特徴的かつ厄介なのは，閉鎖音と破擦音にいわゆる「**激音**」（＝帯気音；声門が開いている），「**平音**」（声門が接近している），「**濃音**」（声門が閉じている）の区別があることです．日本語を含めて多く言語の話者にとっては平音と濃音の区別が難しく，中国語の無気音の要領で，気音を発さないようにして閉鎖音を言うと，ついつい同時に声門を閉じてしまい濃音を発しがちです．しかし，対処は可能です．濃音はパタカ等，無声無気音をゆっくり明瞭に発すればよく，平音にはバダガ等の有声音を用いれば一応は事足ります．あまりお勧めできないのかもしれませんが，これで立派に通用します．また，音節末の閉鎖音は無開放となります（パッチムと呼ばれます）．

　母音については [e]-[ɛ]，[o]-[ʌ]（[ɔ] とも），[u]-[ɯ] の区別を習得する必要があります．今では [ø] はほとんど用いられず [we] と発音されます．

第Ⅲ章　その他の外国語の音と日本語なまり

§205　ドイツ語

表記		発音	備考
A	a	[a, aː]	
Ä	ä	[ɛ, ɛː]	
ÄU	äu	[ɔɪ]	
B	b	[b]	
C	c	[ts]	
CH	ch	[ç]	
		[χ]	非前舌母音の後
D	d	[d]	
E	e	[ɛ, eː]	
		[ə]	無アクセント
	el	[l̩]	〃
	em	[m̩]	〃
	en	[n̩]	〃
	er	[ɐ]	〃
EI	ei	[aɪ]	
EU	eu	[ɔɪ]	
F	f	[f]	
G	g	[g]	
		[ç]	-ig
H	h	[h]	
		[ː]	母音の後
		音価なし	子音の後
I	i	[ɪ, iː]	

表記		発音	備考
IE	ie	[iː]	
J	j	[j]	
K	k	[k]	
L	l	[l]	
M	m	[m]	
N	n	[n]	
	ng	[ŋ]	
O	o	[ɔ, oː]	
Ö	ö	[œ, øː]	
P	p	[p]	
R	r	[ʀ]~[r]	母音の前
		[ɐ̯]	母音の後
S	s	[z]	
		[ʃ]	p, t の前
SCH	sch	[ʃ]	
T	t	[t]	
TSCH	tsch	[tʃ]	
U	u	[u]	
Ü	ü	[ʏ, yː]	
V	v	[f]	
W	w	[v]	
Z	z	[ts]	
ß (ss)		[s]	

　英語の発音を習得した日本語話者は，ドイツ語において新たな母音 [y][ø][œ] と [eː ɛː] の区別を学ばねばなりません．[o: ɔ][ø: œ][y: ʏ][i: ɪ] はほぼ長短の対立です．ただし，母音の長短は辞典等で常に確認の必要があります．

　新たに習得すべき子音は [χ] と [ʀ] だけです．R 音としては [ʁ] や [r] さらに [ɾ] でも通用しますが，一般的な [ʀ] を勧めます．頻出する [pf] は [bv]（§160）と同じ要領で．語・形態素末で有声噪音は無声化します．母音ではじまる語・形態素の前には [ʔ] が加わります．また，下記の場合に挿入音が顕著です：[ls] > [l͡ts], [ns] > [n͡ts], [nʃ] > [n͡tʃ], [nf] > [n͡pf], etc.

159

§206　トルコ語

表記	発音	備考
A a	[a]	
Â â	[a]	硬口蓋化子音＋
B b	[b]	
C c	[ʤ]	
Ç ç	[tʃ]	
D d	[d]	
E e	[e]	[e, ɛ]の中間
F f	[f]	
G g	[g] [ɟ]	＋後舌母音 ＋前舌母音
Ğ ğ	[ː] [j]	母音＿母音以外 前舌母音＿母音

表記	無音	上以外
H h	[h]	
I ı	[ɯ]	～[ɯ]
İ i	[i]	
J j	[ʒ]	
K k	[k] [c]	＋後舌母音 ＋前舌母音
L l	[ɫ] [lʲ]	＋後舌母音 ＋前舌母音
M m	[m]	
N n	[n]	
O o	[o]	
Ö ö	[œ]	[ø, œ]の中間

表記	発音	備考
P p	[p]	
R r	[r]	
S s	[s]	
Ş ş	[ʃ]	
T t	[t]	
U u	[u]	
Û û	[u]	硬口蓋化子音＋
Ü ü	[y]	
V v	[v]	
Y y	[j]	
Z z	[z]	

　英語の発音を習得した日本語話者にとって，トルコ語を学ぶ際に習得すべき新たな母音は [y]，[œ]（本稿では簡略に [œ]），[ɯ] の3つです．計8個の母音のうち前舌母音群 İ, Ü, E, Ö [i, y, e, œ] と後舌母音群 I, U, O, A [ɯ, u, o, a] は異なるグループを形成します．

　新たに学ばねばならない子音は [c] と [ɟ] だけです．これらは標準的なものよりもやや後ろ寄りであり，それぞれ [kʲ] ならびに [gʲ] と記されることもあります．

　トルコ語はこのように単音のレベルではとても発音の簡単な言語に数えられます．しかし，本来的に [ɣ] を表した Ğ の音声実現が様々である点と，**母音調和**には注意が必要でしょう．前舌母音に隣接する位置で子音は硬口蓋化し，逆に後舌母音に隣接する位置では子音は軟口蓋化します．これによってもっとも音質が変わるのが K, G と L であり，前者の位置ではそれぞれ [c, ɟ, lʲ] と，後者の位置では [k, g, ɫ] と発音されます．

　アクセントは原則として最後の音節に固定しています．

第Ⅲ章　その他の外国語の音と日本語なまり

§207　ハンガリー語

表記		発音	備考
A	a	[ɒ]	~[ɑ]
Á	á	[aː]	
B	b	[b]	
C	c	[ts]	
Cs	cs	[tʃ]	
D	d	[d]	
Dz	dz	[dz]	
Dzs	dzs	[dʒ]	
E	e	[ɛ]	
É	é	[eː]	
F	f	[f]	
G	g	[g]	
Gy	gy	[ɟ]	~[ɟj]
H	h	[h] [ɦ] [ç]	下以外 母音間 前舌母音後

表記		発音	備考
		[x]	後舌母音後
I	i	[i]	
Í	í	[iː]	
J	j	[j]	
K	k	[k]	
L	l	[l]	
Ly	ly	[j]	
M	m	[m] [ɲ] [ŋ]	下以外 + ty, gy, ny + k, g
N	n	[n] [m] [ɲ] [ŋ]	下以外 + p, b, m + ty, gy, ny + k, g
Ny	ny	[ɲ]	
O	o	[o]	
Ó	ó	[oː]	
Ö	ö	[ø]	

表記		発音	備考
Ő	ő	[øː]	
P	p	[p]	
R	r	[r]	
S	s	[ʃ]	
Sz	sz	[s]	
T	t	[t]	
Ty	ty	[c]	~[cç]
U	u	[u]	
Ú	ú	[uː]	
Ü	ü	[y]	
Ű	ű	[yː]	
V	v	[v]	
Z	z	[z]	
Zs	zs	[ʒ]	

　英語の発音を習得した日本語話者にとって，ハンガリー語を学ぶ際に習得すべき新たな母音は長短の [y, ø] と [ɒ] です．後者の円唇性は弱いので [ɑ] と表記することも可能です．[eː ɛ] は長短が主要な差異ですから，さほど質の差異に過度に神経質になるまでもないかもしれません．

　新たに学ぶべき子音は [c] と [ɟ] だけです．日常のくだけた文体では，これらはしばしば [cç] および [ɟj] のように破擦音として発音されます．H と M, N は上表のように音声環境によって実現が様々に変化します．

　有声噪音は無声噪音の前に位置するとき対応の無声音として，逆に無声噪音は有声噪音の前に位置するとき対応の有声音として発音されます．

　アクセントは最初の音節に固定しています．

脱・日本語なまり

§208　ヒンディー語とサンスクリット

表記	転写	発音 ①	発音 ②
अ なし	a	[ɐ]	[ɐ]
आ ा	ā	[aː]	[ɑː]
इ ि	i	[i]	[ɪ]
ई ी	ī		[iː]
उ ु	u	[u]	[ʊ]
ऊ ू	ū		[uː]
ऋ ृ	r̥	[r̩]	[ri]
ॠ ॄ	r̥̄	[r̩ː]	—
ऌ ॢ	l̥	[l̩]	—
ॡ ॣ	l̥̄	[l̩ː]	—
ए े	e	[eː]	[eː]
ऐ ै	ai	[ai]	[ɛː]
ओ ो	o	[oː]	[oː]
औ ौ	au	[au]	[ɔː]
ऍ ॅ		—	[ɛ]
ऑ ॉ		—	[ɔ]
क	k	[k]	
ख	kh	[kʰ]	
ग	g	[g]	
घ	gh	[gɦ]	
ङ	ṅ	[ŋ]	
च	c	[c]	[tʃ]
छ	ch	[cʰ]	[tʃʰ]
ज	j	[ɟ]	[dʒ]
ज़	z	—	[z]
झ	jh	[ɟɦ]	[dʒɦ]
ञ	ñ	[ɲ]	
ट	ṭ	[ʈ]	
ठ	ṭh	[ʈʰ]	
ड	ḍ	[ɖ]	
ड़	ṛ	—	[ɽ]
ढ	ḍh	[ɖɦ]	
ढ़	ṛh	—	[ɽʱ]
ण	ṇ	[ɳ]	
त	t	[t̪]	
थ	th	[t̪ʰ]	
द	d	[d̪]	
ध	dh	[d̪ɦ]	
न	n	[n̪]	
प	p	[p]	
फ	ph	[pʰ]	
फ़	f	—	[f]
ब	b	[b]	
भ	bh	[bɦ]	
म	m	[m]	
य	y	[j]	
र	r	[r]	[ɾ]
ल	l	[l]	
व	v	[ʋ]	
श	ś	[ɕ]	[ʃ]
ष	ṣ	[ʂ]	[ʃ]
स	s	[s]	
ह	h	[ɦ]	[h]
ः	ḥ	[h]	[h]
ं	ṁ	[˜]	[˜]

　デーヴァナーガリー文字で記されます．上表の発音①はサンスクリットの，②は現代ヒンディー語の発音です．§75 に少し触れましたが，日本語の 50 音もこの順序を基礎としています．しばし表をじっくりとご覧ください．

　ph j ḍ ḍh にそれぞれ下点を加えて作られた f z ṛ ṛh のように，新たな文字がデーヴァナーガリーに加えられています．

第Ⅲ章　その他の外国語の音と日本語なまり

　サンスクリットの母音について本来の発音は詳しくわかりません．上表に記したのは仮の案に過ぎません．ヒンディー語にある計10個の母音のうち，短母音は [ɪ, ɐ, ʊ] のみで，残りは長母音です．上で仮に [ɐ] と記した母音は，しばしば [ə] と記されることあります．これらのうち，英語の発音を習得した日本語話者が新たに習得しなければならないのは [e, ɛ], [o, ɔ] の差異だけでしょう．

　ただし，これら10個の母音すべてに対応する**鼻母音**があるのは驚くべきことです．ポーランド語で2つ，フランス語で4つ（今では3つ），ポルトガル語で5つに対して，ヒンディー語は倍の10個とは！　でも，§54に記したように日本語話者は意識しないうちに最低5個の鼻母音を日常的に使っていますから，他の言語を母語とする方々よりも，多分ずっと楽にこれらを習得できることと思います．

　子音組織はとても複雑で，新たに学ばねばならない点がいくつかあります．まず，インド系の言語によく見られる特徴ですが，**そり舌子音**がたくさんあります．舌先をちょっとそり返して [ʈ] [ɖ] [ɳ]（さらに今では [ɽ] も）等を調音するのは面倒ですが仕方がありません．これらそり舌音との区別をはっきりさせるため，他の言語であれば歯音・歯茎音の差をほとんど考慮しなくていいのに，ヒンディー語ではちゃんと**歯音**を使います．上の表では精密に歯音の符号（̪）を加えました．きちんと舌先を上の前歯の裏に密着させて [t̪] 等を調音してください．

　また，無声帯気音は世界中でまま見られる現象ですが，さらに**有声帯気音**が存在する点もインド系諸言語の際立った特徴です．§183で触れたように，これは**息もれ声**で言えばいいんです．

　もしや [ʋ] も新たに習得すべき子音かとお考えかもしれませんが，[v] や [w] を用いても一向に構いませんのでご安心を．

　このように，ヒンディー語あるいはウルドゥー語等，インド系の言語の発音を学ぶ際には，ここに例示した他の言語の大部分の場合とは少し異なる面に気を遣わねばなりません．

§209　フランス語

表記		発音	備考
A	a		
À	à	[a, ɑ]	
Â	â		
AI	ai	[ɛ]	
AIL	ail	[aj]	
AILL	aill		
AIM	aim	[ɛ̃]	
AIN	ain		
AM	am	[ã]	
AN	an		
AU	au	[o]	
AY	ay	[ɛj]	
B	b	[b]	
C	c	[k]	
		[s]	+e, i, y
Ç	ç	[s]	
CC	cc	[k]	
		[ks]	+e, i, y
CH	ch	[ʃ]	
D	d	[d]	
E	e	[ə]	〜無音 表記上の閉音節
		[ɛ, e]	
É	é	[e]	
È	è	[ɛ]	
Ê	ê		
EAU	eau	[o]	
EI	ei	[ɛ]	
EIL	eil	[ɛj]	
EILL	eill		
EIM	eim	[ɛ̃]	
EIN	ein		
EM	em	[ɛ̃]	[j]+
EN	en	[ã]	
ENT	ent	[ɛ̃]	[j]+
		[ã]	
		無音	動詞 3pl.
EU	eu	[œ, ø]	
EUIL	euil	[œj]	
EUILL	euill		
F	f	[f]	
G	g	[g]	
		[ʒ]	+e, i, y
GG	gg	[g]	
		[gʒ]	+e, i, y
GN	gn	[ɲ]	
GU	gu	[g]	+e, i, y
H	h	無音	
I	i	[i]	
Î	î		
IEN	ien	[jɛ̃, jã]	
IL	il	[ij]	
ILL	ill		
IM	im	[ɛ̃]	
IN	in		
J	j	[ʒ]	
K	k	[k]	
L	l	[l]	
M	m	[m]	
N	n	[n]	
O	o	[o, ɔ]	
Ô	ô		
ŒIL	œil	[œj]	
ŒILL	œill		
ŒU	œu	[œ, ø]	
OI	oi	[wa]	
OIN	oin	[wɛ̃]	
OM	om	[ɔ̃]	
ON	on		
OU	ou	[u]	+母音
		[w]	
OUIL	ouil	[uj]	
OUIL	ouil		
L	l		
OY	oy	[waj]	
P	p	[p]	
Q	q	[k]	
QU	qu		
R	r	[ʁ]	
S	s	[s]	
		[z]	母音間
SC	sc	[sk]	
		[s]	+e, i, y
SS	ss	[s]	
T	t	[t]	
TI	ti	[si]	-tion など
U	u	[y]	+母音
		[ɥ]	
Û	û	[y]	
UEIL	ueil	[œj]	
UEILL	ueill		
UILL	uill	[ɥij]	
UM	um	[œ̃]〜[ɛ̃]	
UN	un		
UY	uy	[ɥij]	
V	v	[v]	
X	x	[ks]	
		[gz]	母音間
		[s]	
		[z]	母音間
Y	y	[i]	
YM	ym	[ɛ̃]	
YN	yn		
Z	z	[z]	

綴りと発音との関係はとても複雑です．しかしながら，規則性はかなり高く，英語の場合よりははるかに楽であることを申し添えます．

英語の発音を習得した日本語話者にとって，フランス語において学ぶべき新たな母音は [y, ø, œ] です．ただし，もはや [ø, œ] は意味を区別する，完全に別個の母音とは言い難いので，両者の差異に過度に神経質になる必要はないでしょう．さらに，今日では [o, ɔ] と [a, ɑ] の差異はもはや無視して結構です．ただし，[e, ɛ] の差異は意味を区別する場合があるので注意が必要です．

また e [ə] にも注意が必要です．多少唇が丸まって発音されるため [œ] と近い音質となりますが，両者が出現する位置が異なるため混同は起こりません．また，e は [ə] と発音される場合と，無音の場合とがあり，これを決定する簡便な方法に「三子音の法則」が知られています．これは 3 つの子音が連続してしまうようなときにはeは [ə] と発音され，それ以外の場合にはeを発音しないとするものです．この法則は e が表記されていない場合にも有効です．

母音の長短はすでに失われており，一続きに発音される韻律的なまとまり（リズムグループ）の末尾に置かれた母音は自動的に長く発音されます．

フランス語には un bon vin blanc に現れる 4 つの**鼻母音**があることになっていますが，かつて un に現れた [œ̃] はもはや [ɛ̃]（精密には恐らく [æ̃]）に合流していますので，習得すべき鼻母音はこれに [ɑ̃]（同様に精密表記 [ɒ̃]）と [ɔ̃]（精密表記 [õ]）を加えた 3 つだけです．これらは上表に示したとおり，綴りと密な関係を持っています．ただし，en の発音だけは一応字引でご確認ください．

フランス語で新たに学ぶ子音は **R [ʁ]** だけです．無声音や休止に隣接するときには，その無声音 [χ] も出現します．フランス語の R は [r] → [ʀ]（今のドイツ語のR）→ [ʁ] と変化してきて，今でも地方に昔の発音が残っていますので，[r] や [ʀ] を使っても立派に通用します．でも [ɹ] は絶対にやめてください．また，[j] はとてもしばしば硬口蓋摩擦音 [ʝ] として発音されます．

[i, j, y, ɥ] に先行する子音は激しい硬口蓋化を伴います（§184）．また，[a] に先行する [k, g] の調音位置は顕著に前進し，[kʲ, gʲ] となります．[ni, ɲi] の区別には細心の注意を．語末で脱落する子音が母音ではじまる語の前で復活する現象（リエゾン）の詳細については朝倉（1955）等を参照してください．

165

§210　ブルガリア語

表記		転写	発音
А	а	a	[a]
Б	б	b	[b]
В	в	v	[v]
Г	г	g	[g]
Д	д	d	[d]
Е	е	e	[e]
Ж	ж	ž (zh)	[ʒ]
З	з	z	[z]
И	и	i	[i]
Й	й	j (y)	[j]

表記		転写	発音
К	к	k	[k]
Л	л	l	[ɫ]
М	м	m	[m]
Н	н	n	[n]
О	о	o	[ɔ]
П	п	p	[p]
Р	р	r	[r]
С	с	s	[s]
Т	т	t	[t]
У	у	u	[u]
Ф	ф	f	[f]

表記		転写	発音
Х	х	ch (kh)	[x]
Ц	ц	c (ts)	[ts]
Ч	ч	č (ch)	[tʃ]
Ш	ш	š (sh)	[ʃ]
Щ	щ	št (sht)	[ʃt]
Ъ	ъ	ă	[ɤ]
Ь	ь	j (y)	[ʲ]
Ю	ю	ju (yu)	[ju]
Я	я	ja (ya)	[ja]

ギリシア文字に手を加えて作られたキリール文字が用いられます．確かにブルガリアはこの文字の発祥の地ですが，よく誤解されているように，これを作ったのは聖キュリロス（キリール 826/827-869）ではありません．彼が作ったのはグラゴール文字という別の文字です．詳細は例えば神山（2007）をご覧の程．

英語の発音を習得した日本語話者が新たに学ぶべき母音は実質的に [ɤ̈]（簡略に [ɤ]）の1つだけです．従来よりしばしば用いられる表記 [ə] を避けたのは，IPA (1999 ; 2003) が [ɤ] を用いているため，さらに [ə] は無アクセント母音を暗示するためです．上表には示していませんが，[ɤ, a]，[u, ɔ] の対立は無アクセント音節において中和し，それぞれ中間的な [ɐ]，[o] が発されます．アクセント音節は長めに発音され，その置かれる音節に規則性はありません．動詞語尾と後置冠詞において，文字 а 及び я の母音部分が [ɤ] と，すなわち ъ と同じように発音される場合があります．

新たに学ぶべき子音は [x] だけです．有声噪音は語末，あるいは無声音の前で対応の無声音として，また逆に無声噪音は有声音の前で対応の有声音として発音されます．i と j の前で子音は付随的に硬口蓋化しますが，硬口蓋化子音は独立した（音素としての）地位を持っているわけではありません．

第Ⅲ章　その他の外国語の音と日本語なまり

§211　ベトナム語

表記		発音
A	a	[ɑ]
Ă	ă	[ă]
Â	â	[ə̆]
B	b	[ʔb]~[ɓ]
C	c	[k]
CH	ch	[c]
D	d	[z]
Đ	đ	[ʔd]~[ɗ]
E	e	[ɛ]
Ê	ê	[e]
G	g	[ɣ]
GH	gh	
GI	gi	[z]

表記		発音
H	h	[h]
I	i	[i]
K	k	[k]
KH	kh	[x]
L	l	[l]
M	m	[m]
N	n	[n]
NG	ng	[ŋ]
NGH	ngh	
NH	nh	[ɲ]
O	o	[ɔ]
		[w]
Ô	ô	[o]
Ơ	ơ	[ɤ]

表記		発音
P	p	[p]
PH	ph	[f]
QU	qu	[k]
R	r	[z]
S	s	[s]
T	t	[t]
TH	th	[tʰ]
TR	tr	[c]
U	u	[u]
		[w]
Ư	ư	[ɯ]
V	v	[v]
X	x	[s]
—		[ʔ]

　英語の発音を習得した日本語話者が新たに学ぶべき母音は何よりも [ɤ] でしょう．さらに [e, ɛ]，[o, ɔ]，[u, ɯ] の区別を身に着ける必要があります．これに [i, ɑ] を加えた計9つの母音は前舌（平唇）[i, e, ɛ]，後舌・平唇 [ɯ, ɤ, ɑ]，後舌・円唇 [u, o, ɔ] のように3列3段のきれいな体系を形成します．声調は6つです（母音aの例）：1. a（無表記；中音域・平板），2. à（低音域・やや下降），3. á（上昇），4. ả（下降＋上昇），5. ã（声門閉鎖を伴う急上昇），6. ạ（声門閉鎖を伴う急下降）．

　新たに学ぶべき子音の筆頭は [x] と [ɣ] でしょう．[c] は [tɕ] とも発音されますから緊急度は下がります．帯気音と無気音の対立が見られるのは [tʰ] と [t] だけです．b と d は特徴的で，[ʔb, ʔd] と記述される場合と，いわゆる**有声入破音** [ɓ, ɗ] として記述される場合がありますが，肝要なのは声門閉鎖と口腔内の閉鎖を同時に作り，しばらくこの状態を維持することでしょう．声門を含む喉頭がやや下がれば [ɓ, ɗ] が，さもなければ [ʔb, ʔd] が発されます．語末の [p, t, c, k] は無開放．音節末の鼻音 [m, n, ɲ, ŋ] の区別には練習が必要でしょう．

§212 ヘブライ語（現代ヘブライ語）

表記	転写	発音
א	ʼ	[ʔ]〜ゼロ
ב (ּב)	b	[b]
ב	v	[v]
ג	g	[g]
ג׳	j	[ʤ]
ד	d	[d]
ה	h	[h]〜[ʔ]〜ゼロ
ו	v	[v]
ז	z	[z]
ז׳	zh	[ʒ]
ח	kh	[ħ]〜[χ]
ט	t	[t]
י	y	[j]
כ (ּכ)	k	[k]
כ	kh	[χ]
ך 語末		
ל	l	[l]

		転写	発音
מ		m	[m]
ם	語末		
נ		n	[n]
ן	語末		
ס		s	[s]
ע		ʽ	[ʕ]〜[ʔ]
פ (ּפ)		p	[p]
פ		f	[f]
ף	語末		
צ		ts	[ts]
ץ	語末		
צ׳		tsh	[ʧ]
ץ׳	語末		
ק		k	[k]
ר		r	[r]〜[ʁ]
שׁ		sh	[ʃ]
שׂ		s	[s]
ת		t	[t]

例			発音
אַ	a		[a]
אָ			
אֲ			
אֵ	e		[e]
אֶ			
אֱ			
אִי	i		[i]
אִ			
אוֹ	o		[o]
אֹ			
אֻ			
אוּ	u		[u]
אֻ			
אְ	ə (°)	無音〜[e]

現代ヘブライ語は 19 世紀終わりに人為的に復活し，それ以来用いられているオリエント発音とその後の入植者が用いる非オリエント発音の差があります．

英語の発音を習得した日本語話者が新たに習得すべき母音はありません．新たな子音 [ħ, χ, ʕ] はあるものの，非オリエント発音では [ħ] は [χ], [ʕ] は [ʔ]で代用されるので，最低限習得が必要なのは [χ] だけです．[r]〜[ʁ] はどちらでも構いません．右列最下段の符号がシュワー（E. schwa）です．現在では原則として無音であり，発音上母音が不可欠の場合に [e] と発音される習慣です．

第Ⅲ章　その他の外国語の音と日本語なまり

§213　ペルシア語

文字(単独形)	転写	発音	備考
ا	ā	[ɒ]	
	a	[æ]	
	e	[e]	
	o	[o]	
آ	ā	[ɒ]	
ب	b	[b]	
پ	p	[p]	
ت	t	[t]	
ث	s	[s]	
ج	j	[ʤ]	
چ	č	[tʃ]	
ح	h	[h]	
خ	x	[x]	
د	d	[d]	
ذ	z	[z]	
ر	r	[r]	

文字	転写	発音	備考
ز	z	[z]	
ژ	ž	[ʒ]	
س	s	[s]	
ش	š	[ʃ]	
ص	s	[s]	
ض	z	[z]	
ط	t	[t]	
ظ	z	[z]	
ع	ʼ	[ʔ]	
غ	q	[G] / [ɣ]	語頭 / 非語頭
ف	f	[f]	
ق	q	[G] / [ɣ]	語頭 / 非語頭
ك	k	[k]	
گ	g	[g]	
ل	l	[l]	

文字	転写	発音	備考
م	m	[m]	
ن	n	[n]	
و	v	[v]	
	u	[u]	
وْ	ow	[ou]	
وُ	u	[u]	
ه	h	[h]	
ی	y	[j]	
	i	[i]	
یَْ	ey	[ei]	
يٰ			
َ	a	[æ]	
ِ	e	[e]	
ُ	o	[o]	
ْ	—		後続母音なし
ّ	—		子音の重複
اً	an	[an]	

　英語の発音を習得した日本語話者に新たに習得すべき母音は特にありません．[æ] は簡略に [a] と記されることもあります．母音領域の端に位置する [i, u, ɒ] はその他の母音よりも明らかに長く発音されます．アクセントは原則として語の末尾音節に置かれます．

　新たな子音は [x, ɣ, G] のみです．これらはいずれも精密には後部軟口蓋音 [x̱, ɣ̱-, g̱-] (後ろ寄りの符号を右に付した) であって，[χ, ʁ, G] と記すことも充分に可能です．

　アラビア文字に手を加えて使用しているため，同じ音に対応する綴りが複数あります．また，アラビア語の場合と同じく補助記号は通常書かれません．

§214 ポーランド語

表記		発音	備考
A	a	[a]	
Ą	ą	[ɔ̃]	下以外
		[ɔm]	+p, b, m
		[ɔn]	+t, d, n
		[ɔŋ]	+k, g
		[ɔ]	語末
B	b	[b]	
Bi	bi	[bʲi]	+非母音
		[bʲ]	+i以外の母音
C	c	[ts]	
Cz	cz	[tʃ]	
Ć	ć	[tɕ]	
Ci	ci	[tɕi]	+非母音
		[tɕ]	+i以外の母音
D	d	[d]	
Dź	dź	[dʑ]	
Dzi	dzi	[dʑi]	+非母音
		[dʑ]	+i以外の母音
Dż	dż	[dʐ]	
Drz	drz		
E	e	[e]	
Ę	ę	[ɛ̃]	下以外
		[ɛm]	+p, b, m
		[ɛn]	+t, d, n
		[ɛŋ]	+k, g
		[ɛ]	語末

F	f	[f]	
Fi	fi	[fʲi]	+非母音
		[fʲ]	+i以外の母音
G	g	[g]	
Gi	gi	[gʲi]	+非母音
		[gʲ]	+i以外の母音
H	h	[x]	
Ch	ch		
I	i	[i]	
J	j	[j]	
K	k	[k]	
Ki	ki	[kʲi]	+非母音
		[kʲ]	+i以外の母音
L	l	[l]	
Li	li	[lʲi]	+非母音
		[lʲ]	+i以外の母音
Ł	ł	[w]	
M	m	[m]	
Mi	mi	[mʲi]	+非母音
		[mʲ]	+i以外の母音
N	n	[n]	
Ń	ń	[ɲ]	
Ni	ni	[ɲi]	+非母音
		[ɲ]	+i以外の母音
O	o	[o]	

Ó	ó	[u]	
P	p	[p]	
Pi	pi	[pʲi]	+非母音
		[pʲ]	+i以外の母音
R	r	[r]	
Ri	ri	[rʲi]	+非母音
		[rʲ]	+i以外の母音
Rz	rz	[ʒ]	
S	s	[s]	
Ś	ś	[ɕ]	
Si	si	[ɕi]	+非母音
		[ɕ]	+i以外の母音
Sz	sz	[ʃ]	
T	t	[t]	
U	u	[u]	
W	w	[v]	
Wi	wi	[vʲi]	+非母音
		[vʲ]	+i以外の母音
Y	y	[ɨ]	
Z	z	[z]	
Ź	ź	[ʑ]	
Zi	zi	[ʑi]	+非母音
		[ʑ]	+i以外の母音
Ż	ż	[ʒ]	

英語の発音を習得した日本語話者にとって，ポーランド語を学ぶ際に新たに習得すべき母音は [ɨ] の1つだけです．ただし，これも先行子音に硬口蓋化を

第Ⅲ章　その他の外国語の音と日本語なまり

加えないようにイをやや中舌寄りに言えば充分ですからあまり心配は要りません．また，慣用に従い鼻母音に用いられる母音は広い [ɛ, ɔ] で記載してありますが，[e, o] との差異について特に気にする必要はありません．

他方，子音については新たな [x] に加えて，下記の重要な対立があります．

　　　　　[ʃ]　　　[ʒ]　　　[tʃ]　　　[ʤ]　　　通称「硬い」
　　　　　[ɕ]　　　[ʑ]　　　[tɕ]　　　[ʥ]　　　通称「軟らかい」

下の「軟らかい」組は日本語のシ，チ等と同様にイの口つきで，他方，「硬い」組は少し下あごを前に出し，さらに唇を突き出して言ってください．

アクセントは原則として末尾から 2 番目の音節に置かれます．アクセント母音は多少長めに発音されます．無アクセント音節の母音の弱化は極軽度で，実際上無視してかまいません．

i の前に綴られた子音は硬口蓋化子音（軟子音，拗音）として発音されます（ki, mi, bi, etc.）．[i] の前の子音が硬口蓋化を受けることは何語でも当然のことであり，本来はわざわざ硬口蓋化の符号を加える必要はありませんが，上表では意図的に [bʲi] と記しました．これにさらに母音が続くと i は母音としての実現を失い，「軟子音＋母音」の表記となります（kia, mia, bia, etc.）．

ć, dź, ń, ś, ź は母音が後続するときそれぞれ ci, dzi, ni, si, zi と綴られます．後続母音が i の場合にはさらに母音字を加えず，その他の母音が後続する場合にはこれに該当の母音字をさらに加えて表記します（cia, dzia, nia, sia, zia, etc.）．

いわゆる鼻母音の ą と ę は，閉鎖音の前に位置するとき，「母音＋鼻子音」として発音されます．この場合の鼻子音の調音位置は後続の閉鎖音と一致します．すなわち，日本語の「ン」の実現に類似しています．また，語末の ą と ę はしばしば鼻音要素を失い，口母音として発音されます．

語末に位置する有声噪音は無声音として発音されます．無声噪音の前に位置する有声噪音は対応の無声音として，有声噪音の前に位置する無声噪音は対応の有声音として発音されます．無声子音の後に位置する w と rz は無声音の [f, ʃ] として発音され，「母音＋ń」の連続の間にはかなり明瞭なわたり音 [i̯] が聞かれます（e.g. państwo [ˈpai̯nstfo]）．

171

§215 ポルトガル語

表記		発音	備考
A	a	[a] [ɑ] [ɐ]	+l, [u] 無アクセント
Á	á	[a]	
Ã	ã		
AM	am	[ẽ]	
AN	an		
ÃO	ão	[ẽũ]	語尾
AM	am		
ÃE	ãe	[ẽĩ]	
B	b	[b] [β]	語頭/+鼻母音
C	c	[k] [s]	+e, i
Ç	ç	[s]	
CH	ch	[ʃ]	
D	d	[d] [ð]	語頭/+鼻母音
DI	di	[dʒi]	(ブラジル)
DE	de		
E	e	[e, ɛ] [i] [ɨ]	無アクセント 語頭 無アクセント その他
Ê	ê	[e]	
É	é	[ɛ]	
EM	em	[ẽ]	
EN	en		
EM	em	[ẽĩ]	語尾
ENS	ens		
F	f	[f]	
G	g	[g] [ɣ] [ʒ]	語頭/+鼻母音 +e, i
GU	gu	[g] [gw]	+e, i
H	h		音価なし
I	i	[i]	
IM	im	[ĩ]	
IN	in		
J	j	[ʒ]	
L	l	[l] [ɫ]	音節末
LH	lh	[ʎ]	
M	m	[m]	
N	n	[n]	
NH	nh	[ɲ]	
O	o	[o, ɔ] [u]	語尾
Ó	ó	[ɔ]	
Ô	ô	[o]	
Õ	õe	[õĩ]	
OM	om	[õ]	
ON	on		
P	p	[p]	
QU	qu	[k] [kw]	+e, i
R	r	[ɾ]	
RR	rr	[ʁ]~[r]	語頭/l, n, s+
S	s	[s] [z] [ʒ] [ʃ]	語頭/+子音 母音間 +有声子音 語末/+c f p q t
S	s	[z]	母音間
SS	ss	[s]	

T	t	[t]	
TI	ti	[tʃi]	（ブラジル）
TE	te		
U	u	[u]	
UM	um	[ũ]	
UN	un		

V	v	[v]	
X	x	[s]	
		[z]	
		[ʃ]	
		[ks]	
Z	z	[z]	
		[s]〜[ʃ]	語尾

　上に示したのは，基本的にポルトガルのポルトガル語における文字と発音の関係の概略です．ただし，ブラジルのポルトガル語における発音にも若干配慮を加えてあります．

　ポルトガル語の母音組織は比較的複雑で，英語を通して [u] を習得していたとしても，日本語話者は狭い [e][ɐ][o] と広い [ɛ][a][ɔ] の区別，並びに新たな母音 [ɨ]（イの口でウ）を学ばねばなりません．[ɨ] はやや後ろ寄りなので [ɯ] とも，あるいは極度に概略的な場合には [ə] と記されることもあります．念のために [ɨ]（〜[ɯ]）と [u] の区別も確認してください．また [i] と [u] に終わる二重母音がたくさんありますが，個々の母音の発音がちゃんとできれば特に心配ありません．

　ポルトガル語は**鼻母音**が 5 つあることで有名です：[ĩ][ẽ][ɐ̃][õ][ũ]．例えば英米人にとってこれらを発音し分けることは難問なのでしょうが，もうご存知のように日本語には 5 個以上の鼻母音がありますね．ですから，日本語話者にとってこれらの鼻母音を習得することは比較的容易です．唯一，[ẽ] がこの記号から得られる印象よりもずっと狭い母音であることには注意が必要でしょうか．慣用には反しますが，[ə̃] と記すほうが事実に近いかもしれません．

　アクセントは原則として最後から 2 番目の音節に置かれますが，3 番目の音節に置かれる場合にはその位置が（´）（ˆ）で明示されます．アクセント後の音節には [ɐ][ɨ][u] のみが生じ，これらはしばしば無声化します．

　新たな子音は [ʁ] と [ʎ] だけです．フランス語の R と同じ [ʁ] の代わりに [ʀ] や [r] を用いても構いませんが，これと [ɾ] とは区別することが必要です．語頭と鼻母音の前の位置では [b d g] が，それ以外では [β ð ɣ] が発せられることになっていますが，後者の位置で [b d g] を発しても大丈夫です．

§216 ラテン語

表記		発音
A	a	[a, a:]
B	b	[b]
C	c	[k]
D	d	[d]
E	e	[e, e:]
F	f	[f]
G	g	[g]
H	h	[h]

I	i	[i, i:]
J	j	[j]
K	k	[k]
L	l	[l]
M	m	[m]
N	n	[n]
O	o	[o, o:]
P	p	[p]
Qu	qu	[k^w]

R	r	[r]
S	s	[s]
T	t	[t]
U	u	[u, u:]
V	v	[w]
X	x	[ks]
Y	y	[y, y:]
Z	z	[z]

ラテン語の音声と文字全般についての基礎的情報を記します.

k, y, z が綴られる場合はわずかです. k は Kalendae = Calendae「一日(ついたち)」に, y と z はギリシア語からの借用語に用いられます.

I i と J j, U u と V v は字体の相違であって, それぞれ前者を母音として, 後者を子音として用いる習慣が生じたのは後代のことです. かつてはこれらを区別せずに, 大文字では I と V, 小文字では i と u が用いられました.

ギリシア語の場合と同じく, 母音は長短を区別し, 必要な場合には長母音を長音符（¯）で, 短母音を短音符（˘）で示しますが, 通例これらの符号は加えられません. 特に短音符は専門書や辞書以外ではまったく表記されません. 長母音あるいは「単母音+子音」に終わる音節は長い音節として扱われます.

アクセントは, ギリシア語のそれにも似て, 語末から数えて三つの音節のいずれかに置かれます（三音節の法則）. 末尾から二番目の音節が長い場合にはその音節が, それが短い場合にはその前の音節がそれぞれアクセントを持ちます.

例えばドイツ語圏では上のような古典的発音がほぼ踏襲されますが, 各国で自国語の発音に倣った慣用的な発音がしばしば用いられます. 例えば英語圏では母音の長短は捨象され, r は [ɹ, ɻ], v は [v], i と y は [ɪ, aɪ] のように発音されることもあります.

§217　ルーマニア語

表記	発音	備考
A a	[a]	
Â â	[ɨ]	
Ă ă	[ə]	
B b	[b]	
C c	[k] [tʃ]	+e, i
Ch ch	[k]	+e, i
D d	[d]	
E e	[e]	
F f	[f]	

表記	発音	備考
G g	[g] [ʤ]	+e, i
Gh gh	[g]	+e, i
H h	[h]	
I i	[i]	
Î î	[ɨ]	
J j	[ʒ]	
L l	[l]	
M m	[m]	
N n	[n]	
O o	[o]	

表記	発音	備考
P p	[p]	
R r	[r]	
S s	[s]	
Ș ș	[ʃ]	
T t	[t]	
Ț ț	[ts]	
U u	[u]	
V v	[v]	
X x	[ks] [gz]	+子音/ex-
Z z	[z]	

　英語の発音を習得した日本語話者が新たに習得すべき音は [ɨ] だけです．イの口つきを保ったままでウを言おうとすれば簡単に発することができます．この母音は原則として î で表されますが，ルーマニアに関わる語の場合には â が用いられます：mînă ['mɨnə]「手」, a mînca [amɨn'ka]「食べる」; România [romɨ'nia]「ルーマニア」, român [ro'mɨn]「ルーマニア人」, limba română ['limba ro'mɨnə]「ルーマニア語」, românește [romɨ'neʃte]「ルーマニア語で」, etc.

　ありがたいことに，他には特に習得すべき新たな音はありません．

　アクセント位置は規則的ではなく，アクセント母音は長目に発音されます．

　人称代名詞と a fi "to be" の諸形態に現れる語頭の e は例外的に [je] と発音されます：eu ['jeu]「私は」, el ['jel]「彼は」, ești ['jeʃti] "you are", este ['jeste] "(he, she, it) is"，etc.

　今のルーマニアにあたるダキアは早期のうちにキリスト教を受け入れましたが，一時隆盛を誇ったブルガリアの影響の下，東方正教会に帰属し，典礼には教会スラブ語が用いられました．そのため，ルーマニア語を記すために1859年まではキリール文字が用いられました．

§218　ロシア語

表記	転写①	転写②	発音
А а	a	a	[a]
Б б	b	b	[b]
В в	v	v	[v]
Г г	g	g	[g]
Д д	d	d	[d]
Е е	e	ye	[je]
Ё ё	ë	yo	[jo]
Ж ж	ž	zh	[ʒ]
З з	z	z	[z]
И и	i	i	[i]
Й й	j	y	[j]

表記	転写①	転写②	発音
К к	k	k	[k]
Л л	l	l	[ɫ]
М м	m	m	[m]
Н н	n	n	[n]
О о	o	o	[o]
П п	p	p	[p]
Р р	r	r	[r]
С с	s	s	[s]
Т т	t	t	[t]
У у	u	u	[u]
Ф ф	f	f	[f]
Х х	ch	kh	[x]

表記	転写①	転写②	発音
Ц ц	c	ts	[ts]
Ч ч	č	ch	[tʃʲ]
Ш ш	š	sh	[ʃ]
Щ щ	šč	shch	[ʃʲ:]
Ъ ъ	″		
Ы ы	y		[ɨ]
Ь ь	′		[ʲ]
Э э	e		[e]
Ю ю	ju	yu	[ju]
Я я	ja	ya	[ja]

　キリール文字で記されます．一般的かつ正確な転写法はありませんが，学術文献においては上記①が，それ以外の場合には②がしばしば用いられます．

　英語の発音を習得した日本語話者が新たに習得すべき母音は [ɨ] だけでしょう．イの口の形のままでウを言おうとすれば簡単です．ただし，後述のような母音の弱化に関しては別途習熟が必要です．

　新たな子音は [x] と [r] だけです．[j] はとてもしばしば硬口蓋摩擦音 [ʝ] として発音されます．子音に関し注意を要するのは**硬口蓋化**子音と非硬口蓋化（要するに普通の）子音との対立が広範に行われることです．ロシア人の感覚に基づき，それぞれ**軟子音**，**硬子音**とも呼ばれます．硬口蓋化（軟化）とは，任意の子音に [j] や [ʝ]（無声音なら [ç]）の調音を同時に加えることであり，IPA では [ʲ] で示されます．ロシア語学では [′] が用いられることがありますが，放出音（§190）の表記と混乱を招きますので避けてください．

　要するに，硬口蓋化子音（軟子音）とは日本語の拗音（開拗音）と同義です．

第Ⅲ章　その他の外国語の音と日本語なまり

英米人等には頭痛の種ですが，パとピャ，カとキャ等の違いですから日本語話者にとってほとんどの軟子音には何の困難もありません．実質的に注意を要するのは [tʲ, dʲ, sʲ, zʲ] だけです．チ, シ, ジ等との混乱を避けるべく，§184 に添えた練習を必ずしてください．また，母音が後続しない場合の軟子音の発音に関しては別途習熟を要します．

Щ [ʃʲ:] は日本語の長いシの，Ч [tʃʲ] はチの子音で充分に代用できます．[ʃʲ:] との区別をはっきりさせるために，Ш [ʃ]（同様に Ж [ʒ] にも）には多少とも軟口蓋化を加えることをお勧めします．要するに [ʃ] と同時に [x] を言うつもりになれば結構です（声を加えて [ʒ]）．軟口蓋化の符号（~）を加えて精密に記せば [ʃ̴ ʒ̴] となりますが，あるいは §203 に記したような，そり舌音の [ʂ ʐ] として記述することも可能かもしれません．

アクセント位置は規則的でなく，語形が変化するとその位置も変わってしまうことが多々あります．恐らく，この点がロシア語の音声の点で1番厄介なことでしょう．アクセント母音ははっきりと長目に発音されます．

無アクセント音節に位置する А と О は弱化して，語頭とアクセント直前の音節で [ɐ] と，それ以外の音節で [ə] と発音されます．

無アクセント音節の Я と Е は一般に [jɪ]（[ʲɪ]）に，あるいは硬口蓋化子音（軟子音）の後では [ɪ] に弱化します．常に軟子音である Ч, Щ の後に綴られた А も同様の扱いを受けます．ただし，名詞あるいは形容詞（単数主格，属格）の末尾にある場合は [jə]（[ʲə]）あるいは（軟子音＋）[ə] と発音されます．

綴りと発音の関係の根本についても若干解説を添えておきましょう．

Ь, И, Я, Ю, Е, Ё の前に綴られた子音が軟子音として発音されます．

Ъ は特に音価を持たず，その前に綴られた子音が軟子音でない（硬子音）ことを表示します．ただし，これに反する場合が若干あります（神山 2004）．

前に子音がない場合, Я, Ю, Е, Ё は初頭に [j]（[ʲ]）を伴って [ja, ju, je, jo] と発音されます．

語末に綴られた有声噪音は無声音として発音されます．語中で無声噪音の前に綴られた有声噪音は無声音として，有声噪音の前に綴られた無声噪音は有声音として発音されます．ただし，В の前の無声噪音は有声化しません．

おわりに

　実のところ，本書は綿密な計画に従って作成されたものではない．「はじめに」にも触れたが，2008年度における全学共通教育科目「ことばの世界」の担当がほぼ内定した2007年3月から翌月にかけて，印欧語比較言語学の初歩を初心者に無理なくお教えしようと考え，教材の準備をはじめた．だが，筆が進むにつれて，ギリシア，ラテンはおろか，まだドイツ語もフランス語も知らないであろう大学1年生にこれを講じるのはかなりの無理があるのではないかと考えはじめた．最低でもこれらに加えてサンスクリットぐらいには言及しないと，研究史さえも説得的に提示できないことを危惧したからである．

　そこで，日頃から学生（及び一部の教師）の発音のまずさに業を煮やしていたため，日本語と英語を軸にして，英語とその他の外国語の発音上達を主眼とした実用的な音声学を講じる可能性も並行して検討することにし，本書の序章と第Ⅰ章にあたる部分の大半を2007年5月から6月にかけて作成した．だが，その後，雑事が重なったため，どちらを講じるのか決められぬまま無為に時間が経過し，結局，音声学を選んだのはようやく小暇を得た師走に至ってからのことである．年末年始を中心に突貫工事を敢行し，1月末に至ってようやく一応の完成を見た第Ⅱ章と第Ⅲ章は，正直言って，かなりのやっつけ仕事であることを吐露せざるを得ない．このような経緯から，前半と後半の間に存在した半年の断裂が，何らかの不統一・不調和として残存することを恐れる．

　何とか脱稿に辿り着いた今，原稿を読み返してみると，欲張りかもしれないが，言及すべきであったことが他にも色々あったのではないかと感じている．日本語に関して言えば，異常な発音習慣をお持ちの方に対する発音矯正の視点を欠いてしまった点を惜しむ．サ行子音を [θ] で言う癖のある人にはかなりの頻度で出会うし，首相に返り咲いた安倍晋三衆議院議員のように，一部のサ行子音を側面摩擦音 [ɬ] で，チとキの子音を破擦音化した側面開放 [tɬ] で発音するとてもめずらしい癖をお持ちの人も稀に存在する．このような defective speech を改善するためのアドヴァイスはとても重要であったろう．

英語に関しては，特にアクセントと音長をきっちりと扱う箇所を用意できなかったことを反省している．例えば Japanese という語は the Japanese economy では第3音節に第1アクセント，第1音節に第2アクセントが置かれる（Jàpanése）が，the Japanese language のように後続語の第1音節に第1アクセントがある場合，アクセント音節の連続が嫌われるために Japanese の第1アクセントは第1音節に移動し，第3音節は第2アクセントへと格下げになる（Jápanèse）．また，この語で言えば，各々の音節の長さはほぼ 2-1-3 ないし 3-1-3 の比となり，長短の弁別に慣れている日本語話者がしばしば誤解しているような 1-1-2 ではない．このような事情が実用的にとても重要なことは論を俟たないが，幸いにも，英語のアクセントと音長に関しては他書によって補うことが充分に可能と思われる．本書によって基本的な発音を固めた後で，例えば次頁以降に掲げる各書にお進みいただきたい．

　その他の外国語に関しては，話者の数による制限ばかりか，印字やレイアウト上の都合のようなまったく本質的でない技術的な理由により，当初の予定よりも収録言語の範囲をやや狭めざるをえなかった点が心残りである．

　誠に勝手ながら，これらの諸点について配慮が至らなかった点についてはご寛恕をお願いしたいと思う．

　いつもながら上梓の過程においては様々な方のお世話になった．関口存男氏の写真をお貸しくださった浜松医科大学教授佐藤清昭先生，中国語の音声についてお知恵を拝借した日本大学文理学部教授の畏友平井和之，そして原稿の不測の不備をご指摘くださった国立民族学博物館司書赤井規晃，大阪大学外国語学部講師北岡千夏，同文学研究科講師堂山英次郎，同外国語学部4年生の島田賢治，三寺真史，そして大阪大学出版会の大西　愛の各氏（順不同）のお名前を明記し，深甚なる謝意を表する．

　本書に何か役立つことがあるとしたら，それは，日本語と英語のみならず，言語音声一般に対する目（耳？）を養ってくださった竹林　滋先生から受けた恩恵の賜である．

　諸兄の**脱・日本語なまり**の試みが奏功することを祈念しつつ筆を擱く．

参考文献（抄）

秋永一枝　1977　「発音の移り変り」　阪倉（1977）所収．

荒木茂男，真鍋良一，藤田　栄（編）　1959　『関口存男の生涯と業績』　三修社（復刻 POD 版　2006）．

有坂秀世　1955　『上代音韻攷』三省堂．

─── 1957　『国語音韻史の研究』　三省堂．

───（有坂愛彦，慶谷壽信編）　1959　『音韻論』　三省堂．

─── 1989　『言語学・国語学著述拾遺』　三省堂．

朝倉季雄　1955　『フランス文法事典』　白水社（改訂新版　2002　『新フランス文法事典』）．

Carton, Ferdinand　1974　*Introduction à la phonétique du français*. Paris: Bordas.

Catford, John C.　1988, 2001[2]　*A Practical Introduction to Phonetics*. Oxford: Clarendon Press（竹林　滋，設楽優子，内田洋子訳　2006　『実践音声学入門』大修館書店）．

Collins, Beverley & Mees, Inger　1998　*The Real Professor Higgins: The Life and Career of Daniel Jones*. Berlin & New York: Mouton de Gruyter.

Delattre, Pierre　1965　*Comparing the Phonetic Features of English, French, German and Spanish*. Heidelberg: Julius Groos Verlag.

Gimson, Alfred C.　1987[3]　*An Introduction to the Pronunciation of English*. London: Edward Arnold; Revised by Alan Cruttenden　1994　*Gimson's Pronunciation of English*.

Hepburn, James Curtis（美國平文）　1867　*A Japanese and English dictionary with an English and Japanese index*（『和英語林集成』）. Shanghai : American Presbyterian Mission Press（Reprint　1983　Tokyo : C. E. Tuttle）．

服部四郎　1951　『音聲學』　岩波全書（再版　1984　『音声学』　岩波書店）．

International Phonetic Association, the: IPA　1999　*Handbook of the International Phonetic Association: A Guide to the Use of the International Phonetic Alphabet*. Cambridge University Press（竹林　滋，神山孝夫訳　2003　『国際音声記号ガイ

ドブック：国際音声学会案内』 大修館書店).

岩崎民平 1919, 1922^5 『英語發音と綴字』 研究社.

Jespersen, Otto 1913^2 *Lehrbuch der Phonetik.* Leipzig & Berlin: Teubner.

亀井 孝 1984 『日本語のすがたとこころ（一）』（亀井 孝論文集 3） 吉川弘文館.

──, 河野六郎, 千野栄一（編） 1988-2001 『言語学大辞典』I-VI. 三省堂.

神山孝夫 1995 『日欧比較音声学入門』 鳳書房.

── 2007 「スラブの 2 つの文字の由来について」『ロシア・東欧研究』 12.

小泉 保 1996, 2003^2 『音声学入門』 大学書林.

Ladefoged, Peter 1975, 1982^2, 1993^3, 2000^4, 2006^5 *A Course in Phonetics.* New York : Harcourt Brace Jovanovich, et al.（竹林 滋, 牧野武彦訳 1999 『音声学概説』 大修館書店).

Man, John 2001 *Alpha beta: How our alpabet shaped the western world.* London: Headline（金原瑞人, 杉田七重訳 2004 『人類最高の発明アルファベット』 晶文社).

Mayrhofer, Manfred 1978 *Sanskrit-Grammatik.* Sammlung Göschen. Berlin & New York: Walter de Gruyter.

望月洋子 1987 『ヘボンの生涯と日本語』 新潮社.

内藤好文 1941 『獨逸語発音練習』 大学書林.

── 1958 『ドイツ語音声学序説』 大学書林.

Ovidius, Nasso Publius 著, 中村善也訳 1981-84 『変身物語（上・下）』岩波文庫.

Pletner, Orest 1926 『實用 英佛獨露語の發音』 同文館.

斎藤兆史（よしふみ） 2000 『英語達人列伝：あっぱれ日本人の英語』 中公新書.

阪倉篤義（編） 1977 『日本語の歴史』（日本語講座第 6 巻） 大修館書店.

佐藤純一 1963-4 「ロシア語の発音指導について（1）～（9）」 『ロシア語』 1: 2, 4, 5, 6, 7, 8; 2: 1, 2, 3. ナウカ.

関口存男（つぎお） 1931 『獨逸語大講座』 外語研究社（関口（1994a）に再録).

── 1932a 『意味形態を中心とする獨逸語前置詞の研究』 橘書店（1933 日光書院；1948^4 『意味形態を中心とする独逸語前置詞の研究』; 1957 『意味

形態を中心とするドイツ語前置詞の研究』三修社；関口（1994a）に再録）．

―― 1932b『和文獨譯の實際：例題本位』日光書院（1933 橘書店；1957『和文独訳の実際』三修社；関口（1994a）に再録）．

―― 1932-1935『新獨逸語文法教程』三省堂（改訂版 1950；3訂新版 1964『新ドイツ語文法教程』；関口（1994a）に再録）

―― 1935『獨作文教程』尚文堂（1939 日光書院；1953『独作文教程』三修社；関口（1994a）に再録）．

―― 1936[3]『標準初等ドイツ語講座』橘書店（1942 日光書院；1956『関口初等ドイツ語講座』三修社；『改訂標準初等ドイツ語講座』として関口（1994a）に再録；関口一郎改訂版 1982）．

―― 1939『獨逸語學講話』日光書院（再版 1954『ドイツ語学講話』三修社；関口（1994a）に再録）．

―― 1943『獨逸文法接続法の詳細』日光書院（再版 1955『接続法の詳細』三修社；改題 1968『ドイツ文法接続法の詳細』；関口（1994a）に再録）．

―― 1948『新ドイツ語大講座』東西出版社（改訂版 1950 第一図書；1964 三修社；関口（1994a）に再録）．

―― 1951『やさしいドイツ語』三修社（関口（1994a）に再録）．

―― 1954『趣味のドイツ語』三修社（関口（1994a）に再録）．

―― 1958『和文独訳漫談集：文法と作文』三修社（1962『和文独訳漫談集』；関口（1994a）に再録）．

―― 1961『冠詞：意味形態的背景より見たるドイツ語冠詞の研究』I-III. 三修社．

―― 1994a『関口存男著作集：生誕100周年記念』（ドイツ語学篇全13巻，翻訳・創作篇全10巻，別巻ドイツ語論集）三修社（POD版 2000）．

―― (hrsg. von Kennnosuke Ezawa, Wilfried Kürschner und Isao Suwa) 1994b *Deutsche Präpositionen: Studium zu ihrer Bedeutungsform*；mit Beiträgen von Eugenio Coseriu und Kennnosuke Ezawa. Niemeyer.

Shaw, George Bernard 著，倉橋健，喜志哲雄譯 1993『人と超人　ピグマリオン：ベスト・オブ・ショー』白水社．

城田　俊　1979　『ロシア語の音声』　風間書房.

竹林　滋　1976, 1984²　*Primer of Phonetics*. Iwasaki Linguistic Circle.

千野栄一　1975　『言語学の散歩』　大修館書店.

────　1980　『言語学のたのしみ』　大修館書店.

────　1986a　『外国語上達法』　岩波新書.

────　1986b　『注文の多い言語学』　大修館書店.

────　1987　『プラハの古本屋』　大修館書店.

────　1994　『言語学への開かれた扉』　三省堂（改訂版　2002　『言語学：私のラブストーリー』）.

────　1998　『言語』　作品社.

────　1999　『ことばの樹海』　青土社.

────　2002　『言語学フォーエバー』　大修館書店.

上田萬年　1898　「P音考」　『帝國文學』　4: 2（上田 1903 に転載）.

────　1903　『國語のため（2）』　富山房.

Viëtor, Wilhelm　1915　*Elemente der Phonetik des Deutschen, Englischen und Französischen*. Leipzig: Reisland.

────　1926　*Kleine Phonetik des Deutschen, Englischen und Französischen*. Zwölfte Auflage besorgt von Ernst A. Meyer. Leipzig: Reisland.

山田孝雄　1938　『五十音図の歴史』　宝文館.

八杉貞利　1935　『ロシヤ語発音五時間』　大学書林.

────　1941　『ロシヤ語發音學』　三省堂語學文庫.

発音辞典・参考書 (抄)

〈日本語〉

城田　俊　1993　『日本語の音』　ひつじ書房.
NHK 放送文化研究所　1998　『NHK 日本語発音アクセント辞典』　NHK 出版.
秋永一枝, 金田一春彦　2001　『新明解日本語アクセント辞典』　三省堂.
町田　健 (編), 猪塚元, 猪塚恵美子 (著)　2003　『日本語音声学のしくみ』　研究社出版.
斎藤純男　2007　『日本語音声学入門 (改訂版)』　三省堂.

〈英語〉

竹林　滋　1982　『英語音声学入門』　大修館 (竹林　滋, 斎藤弘子　1998　第 2 版).
──　1996　『英語音声学』　研究社.
松坂ヒロシ　1986　『英語音声学入門』　研究社.
John C Wells　2000　*Longman Pronunciation Dictionary*. Pearson Education.
英語音声学研究会　2003　『大人の英語発音講座』　NHK 出版.
牧野武彦　2005　『日本人のための英語音声学レッスン』　大修館書店.

〈ドイツ語〉

新倉真矢子, Angela Lipsky　2005　『ドイツ語発音・聞き取りトレーニングブック』　三修社.
Max Mangold in Zusammenarbeit mit der Dudenredaktion　2005^6　*Duden, Aussprachewörterbuch*.

〈フランス語〉

Lerond, Alain　1980　*Dictionnaire de la prononciation française*. Larousse.
滝澤隆幸　1981　『フランス語発音入門』　海出版社.

―― 1996 『フランス語音声学：聴解からの発音上達法』 名古屋大学.

〈ロシア語〉

城田 俊　1988　『ロシア語発音の基礎』　研究社.
Р. И. Аванесов　1997[6]　*Орфоэпический словарь русского языка*.　Русский язык.
神山孝夫　2004　『日本語話者のためのロシア語発音入門』　大学教育出版.
―― 2012　『ロシア語音声概説』　研究社.

〈スペイン語〉

上田博人　2000　『日本人のためのスペイン語発音教本』(Prácticas de fonética española para hablantes de japonés)　Madrid: Alco/Libros.

〈中国語〉

長谷川良一　1980　『ひとりで学べる生きた初級中国語』　行人社.
―― 1989　『絵と音で学ぶ独学中国語入門』　白帝社.

〈朝鮮語（韓国語）〉

梅田博之　2006　『NHK 新版ハングル入門』　NHK 出版.

事項索引

ask words　99

defective speech　179

IPA, ExtIPA　→　国際音声記号；国際音声学会

LとR　v 4 35 72 76 88 133

Mayfair　2

My Fair Lady　2 56

Please Mr. Postman（Dobbins/Garett/Brianbert, The Marvelettes, The Beatles, The Carpenters, etc.）　124 127

R音性母音（rhotacized vowel, r-colored vowel）　97 98

Yesterday（Lennon & McCartney, The Beatles）　122 126

あ

ア（日本語の音）　25 45 52 53 54 60 64 92 93 94 95 96 97 98 99 100

明るいL（clear L）　74 140

アクセント（accent）　63 66 87 88 98 110 117 146 147 150 152 153 155 160 161 166 169 171 173 174 175 177 180；第1～（primary ～）　180；第2～（secondary ～）　63 180；無～（unaccented）　70 96 149；無～音節（unaccented syllable）　90 95 171 177；無～母音（unaccented vowel）　66 89 96 166；高さ～（pitch）　63；強さ～（stress）　63 95 117；鋭～（acute（´））　150；曲～（circumflex（˜））　150；重～（grave（`））　150

あくび（yawn）　134 154

アッシュ（ash = æ）　59

アフリカ（Africa）　143 144

アフリカータ（It. affricata or G. Affrikata）　28　→　破擦音

あべし（a death cry　→　北斗の拳）　70

アラビア語（Arabic）　47 19 51 72 131 139 154 169；文語～（literary or standard Arabic）　154

アラビア文字（the Arabic alphabet）　148 169

アンシェヌマン（F. enchaînement）　106 110

イ（日本語の音）　8 29 36 39 52 53 54 60 64 83 87 90 91 117 132

息（breath）　5 7 8 15 17 25 76 77 80 84 86 87 109 110 141 142

息もれ声（breathy voice）　33 135 148 163

イタリア（Italy） 137；〜語（Italian） 15 28 51 57 61 72 91 94 131 146 147

いなかっぺ大将 45

一般米発音（the General American: GA） 67 → 米音

いろは歌 54

印欧語（Indo-European languages） iii 179

インド（India） 54；〜系諸言語（Indian *or* Aryan languages） 47 135 163

咽頭（pharynx） 49；〜音（pharyngeal） 49 135 139；〜化（pharyngealization） 154；〜壁（pharyngeal wall） 97 154

イントネーション（intonation） 122

インドネシア語（Indonesian） 49 51 131 139 147

韻律（prosody） 165

ウ（日本語の音） 6 7 29 36 37 52 53 54 55 58 61 64 65 87 101 102 132 136 139

ウェヌス（ヴィーナス；Venus） 1

ヴェネチア（It. Venezia） 137

上寄り（raised） 60

うがい（gargle） 133 134

後ろ寄り（retracted） 60 86 94 160 169 173

歌 vii 122 126 142

ウルドゥー語（Urdu） 48 57 61 131 139 148 163

エ（日本語の音） 25 52 53 54 57 60 61 64 65 90 91 93 140

英音（the Received Pronunciation: RP） vii 55 58 67 71 75 79 83 85 88 90 91 92 93 94 95 96 97 98 99 100 131 103 104 122 126 149

英会話 iii

英語（English） iii iv v vii viii 3 4 5 6 7 8 9 11 15 18 20 21 27 28 29 35 36 37 42 46 47 48 49 50 51 54 55 56 58 59 60 63 66 67 68 70 71 72 74 75 76 79 80 82 83 84 86 87 88 90 91 92 94 95 98 100 102 105 106 110 111 112 113 114 115 116 117 119 120 121 122 127 131 132 133 134 135 136 137 138 139 140 144 146 147 148 151 153 154 155 157 159 161 161 163 165 166 167 168 169 170 173 175 176 179 180；〜音声学研究会 79；〜圏（the English-speaking world） 174；〜なまり（English accent） 140；古〜（Old English） 111

英国（the United Kingdom） 56 67 94 101 105 118 126 149

英国標準発音（the Received Pronunciation: RP） 67 → 英音

英米人 173

索引

円唇（rounded） 36 37 53 55 58 59 61 82 161 167；〜化（labialization） 39 55 82

オ（日本語の音） 6 25 52 53 54 55 57 60 61 64 65 100 101 102

大阪外国語大学（Osaka University of Foreign Studies） iii

大阪大学（Osaka University） iii 180

オーストラリア（Australia） 67

大文字（uppercase letter） 174

オランダ語（Dutch） 48 50 131 133 139 147 149

オリエント発音（ヘブライ語） 168

音声学（phonetics） iv viii 1 9 39 54 56 75 108 115 120 121 131 132 136 140 179

音声記号（phonetic signs） viii

音節主音（syllabic） 71 152 155

音長 → 長短

音の挿入（adding） 113 119

音引 64

か

開音節（open syllable） 147

開口度（aperture） 36 52 53 60 74 91 103 132

外国語 iii iv v 3 4 8 9 42 47 51 54 63 67 68 70 75 76 81 84 105 106 131 135 136 138 179 180

外国人 42 43 44 70 139；外国人教師 70

外破音（（廃用）explosive） 154 → 肺気流子音，閉鎖音（破裂音）

解剖学（anatomy） 14 19 20

外来 〜音節 81；〜音 148；〜語 22 31 87 91 94 119 137 138 148

鏡 vii 4 8 14 16 18 19 20 22 23 24 25 26 28 40 41 42 52 53 55 58 69 73 76 77 78 79 80 82 85 87 88 96 102 108 110 111 113 132 136 139 144

カ行子音 13 20 21 41 45

ガ行子音 15 20 21 32 41 45 88

過剰矯正（hypercorrection） 81 95 127 138

硬い子音 → 硬子音

合衆国 → 米国

カリフォルニア大学ロスアンジェルス校（Univeersity of California, Los Angeles: UCLA） viii

韓国語 → 朝鮮語

冠詞（article） 95；後置〜（postposed 〜） 166

カンボジア語（Cambodian） 57

気音（aspiration） 87 88 110 135 154 157 158

キッス（kiss） 144

基本母音（the cardinal vowels） 60 90

189

91 93 94 100 102；第1〜（the primary 〜）56 58 132；〜1番（〜 No. 1）[i] 54 56ff. 90；〜2番（〜 No. 2）[e] 56ff.；〜3番（〜 No. 3）[ɛ] 56ff. 91；〜4番（〜 No. 4）[a] 54 56ff.；〜5番（〜 No. 5）[ɑ] 55ff. 94 98 99 126；〜6番（〜 No. 6）[ɔ] 56ff.；〜7番（〜 No. 7）[o] 56ff.；〜8番（〜 No. 8）[u] 55ff.；第2〜（the secondary 〜）59 132 157；〜9番（〜 No. 9）[y] 58ff.；〜10番（〜 No. 10）[ø] 58ff.；〜11番（〜 No. 11）[œ] 58ff.；〜12番（〜 No. 12）[Œ] 58ff.；〜13番（〜 No. 13）[ɒ] 58ff.；〜14番（〜 No. 14）[ʌ] 58ff. 93f.；〜15番（〜 No. 15）[ɤ] 58ff.；〜16番（〜 No. 16）[ɯ] 58ff.；〜17番（〜 No. 17）[ɨ] 58ff.；〜18番（〜 No. 18）[ʉ] 58ff.

吸気（inspiration）46

休止（pause）66 88 165

吸着音（click）46 144；両唇〜（bilabial 〜）[ʘ] 144；歯〜（dental 〜）[|] 144；（後部）歯茎〜（(post)alveolar 〜）[!] 144；硬口蓋歯茎〜（palatoalveolar 〜）[ǂ] 144；歯茎側面〜（alveolar lateral 〜）[‖] 144

教師 iii v 3 4 5 7 9 48 68 70 72 119 120 179 180

強勢 → アクセント

強調（emphasis）154

巨人の星 135

キリール文字（the Cyrillic alphabet）152 166 175 176

ギリシア（Greece）179；〜語（Greek）131 150 151 174；〜文字（the Greek alphabet）36 37 150 151 166

キリスト教（Christianity）175

くぎり区切りの音 23 105

口 15 16 17 19 20 22 24 25 26 45 52 53 54 55 58 69 71 73 76 77 78 79 80 82 84 85 87 88 91 93 96 100 102 108 110 111 113 132 135 139 140 142 144

唇（lips）16 17 20 22 23 24 25 26 27 32 37 38 39 40 42 45 49 51 53 54 55 58 74 75 76 80 82 83 87 96 97 101 102 108 132 139 142 144 152 165 171；上〜（upper lip）76 77 110；下〜（lower lip）47 48 50 76 77 110 139

暗いL（dark L）74 140 155

グラゴール文字（the Glagolitic alphabet）166

クロアチア（Croatia）152；〜語（Croatian）51 131 152

形態素（morpheme）159

形容詞（adjective） 15 95 177
激音 158
ゲルマン語（Germanic） 135；西〜（West Germanic） 21 127
言語学（linguistics） v
捲舌音 157 → そり舌音
口音（oral） 15 108 171
構音（articulation） 11 → 調音
口蓋（palate） 14 15 20 21 52 54 55 134 144；〜音（（誤用）palatal） 21；〜化（（誤用）palatalization） 21
口蓋垂（uvula） 45 48 133 134 142；〜音（uvular） 45 48 49 134
口蓋帆（velum） 14 17 19 20 21 108
硬口蓋（hard palate） 19 20 24 27 37 38 39 41 47 49 51 75 80 97 112 134 142 157；〜音（palatal） 19 21 23 24 25 33 37 41 45 47 49 50 51 54 83 84 134 135 144 165 176；〜化（palatalization） 28 38 39 74 117 135 160 165 166 170 170 176 177
口腔（こうこう（一般），こうくう（医学）; oral cavity） 15 20 46 53 143 144 167
硬子音 171 176 177
後舌化 145 → 後ろ寄り
喉頭（larynx） 12 23 141 142 143 167
声（voice） vii 5 12 13 14 17 21 23 25 27 29 31 37 49 51 52 73 77 78 79 80 82 97 108 111 112 132 134 135 177

コーカサス（Caucasus） 143
呼気（expiration） 15 16 18 20 23 24 26 33 35 46 47 48 51 73 76 87 109 111 141 143 144
呼吸（breathing, respiration） 143
国語学 15 21 22 38 39 40 62 84 134
国際音声学会（the International Phonetic Association: IPA） 11
国際音声記号（the International Phonetic Alphabet: IPA） viii 11 36 37 46 48 50 51 54 56 58 59 60 144 155 166 176；拡張〜（the extentions to 〜, the extended IPA : ExtIPA） 77；〜一覧表（IPA Chart） 46 51 59 208
国立民族学博物館 180
50音（the Japanese alphebet） 12 13 14 54 81 162
ゴジラ（Godzilla） 138
語尾（ending） 166
小文字（lower case letter） 174

さ

サ行子音 5 13 27 39 43 45 179
ザ行子音 39 44 45
三音節の法則（the antepenultimate rule） 150 174
三子音の法則（F. la règle des trois

191

consonnes） 165

三重母音（triphthong） 104

サンスクリット（梵語 Sanskrit） 54 131 162 163 179

子音（consonant） 12 13 16 19 20 21 22 23 24 25 26 27 29 31 32 34 36 37 38 39 43 46 47 79 54 68 70 71 74 80 82 83 84 85 86 87 90 93 105 107 118 119 129 132 134 135 136 139 141 144 146 147 148 149 150 151 152 153 154 155 157 158 159 160 161 163 165 166 167 168 169 170 171 173 174 176 177 179

歯音（dental） 18 26 48 78 111 144 163

歯茎（alveoli） 19 26 27 28 34 35 41 44 47 50 51 72 73 75 84 85 86 108 109 112 115 133 134 142 155 157；〜音（alveolar） 18 19 23 26 27 29 31 33 41 45 47 48 49 50 51 75 86 102 103 104 115 116 120 127 128 129 133 136 140 143 144 163

歯茎硬口蓋音（alveolo-palatal） 27 28 29 31 33 51

舌（tongue） 20 26 27 28 34 35 37 38 41 42 45 47 58 59 50 51 52 53 54 72 73 74 75 78 79 80 82 84 85 86 96 97 108 109 111 112 115 119 133 134 144 155 157 163；〜先（tip of the tongue） 8 18 19 20 16 34 35 41 45 47 48 49 50 51 72 73 74 75 84 85 86 96 97 108

109 112 115 119 133 134 157 163

舌打ち（tsk, tut） 143 144

下寄り（lowered） 60 102

借用語（loanword） 28 174；翻訳〜（calque, loan translation） 15

弱化（reduction） 70 95 117 149 171 176 177

重音化（gemination） 107 114 126 127 128 129 146

主格（nominative） 177

主要子音表（the main consonant table） 46 47 49 50 51

シュワー（schwa）［ə］ 59 94 96ff. 117 127 168；かぎ付きの〜（hooked 〜）［ɚ］ 96ff.

唇硬口蓋音（labio-palatal） 51

唇歯音（labiodental） 47 48 50 76 120 149

唇軟口蓋音（labiovelar） 37 51

スイス（Switzerland） 137

スウェーデン語（Swedish） 57 58 59

スペイン語（Spanish） 36 48 49 51 61 131 133 153

スラブ語（Slavic or Slavonic） v；教会〜（Church 〜） 175

スワヒリ語（Swahili） 131 141 142 154

声帯（vocal cords or folds） 12 18 23 33 62 69 71 141 143

声調（tone） 157 167

声道（vocal tract） 24 25 50

声門（glottis） 23 25 33 46 47 89 105 112 126 143 158 167；〜音（glottal） 23 25 33 47 105 112 126 143 167

舌(ぜつ) → 舌(した)

接近音（approximant） 37 50 71 82 149；唇歯〜（labiodental 〜）［ʋ］ 50 149 162 163；歯茎〜（alveolar 〜）［ɹ］ 50 75 88；そり舌〜（retroflex 〜）［ɻ］ 50 75 96；硬口蓋〜（palatal 〜）［j］ 36 37 38 49 50 82 83 84 103 104 116 135 137 138；軟口蓋〜（velar 〜）［ɰ］ 37 50；唇軟口蓋〜（labiovelar 〜）［w］ 37 39 51 82 83 100 101 127 128 129；唇硬口蓋〜（labiopalatal 〜）［ɥ］ 51 164 165；側面〜 → 側音

舌根後退（retracted tongue root） 154

舌尖（apex） 86；〜音（apical） 86

舌端（blade） 86；〜音（laminal） 86

舌背（dorsum） 19 20 24 33 41 47 49 84 97 133 134 143 144 154

狭い（narrow） 173

セルビア（Serbia） 152；〜語（Serbian） 51 131 152

セルビア・クロアチア語，セルボ・クロアチア語（Serbo-Croatian） 152

先生 → 教師

前置詞（preposition） 95

顫動音(せんどうおん) → ふるえ音

顫動摩擦音（（廃用）trill fricative）＝有声歯茎〜（voiced alveolar 〜）［ɹ̝］ 155

千の風になって 45

噪音(そうおん)（＝阻害音 obstruent） 28 159 161 166 171 177

挿入音（epenthesis） 43 119 120 121 159

促音 22 → ッ

側音（lateral） 35 51 73 144；有声歯茎〜（voiced alveolar 〜）［l］ 35 44 49 51 72 73 74 75 88 703 109 121 132 134 140；有声そり舌〜（voiced retroflex 〜）［ɭ］ 51；有声硬口蓋〜（voiced palatal 〜）［ʎ］ 51 134 146 152 153 172 173；有声軟口蓋〜（voiced velar 〜）［ʟ］ 51

側面開放（lateral release） 109 126 179

側面接近音（lateral approximant） 35 51 73 → 側音

側面摩擦音（lateral fricative） 49 50 179；有声歯茎〜（voiced alveolar 〜）［ɮ］ 49 50；無声歯茎〜（voiceless alveolar 〜）［ɬ］ 49 50 179；破擦音化した無声歯茎〜（affricated voiceless alveolar 〜）［ƛ］ 179

属格（genitive） 177

そり舌音（retroflex） 35 44 45 47 48 49 50 51 75 86 96 97 112 148 157 163

193

177

そり舌母音（retroflex vowel）　96

た

帯気音（aspirated）　87 110 135 148 150 157 158 163 167

タイ語（Thai）　57

大母音推移（the Great Vowel Shift）　36 104

ダキア（Dacia）　175

タ行子音　18 29 41 45 87

ダ行子音　41 45

濁点（゛）　13

たたき音（tap）　34 35 48 72 75；〜化（tapping）89 106 109 127 128 129 140；唇歯〜（labiodental 〜）［ⱱ］48；歯茎〜（alveolar 〜）［ɾ］34 35 38 39 44 48 89 109 128 129 162 163；そり舌〜（retroflex 〜）［ɽ］35 48 462 163

脱落（loss）　62 63 70 95 103 104 106 113 117 118 121 126 127 128 129 136 165

短音符（ブレヴ brève（˘））　174

単数（singular）　177

チェコ語（Czech）　47 61 131 137 138 139 140 155

中国語（Chinese）　49 50 51 58 59 61 72 75 131 135 140 156 157 158 180

中舌寄り（centralized）　90 171

チューリッヒ（G. Zürich）　137

中和（neutralization）　166

調音（articulation）　11 39 41 46 51 62 67 73 80 86 89 107 109 111 115 120 131 134 135 142 143 144 163 165 171 176；〜位置（place of articulation）39 41 46 51 80 86 107 115 120 134 135 165 171；〜音声学（articulatory phonetics）11 62 67 131；〜方法（manner of articulation）46

長音符（マクロン macron（ ̄））　174

朝鮮語（Korean）　47 50 51 57 58 61 131 135 158

長短（quantity）　38 57 60 64 65 66 93 137 147 149 150 152 159 161 163 165 169 174 180

直音　38 39；〜化　39

ッ　12 13 22 23 24 26 31 38 69 88 107 143

ツェルニー　137 138

つまる音　22 → ッ

デーヴァナーガリー文字（Devanagari）　162

転写（transliteration）　176

デンマーク語（Danish）　49 57 58 61

ドイツ語（German）　iii v 9 11 15 21 28 36 48 49 57 58 61 63 72 91 114 121

127 131 133 135 137 138 139 159 165 174 179；〜圏　174；高地〜　61
同化（assimilation）115 120 127 128 129
同器官的（homoorganic）41 42
東京外国語大学（Tokyo University of Foreign Studies）viii
動詞（verb）85 95 164 166
東方正教会（Orthodox Church）175
動名詞（gerund）126 127
トスカーナ方言（Tuscan）57 61 146
トルコ語（Turkish）47 50 58 59 131 160

な

内破音（(廃用) implosive）141 154 → 無開放，有声入破音
長さ　→　長短
ナ行子音　8 15 41 45 84 85
軟音　→　軟子音
軟化（softening）176
軟口蓋（soft palate）20 25 33 37 46 51 74 84 97 142 143 144 154；〜音（velar）20 21 23 25 33 37 41 45 49 50 51 55 82 84 135 139 143 169；〜化（velarization）74 154 160 177
軟子音（soft consonants）171 176 177
なんちゅうか本中華　138

二重母音（diphthong）60 65 90 91 93 100 103 173；〜化（diphthongization）90
日本語（Japanese）iv v vii 2 3 4 5 6 8 9 11 15 16 18 19 21 22 23 25 26 28 29 30 31 32 33 35 36 38 40 42 43 44 46 47 48 49 50 51 53 55 58 59 60 61 62 63 64 65 66 67 68 70 71 73 75 76 77 78 79 80 81 82 84 85 86 87 88 90 91 92 93 94 96 97 100 102 105 106 107 109 119 126 131 132 133 135 136 137 138 139 140 144 146 147 148 152 153 154 155 158 159 160 161 162 163 165 166 167 168 169 170 171 173 175 176 177 179 180；〜学（〜 linguistics）62；〜なまり（〜 accent）iv vii 2 3 4 5 6 7 8 9 19 21 23 29 31 32 33 42 65 68 71 73 81 84 88 105 106 119 126 131 132 136 138 139 140 180；文字による〜なまり（literal 〜 accent）6
日本大学（Nihon University）180
ニュージーランド（New Zealand）67
ニューヨーク（New York）67
人称代名詞（personal pronoun）175
ネイティヴ（native）iii 3 115
濃音　158
喉（throat）4 5 6 12 13 14 16 17 18 23 24 25 26 27 34 49 62 69 71 154

195

ノルウェー語（Norwegian） 59

は

肺気流（pulmonic air stream） 46； 肺気流子音（pulmonic consonants） 46 141 154
ハウス食品 138
ハ行子音 7 8 13 25 43 45 139
パ行子音 13 16 17 18 41 45
バ行子音 16 17 41 45 88
拍（mora） 22 65 66
破擦音（affricate） 28 29 30 31 32 33 44 71 79 80 107 111 112 113 115 157 158 161 179；［pf］ 159；［bv］ 110；［tθ］ 111；［dð］ 111；［ts］ 26 28f.；30f. 79；［tʃ］ 29 80 81 116 119 120 152 170 171；［ʤ］ 49 80 81 116 152 170 171；［tɹ］ 112；［dɹ］ 112；［tɕ］ 29 152 170 171；［ʥ］ 31 152 170 171；［cç］ 161；［ɟʝ］ 161；［kx］ 25 135
はじき音（flap） 34 35 48 72 133
バスク語（Basque, Euskara, Euskarian） 133
発音（pronunciation） iii iv v vii 2 3 4 5 6 7 8 9 11 12 14 16 21 22 23 24 25 26 27 28 30 31 32 34 40 41 43 44 49 50 55 58 61 62 64 67 68 72 73 74 75 76 77 78 79 80 83 84 85 86 87 88 89 91 92 93 95 96 97 101 102 105 106 107 108 109 110 111 112 113 114 115 116 117 118 119 120 121 122 126 127 131 133 136 137 139 140 141 146 147 148 149 150 151 152 153 154 155 156 157 159 160 161 162 163 165 166 167 168 169 170 173 174 175 176 177 179
撥音 40 41 42 43 44 45 → ン
発音記号（phonetic signs） 11 35 36
パッチム 158
鼻（nose） 14 15 17 19 21 32 40 42 77
はねる音 40 → ン
パパラッチ（It. paparazzi） 137
浜松医科大学 180
破裂音（plosive） 16 46 47 → 閉鎖音
ハンガリー語（Hungarian, Magyar） 47 55 58 131 161
ハングル 29
半濁点（°） 13
伴 宙太 135
半母音（semivowel） 36 37 38 43 117 157
歯（front teeth） 18 27 54
非円唇（unrounded） 53 54 55 58 59 61
非オリエント発音（ヘブライ語） 168
鼻音（nasal） 15 17 19 21 25 29 31 40 41 42 45 47 84 85 108 119 120 121 151 157 167 171；〜化閉鎖音（nazalized

索引

stop）17 19 21 42 47 115；両唇〜（bilabial 〜）［m］17 23 40 41 45 69 84 85 87 99 108 115 120 128 129 132；唇歯〜（labiodental 〜）［ɱ］47 85 117 120 121 129；歯茎〜（alveolar 〜）［n］7 8 19 23 39 40 41 42 43 44 45 84 85 89 99 115 119 120 121 126 127 128 129 132；そり舌〜（retroflex 〜）［ɳ］85；硬口蓋〜（palatal 〜）［ɲ］8 19 84 85；軟口蓋〜（velar 〜）［ŋ］6f. 21 32 84 85 115 118 127 132；口蓋垂〜（uvular 〜）［ɴ］7 45 85；〜性（nasality）19 89

比較言語学（comparative linguistics）iii 39 179

ヒギンズ（Henry Higgins）1 2 56

ピグマリオン，ピュグマリオン（Pygmalion）1 2 56

鼻腔（びこう（一般），びくう（医学）；nasal cavity）15 17；〜開放（nasal release）108 115 126 127 128 129

鼻濁音 7 15 21 32 41 84

ピッチ 150 → （高さ）アクセント

ひでぶ（a death cry → 北斗の拳）70

非肺気流（non-pulmonic air stream）46；非肺気流子音（non-pulmonic consonant）141

鼻母音（nasalized vowel）42 43 44 45 85 119 126 148 163 165 171 173

標的調音（target articulation）115

ビルマ語（Burmese）57

広い（open）173

ピンイン 156 157

ヒンディー語（Hindi）48 57 61 131 139 148 162 163

フィリピノ語（Pilipino, Filopino）61

フィレンツェ（It. Firenze; E. Florence）146

複数（plural）79 132 137 169

ブラジル（Brazil）172 173

フランス語（French）iii 9 11 15 35 36 37 42 48 49 51 55 57 58 61 63 72 91 94 114 121 131 133 135 163 164 165 173 179

ふるえ音（顫動音 trill, roll）35 47 48 75 133 143；有声両唇〜（voiced bilabial 〜）［ʙ］48；有声歯茎〜（voiced alveolar 〜）［r］35 47 48 50 75 133 134；有声口蓋垂〜（voiced uvular 〜）［ʀ］48 133 134

ブルガリア（Bulgaria）166 175；〜語（Bulgarian）131 135

ブレヴ（brève）→ 短音符

分詞（participle）：過去〜（past 〜）85 91；現在〜（present 〜）126 127

閉音節（closed syllable）147

平音 158

197

米音（the General American: GA） vii 58 **67** 71 75 89 90 91 92 93 94 96 98 99 100 101 102 106 109 116 122 124 126 128

米国（the United States） vii 18 67 83 97 105 124

閉鎖（closure） 17 19 28 46 134 167； 〜音（stop） 16 17 18 19 20 21 22 23 24 27 29 31 41 42 44 46 47 69 77 86 87 88 107 108 114 115 118 120 121 127 134 140 141 143 151 153 157 158 171； 有声両唇〜（voiced bilabial 〜）［b］ 8 16 14 23 32 88 108 110 115； 無声両唇〜（voiceless bilabial 〜）［p］ 16 17 22 23 25 38 86 127 128 129 144； 有声唇歯〜（voiced labiodental 〜（ExtIPA））［b̪］ 77； 有声歯茎〜（voiced alveolar 〜）［d］ 19 23 34 75 98 109 115 116 118 121 126 127 128 129 135； 無声歯茎〜（voiceless alveolar 〜）［t］ 19 23 26 28 29 39 43 86 87 89 106 107 109 111 112 114 116 118 119 127 128 129 135； 有声そり舌〜（voiced retroflex 〜）［ɖ］ 35 44 45 47 75 148 163； 無声そり舌〜（voiceless retroflex 〜）［ʈ］ 47 86 148 163； 有声硬口蓋〜（voiced palatal 〜）［ɟ］ 47 134 153 154 155 160 161 167； 無声硬口蓋〜

（voiceless palatal 〜）［c］ 47 434 149 155 160 161 167； 有声軟口蓋〜（voiced velar 〜）［g］ 20 21 23 33 41 45 47 71 88； 無声軟口蓋〜（voiceless velar 〜）［k］ 20 21 23 33 41 45 47 71 84 87 143； 有声口蓋垂〜（voiced uvular 〜）［ɢ］ 47 134 169； 無声口蓋垂〜（voiceless uvular 〜）［q］ 47 134 145； 声門〜（glottal 〜）［ʔ］ 23 47 89 105 112 126 167

平唇（spread lips） 167

ベトナム語（Vietnamese） 49 57 131 135 139 141 142

ベニス（Venice, It. Venizia） 137； 〜の商人（The Merchant of Venice） 137

ヘブライ語（Hebrew） 59 131 168

ペルシア語（Persian, Farsi） 47 49 55 58 131 139 169

変身物語（Metamorphoses） 1

母音（vowel） 7 8 13 18 23 25 33 34 35 36 38 42 43 48 52 53 54 55 56 57 58 59 60 61 62 63 67 68 69 70 71 73 74 75 81 82 83 84 85 87 88 89 90 91 92 93 94 95 96 97 98 100 102 103 104 105 106 108 110 117 118 126 128 129 132 136 139 140 146 147 148 149 150 151 152 153 154 155 157 158 159 160 161 163 165 166 167 168 169 170 171

198

173 174 176 177；前舌〜（front 〜）53 54 55 59 135 160 167；前舌準開〜（front near-open 〜）[æ] 59 93 99；後舌〜（back 〜）53 55 74 160 167；中舌〜（central 〜）53 58 59 61 94 96 98 102 149；中舌準開〜（mid near-open 〜）[ɐ] 58f. 94 159；狭〜（close 〜）＝高〜（high 〜）52 53 54 55；半狭〜（half-close 〜）57 96 132 146 148；半開〜（half-open 〜）57 59 96 98 132 146 148；開〜（open 〜）＝低〜（low 〜）53 55 56 55；基本〜，鼻〜 → 独立見出し；曖昧〜（murmur 〜），弱（化）〜（reduced 〜）[ə] → シュワー

母音調和（vowel harmony）160

放出音（ejective）46 143 144 176；両唇放出閉鎖音（bilabial 〜 stop）143；歯（茎）放出閉鎖音（alveolar or dental 〜 stop）143；歯茎放出摩擦音（alveolar 〜 fricative）143；軟口蓋放出閉鎖音（velar 〜 stop）143

ポーランド語（Polish）51 59 61 131 163 170

北欧諸語（North Germanic languages）133

北斗の拳 70

母語（mother tongue）2 36 68 140 163

ボストン（Boston）67

ボスニア・ヘルツェゴヴィナ（Bosnia-Herzegovina, Bosnia and Herzegovina, Bosna-Hercegovina）152

星 飛雄馬 135

ポルトガル（Portugal）173；〜語（Portuguese）48 49 51 57 61 131 133 163 172 173

ま

前歯（front teeth）20 26 27 47 48 50 51 52 73 74 76 77 78 86 94 96 110 111 112 113 119 134 135 139 163

前寄り（advanced）60 94 102

巻き舌（roll）35 47 48

マ行子音 15 17 41 45 47 84

マクロン（macron）→ 長音符

摩擦音（fricative）24 25 26 27 28 29 30 31 32 33 43 44 48 49 50 54 55 76 78 79 80 83 86 88 97 119 120 121 134 135 139 149 157 165 176；有声両唇〜（voiced bilabial 〜）[β] 8 32f. 48；無声両唇〜（voiceless bilabial 〜）[ɸ] 8 24 32f. 48；有声唇歯〜（voiced labiodental 〜）[v] 37 48 50 76 77 110 128；無声唇歯〜（voiceless labiodental 〜）[f] 48

50 76 77 82 99 129 139 ; 有声歯～
（voiced dental ～）［ð］ 48 78 79
111 113 118 ; 無声歯～（voiceless
dental ～）［θ］ 48 78 111 113 118 ;
有声歯茎～（voiced alveolar ～）［z］
30 31 33 50 79 81 113 116 135 ; 無声
歯茎～（voiceless alveolar ～）［s］
26 27 29 30 33 39 78 79 81 86 99 113
116 120 135 ; 有声後部歯茎～
（voiced post-alveolar ～）［ʒ］ 49
80 81 116 ; 無声後部歯茎～
（voiceless post-alveolar ～）［ʃ］ 49
80 81 116 119 120 ; 有声そり舌～
（voiced retroflex ～）［ʐ］ 49 ; 無
声そり舌～（voiceless retroflex ～）
［ʂ］ 49 ; 有声歯茎硬口蓋～
（voiced alveolo-palatal ～）［ʑ］ 31
51 ; 無声歯茎硬口蓋～（voiceless
alveolo-palatal ～）［ɕ］ 27f. 48 51
80 ; 有声硬口蓋～（voiced palatal
～）［ʝ］ 49 83 ; 無声硬口蓋～
（voiceless palatal ～）［ç］ 7 24
27 ; 有声軟口蓋～（voiced velar
～）［ɣ］ 33 48 49 ; 無声軟口蓋～
（voiceless velar ～）［x］ 25 33 48
49 97 135 139 ; 有声口蓋垂～
（voiced uvular ～）［ʁ］ 49 ; 無声
口蓋垂～（voiceless uvular ～）［χ］
49 ; 有声咽頭～（voiced pharyngeal
～）［ʕ］ 49 ; 無声咽頭～（voice-
less pharyngeal ～）［ħ］ 49 ; 有声
声門～（voiced glottal ～）［ɦ］ 33
48 ; 無声声門～（voiceless glottal
～）［h］ 27 8 5 25 33 39 48 82 83
110 117 139 ; 無声唇軟口蓋～
（voiceless labiovelar ～）［ʍ］ 8 51
83

摩擦顫動音（（廃用）fricative trill）＝
有声歯茎～（voiced alveolar ～）［r̝］
155

耳（ears） 71 79 80 84 85 88 92 108 132

無音の e（F. e muet） 63 165

無開放（no audible release） 88 89 106
112 114 126 127 128 129 141 158 167

無気音（unaspirated） 157 158 167

無声音（voiceless sound） 13 16 17 18 20
24 25 26 27 28 29 30 43 49 51 83 86
107 111 121 135 141 149 150 151 155
157 158 161 163 165 166 171 176 177

無声化（devoicing） 25 62 70 88 112 117
155 159 173

無声子音（voiceless consonant） 22 62
63 66 69

無摩擦継続音（frictionless continuant）
37 → 接近音

名詞（noun） 177

メキシコ（Mexico） 153

モーラ 65 → 拍

もり上がり舌母音（bunchend vowel）
  96 97
モンゴル語（Mongolian）47 49
門歯 → 前歯
モンテネグロ（Montenegro, Crnagora）
  152

拗音　38 39 135 171 176；開〜　38
  39 176；合〜　39
幼児英語教育（pre-school English
  education）3
ヨーロッパ諸語（European languages）
  15 28

や

ヤ行子音　36 37 38 45
軟らかい子音 → 軟子音
有気音　157 → 帯気音
ユーゴスラビア（Yugoslavia, Jugo-
  slavia）152
有声音（voiced sound）12 13 16 17 19 20
  21 22 23 30 31 32 33 34 44 49 50 51
  54 55 66 69 77 78 80 83 88 89 93 107
  108 111 121 127 135 143 146 148 149
  151 157 158 159 161 163 166 171 177
有声化（voicing）82 89 177
有声入破音（voiced implosive）46 141
  142 144 154 167；両唇〜（bilabial
  〜）[ɓ] 142；歯茎〜（alveolar 〜）
  [ɗ] 142；硬口蓋〜（palatal 〜）
  [ʄ] 142；軟口蓋〜（velar 〜）[ɠ]
  142；口蓋垂〜（uvular 〜）[ʛ]
  142
有声のH（voiced H）33
ゆとり教育（educaton at ease (?)）iii

ら

ラオス語（Lao, Laotian）57
ラ行子音　34 35 44 45 47 48 72 133
  146 147
ラテン語（Latin）15 21 28 121 131 137
  174 179
ラテン文字（the Latin alphabet）152
  → ローマ字
リエゾン（F. liaison）106 107 165
リズム（rhythm）122
リズムグループ（F. groupe rhythmique）
  165
流音（liquid）35 121
留学　3 9
両唇音（bilabial）16 17 22 23 24 25 32
  33 27 40 45 48 50 76 108 115 142 143
  144
ルーマニア（Romania, România）175；
  〜語（Roumanian, limba română）131
  175
ルーン文字（the Runic alphabet）59

連結の R（linking R）　106 107 126 128
連合王国　→　英国
ローマ字（the Roman alphabet）　22 36 38 40 60 150 152 ; 訓令式〜（the national system of transcribing Japanese）　19 62 ; ヘボン式〜（the Hepburn system of transcribing Japanese）　18 19 27 29 31
ロシア語（Russian）　iii 15 49 59 61 63 72 131 135 140 176

ロンドン大学ユニヴァーシティーコレッジ（University College London: UCL）　11

わ・ん

ワ行子音　37 45 50
わたり音（glide）　88 171
ン　1 13 14 15 35 40 41 42 43 44 45 68 84 85 171

人名（群）索引

Animals, The　106
Bauer, Ina（1941-）　34
Beatles, The　vii 10 89 95 107 113 115 116 122
Carpenter, Karen（1950-1983）　124
Carpenters, The　vii 15 16 108 124 130
Cyrillus (Constantinus), St.（826/827-869）　166
Czerny, Carl（Karel Černý；1791-1857）　137 138
Hepburn, James Curtis（美國平文；1815-1911）　18 19 27 29 30 31 36
Hepburn-Ruston, Audrey Kathleen（Audrey Hepburn；1929-1993）　2
Jones, Daniel（1881-1967）　56 57
Ladefoged, Peter Nielsen（1925-2006）　viii
Lenin, Vladimir Il'ič（1870-1924）　95
Lennon, John Ono（*Born* John Winston Lennon；1940-1980）　95 111 122
McCartney, Sir James Paul（1942-）　108 122
Ovidius, Publius Naso（43BC-AD17?）　1
Shakespeare, William（1564-1616）　137
Shaw, George Bernard（1856-1950）　1 2
Sweet, Henry（1845-1912）　56

Yel'tsyn, Boris Nikokaevič（1931-2007）　137
赤井規晃（1969-）　180
秋川雅史（1967-）　45
安倍晋三（1954-）　179
荒川静香（1981-）　34
大西 愛　180
神山孝夫（1958-）　xii 58 119 166
川口裕司（1958-）　viii
北岡千夏　180
桑田佳祐（1956-）　35
斎藤純男（よしお）（1958-）　viii
斎藤弘子　122
佐藤清昭　vi 180
島田賢治（1981-）　180
ジャイアント馬場 → 馬場正平
関口存男（1894-1958）　v vi 180
高橋尚子（1972-）　47
竹林 滋（1926-）　xii 120 122 180
千野栄一（1932-2002）　v xiv
天童よしみ（1957-）　45
堂山英次郎　180
中川 裕　viii
野口英世（1876-1928）　3
馬場正平（1938-1999）　96 97

203

平井和之（1958-）　180

益子幸江　viii

三寺真史（1984-）　180

明覚（みょうがく，めいかく　1056-?）
　　54

付 録

日本語のローマ字表記

以下では廃用の「ゐ（ヰ）WI」と「ゑ（ヱ）WE」は略した．2種類のローマ字が記されている場合，上段が**訓令式**，下段（斜字体）が**ヘボン式**．一長一短ありどちらが優れているかの判断は難しい．特に「じ，ず，ぢ，づ」と，関連する拗音の表記には他の方式も可能．長音の表記には母音字を重ねたり母音字にHを付加する方法もまま用いられる．

	直音								拗音（開拗音）					
あ	A	い	I	う	U	え	E	お	O						
か	KA	き	KI	く	KU	け	KE	こ	KO	きゃ	KYA	きゅ	KYU	きょ	KYO
が	GA	ぎ	GI	ぐ	GU	げ	GE	ご	GO	ぎゃ	GYA	ぎゅ	GYU	ぎょ	GYO
さ	SA	し	SI / *SHI*	す	SU	せ	SE	そ	SO	しゃ	SYA / *SHA*	しゅ	SYU / *SHU*	しょ	SYO / *SHO*
ざ	ZA	じ	ZI / *JI*	ず	ZU	ぜ	ZE	ぞ	ZO	じゃ	ZYA / *JA*	じゅ	ZYU / *JU*	じょ	ZYO / *JO*
た	TA	ち	TI / *CHI*	つ	TU / *TSU*	て	TE	と	TO	ちゃ	TYA / *CHA*	ちゅ	TYU / *CHU*	ちょ	TYO / *CHO*
だ	DA	ぢ	DI / *JI*	づ	DU / *ZU*	で	DE	ど	DO	ぢゃ	DYA / *JA*	ぢゅ	DYU / *JU*	ぢょ	DYO / *JO*
な	NA	に	NI	ぬ	NU	ね	NE	の	NO	にゃ	NYA	にゅ	NYU	にょ	NYO
は	HA	ひ	HI	ふ	HU / *FU*	へ	HE	ほ	HO	ひゃ	HYA	ひゅ	HYU	ひょ	HYO
ば	BA	び	BI	ぶ	BU	べ	BE	ぼ	BO	びゃ	BYA	びゅ	BYU	びょ	BYO
ぱ	PA	ぴ	PI	ぷ	PU	ぺ	PE	ぽ	PO	ぴゃ	PYA	ぴゅ	PYU	ぴょ	PYO
ま	MA	み	MI	む	MU	め	ME	も	MO	みゃ	MYA	みゅ	MYU	みょ	MYO
や	YA			ゆ	YU			よ	YO						
ら	RI	り	RI	る	RU	れ	RE	ろ	RO	りゃ	RYA	りゅ	RYU	りょ	RYO
わ	WA							を	WO						

	長音（ー）	促音（っ）	撥音（ん）
訓令式	母音字に長音符（¯）あるいは（ˆ）を加える	次の子音字を重ねる	N
ヘボン式	特に表記せず（欠点！）	原則的に上に同じ「ち」の前のみ T で表記	原則的に N P, B, M の前では M

205

脱・日本語なまり

国際音声記号（IPA）一覧表

（音源については凡例（viii 頁）を参照のこと）

子音（肺気流）

	両唇音	唇歯音	歯音	歯茎音	後部歯茎音	そり舌音	硬口蓋音	軟口蓋音	口蓋垂音	咽頭音	声門音
破裂音	p b			t d		ʈ ɖ	c ɟ	k ɡ	q ɢ		ʔ
鼻音	m	ɱ		n		ɳ	ɲ	ŋ	ɴ		
ふるえ音	ʙ			r					ʀ		
たたき音あるいははじき音		ⱱ		ɾ		ɽ					
摩擦音	ɸ β	f v	θ ð	s z	ʃ ʒ	ʂ ʐ	ç ʝ	x ɣ	χ ʁ	ħ ʕ	h ɦ
側面摩擦音				ɬ ɮ							
接近音		ʋ		ɹ		ɻ	j	ɰ			
側面接近音				l		ɭ	ʎ	ʟ			

記号が対になっている場合，右側の記号は有声子音である．網かけの部分は調音不能と考えられる．

子音（非肺気流）

吸着音		有声入破音		放出音	
ʘ	両唇音	ɓ	両唇音	ʼ	下記は例
ǀ	歯音	ɗ	歯(茎)音	pʼ	両唇音
ǃ	(後部)歯茎音	ʄ	硬口蓋音	tʼ	歯(茎)音
ǂ	硬口蓋歯茎音	ɠ	軟口蓋音	kʼ	軟口蓋音
ǁ	歯茎側面音	ʛ	口蓋垂音	sʼ	歯茎摩擦音

その他の記号

ʍ	無声唇軟口蓋摩擦音	ɕ ʑ	歯茎硬口蓋摩擦音
w	有声唇軟口蓋接近音	ɺ	歯茎側面はじき音
ɥ	有声唇硬口蓋接近音	ɧ	同時に発した ʃ と x
ʜ	無声喉頭蓋摩擦音		
ʢ	有声喉頭蓋摩擦音	必要とあれば，破擦音と二重調音は二記号を連結線で結ぶことでも表し得る	k͡p t͡s
ʡ	喉頭蓋破裂音		

母音

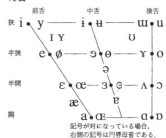

記号が対になっている場合，右側の記号は円唇母音である．

超分節要素

ˈ	第 1 強勢	ˌneɪtɪˈʃənʰ
ˌ	第 2 強勢	
ː	長	eː
ˑ	半長	eˑ
˘	超短	ĕ
ǀ	小さな切れ目（韻脚）	
ǁ	大きな切れ目（イントネーション）	
.	音節の切れ目	ɹi.ækt
‿	連結（切れ目なし）	

音調と語アクセント

平板		曲線	
e̋	超高	ê	上昇
é	高	ê	下降
ē	中	ê	高上昇
è	低	ê	低上昇
ȅ	超低	ê	昇降
↓	低目	↗	全体的の上昇
↑	高目	↘	全体的の下降

補助記号　記号が下寄りの場合，補助記号はその上に置いてもよい：例) ŋ̊

無声	n̥ d̥	息もれ声	b̤ a̤	歯音	t̪ d̪
有声	s̬ t̬	きしみ声	b̰ a̰	舌尖音	t̺ d̺
帯気音	tʰ dʰ	舌唇音	t̼ d̼	舌端音	t̻ d̻
強めの円唇	ɔ̹	円唇化	tʷ dʷ	鼻音	ẽ
弱めの円唇	ɔ̜	硬口蓋化	tʲ dʲ	鼻腔開放	dⁿ
前寄り	u̟	軟口蓋化	tˠ dˠ	側面開放	dˡ
後ろ寄り	e̠	咽頭化	tˤ dˤ	無開放	d̚
中舌寄り	ë	軟口蓋化あるいは咽頭化	ɫ		
中段・中舌寄り	ə̈	上寄り	ɹ̝	= 有声歯茎摩擦音	
音節主音	n̩	下寄り	e̞	β̞ = 有声両唇接近音	
音節副音	e̯	舌根前進	e̘		
R 音性	ɚ a˞	舌根後退	e̙		

付録

声道の正中断面図
（発音器官一覧）

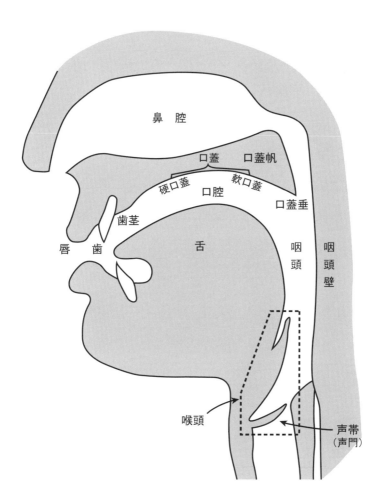

著者紹介

神山孝夫（かみやま　たかお）

東京外国語大学大学院外国語学研究科修了
博士（文学）（東北大学）
専攻　印欧語比較言語学，音声学
大阪外国語大学外国語学部教授を経て大阪大学大学院文学研究科教授（言語生態論
　講座／英語学講座）

主な著書・訳書

『日欧比較音声学入門』鳳書房，1995.
アンドレ・マルティネ『「印欧人」のことば誌：比較言語学概説』ひつじ書房，2003.
国際音声学会（IPA）編　『国際音声記号（IPA）ガイドブック：国際音声学会案内』
　大修館書店，2003（竹林　滋氏と共訳）．
『印欧祖語の母音組織：研究史要説と試論』大学教育出版，2006.
『ソシュールと歴史言語学』（町田　健氏・柳沢民雄氏と共著）大学教育出版，2017.

［新装版］　脱・日本語なまり
英語（＋α）実践音声学

2008年4月15日　初　版第1刷発行　　　　　　［検印廃止］
2019年9月30日　新装版第1刷発行
2022年2月28日　新装版第4刷発行

著　者　神山　孝夫
発　行　所　大阪大学出版会
　　　　代表者　三成賢次
　　　　〒565-0871
　　　　大阪府吹田市山田丘2-7　大阪大学ウエストフロント
　　　　電話　06-6877-1614
　　　　FAX　06-6877-1617
　　　　URL　http://www.osaka-up.or.jp

印刷・製本　株式会社 遊文舎

Ⓒ Takao KAMIYAMA 2019　　　　　　Printed in Japan
ISBN 978-4-87259-694-6　C3080

JCOPY〈出版者著作権管理機構　委託出版物〉

本書の無断複製は著作権法上での例外を除き禁じられています。複製され
る場合は、その都度事前に、出版者著作権管理機構（電話 03-5244-5088、
FAX 03-5244-5089、e-mail: info@jcopy.or.jp）の許諾を得てください。